JN418918

그대 그리움 기도가 되어

이중찬 에세이
그대 그리움 기도가 되어

제1판 제1쇄 찍음 | 2011년 11월 10일
제1판 제1쇄 펴냄 | 2011년 11월 15일

지 은 이 | 이중찬
펴 낸 이 | 이영희
펴 낸 곳 | 도서출판 이미지북

등록번호 | 제2-2795호(1999. 4. 10)
주 소 | 서울시 강남구 논현동 193-8 우창빌딩 202호
대표전화 | 02) 483-7025, 팩시밀리 02) 483-3213
전자우편 | ibook99@naver.com

ISBN 978-89-89224-16-7 03810

* 잘못 만들어진 책은 바꿔드립니다.
* 책값은 뒤표지에 있습니다.

그대 그리움 기도가 되어

이중찬 에세이

이미지북

C O N T E N T S _

Chapter 3
고난_ 하나님이 보내준 선물

Chapter 4
이별_ 세상에서 가장 슬픈 말

Chapter 5
그대 그리움 시가 되어

소망을 가진 사람은 시련을 피하지 않는다

옛말에 "구리로서 거울을 삼으면 의관을 바로 할 수 있고, 지난 일로써 거울을 삼으면 세상을 바르게 살아갈 수 있다"고 했습니다. 또한 공자도 온고지신(溫故知新)의 철학을 말했습니다. 옛것을 더듬어 새것을 알자는 것이지요.

아내는 2008년 12월 15일 13년간의 긴 투병생활 끝에 65세의 나이로 주님의 부름을 받아 하늘나라로 갔습니다. 하지만 세월이 흐른 지금 아내와 함께 했던 40년 동안의 옛 일들, 특히 아내가 13년 동안 병상에서 투병을 하며 많은 고생을 할 때의 일들을 돌이켜 보고 아내에게 소홀했던 점에 용서를 구하며, 나 자신의 지난날들을 겸허하게 반성하고 참회의 마음으로 아내에게 바치는 글입니다.

아내는 서울사범을 나와 초등학교 교사가 된 지 6년이 되던 25세 때 나와 결혼을 하고, 네 아이들을 키우면서 어느 가정 못지않게 행복한

40년을 살아왔습니다.

그녀는 아름답고 온순하며 항상 남을 배려하여 어느 누구와도 친화를 이루는 모범적인 교육자이자 자애로운 어머니였습니다. 그림을 그리면서 아름다운 마음씨를 키우고, 서예로 마음의 수양을 닦으며 타의 모범이 되려고 했습니다. 서화(書畵)의 실력은 수준급 이상으로, 아들 100일 기념으로 만든 병풍에 붓글씨와 한국화 몇 점이 남아 있습니다.

그런데 행복하기만 했던 우리 가정에 검은 먹구름이 몰려오기 시작했습니다. 40대 후반부터 신장 기능이 떨어지고 혈압이 높아지면서 온 몸이 붓기 시작했습니다.

짜고 매운 음식은 그만두고라도 물마저 마음대로 마실 수 없었습니다. 신장 기능이 더 악화돼 일주일에 두 번씩 혈액 투석을 해야만 했으며, 네 시간씩 투석을 하고 집으로 돌아 올 때는 파김치가 되었습니다.

나는 아내의 신장 이식 수술을 위해 국내는 물론 외국에까지 신장을 구하러 다닌 결과, 투석을 시작한 지 2년 만인 1996년 8월 말 신장 이식 수술을 받았습니다. 수술 후부터 소변이 시원스럽게 나와 먹고 싶은 것을 마음대로 먹고, 마시고 싶은 것을 마실 수가 있었습니다.

그러나 이 기쁨도 오래 가지 못했습니다. 걸을 때 자주 넘어지더니 결국엔 다리가 골절되어 수술을 받았습니다. 몇 개월 후 회복되었으나 또 집 지하실 계단에서 굴러 어깨와 다리가 골절되어 1년 동안 꼼짝도 못하고 침대에서 요양해야만 했습니다. 그 후 다시 몸에 마비가 오면서 말도 제대로 할 수 없어 35년간 몸 담았던 학교를 떠날 수밖에 없었습니다.

정밀검사를 받은 결과 뇌 속에서 직경 10cm 정도의 계란만한 종양이 자라고 있었습니다. 그런데 병원에서 수술이 불가능하다고 했습니다. 몸이 약해져 마취에 견디기 어렵고, 신장 이식 수술 후 면역 억제를 위해 스테로이드(Steroid) 성분의 약을 많이 복용해 지혈이 안 되는 것을 물론 수술 후 항생제 등 많은 약물을 투입해야 하는데 이식한 신장이 약해서 흡수 소화가 어렵다는 이유 때문이었습니다.

슬프고 안타깝고 고통스러웠던 그때의 심정을 어찌 말로 다 표현하겠습니까. 나와 네 아이들이 서로 끌어안고 울었습니다. 아무것도 해줄 수 없다는 것에 더 마음 아팠습니다. 사랑하는 사람이 우리 곁을 떠나가는데도 그냥 지켜 볼 수밖에 없는 무기력함, 인간의 능력으로는 어찌할 수 없는 것임에 더욱 안타까웠습니다.

그때의 가슴 아픈 심정은 「아내에게 드리는 글」에서 이렇게 표현했습니다.

"이 모든 것은 인간의 능력으로는 감당하지 못합니다. 오직 우주만물을 창조하시고 인간의 생사화복을 주관하시는 여호와 하나님의 크신 사랑과 놀라운 능력을 확신하고 열심히 기도하면 반드시 응답을 주실 것입니다. 그래도 당신이 겪고 있는 고생이 애처로워 주님께서 부르신다면 경건한 마음으로 주님의 뜻에 순종해야지요.

이제 와서 그것도 생사의 갈림길에 선 당신 곁에 있으니, 다시금 당신의 소중함과 진정한 사랑을 깨닫습니다.

세상의 여성들은 아름다움을 갖추고 있어도 인자함이 부족하고, 인자한 여성들은 아름다움이 없지요. 그러나 당신은 아름다움과 인자함을 모두 갖춘 사랑하는 아내이자 네 아이들의 자애로운 어머니였습니다.

오늘 당신과 나와 우리 네 아이들이 겪고 있는 이 참담함과 괴로움은 잠시 스쳐지나갈 아픔일 뿐입니다. 영원하고 무한한 미래에는 천국에서의 평강과 기쁨, 정의와 진리 그리고 진정한 사랑만이 있습니다.

천국에서 편히 기다리세요. 내 곧 뒤따라 갈 테니 또 한 생을 함께 합시다. 당신 없는 이 세상에서는 그 어떤 부귀영화도 아무런 의미가 없습니다. 그리고 장모님은 조금도 걱정하지 마세요. 내 정성껏 당신의 몫까지 섬기리다.

당신을 사랑합니다. 당신이 떠난 후에도 내 가슴에 있는 당신은 보내지 않으렵니다. 내 한 평생 숨결과 미소와 눈물로써 당신을 사랑합니다. 주의 부름 받더라도 더욱 사랑하렵니다."

—拙著, 아내의 병상일기 『로뎀나무 아래서』 중에서

당시 나는 세례를 받은 지 29년이 되던 해입니다.

그때만 해도 내 신앙은 부활에 대한 확신도 없었고, 영생에 대한 문제도 믿음보다는 내 짧은 지식과 이성으로 판단하려 했던 때였습니다. 성도들과의 교제보다는 선후배와 친구들과의 만남을 더 중시했고, 하나님보다는 사업을 더 우선시했습니다.

주일예배는 골프 약속이 없을 때나 드렸고, 언제나 아내 혼자 나가게 했습니다. 그런데 아내 혼자 예배드리게 한 벌을 주님께서 주시는 것 같습니다. 최근 13년간 아내 없이 홀로 예배를 드리고 있습니다.

하루하루 삶이 짧아지는 사랑하는 아내를 살려야겠다는 그 절박함에 "우주만물을 창조하시고 생사화복을 주관하시는 하나님"하며 주님께 매달리고 있었습니다. 참으로 염치없는 일이지만 지성이면 감천이란 것을 믿고 성심성의껏 진실한 마음으로 기도가 하늘에 닿도록 주님 앞에 무릎을 꿇고 두 손을 모았습니다.

주님께서는 나와 우리 가족의 간절한 기도에 응답해 주셨습니다.

아내는 수술 전의 어려운 문제들을 다 극복하고 2002년 1월 31일 한양대학병원에서 8시간의 대수술을 받았고, 13일 만에 의식을 되찾았습니다. 비록 일어나 걷지는 못했지만 의식이 또렷해 서로 대화하는 것만으로도 행복했습니다.

다시 살아난 아내로 인하여 하나님이 역사하시는 기적을 보았습니다. 생명의 소중함과 사람이 죽고 사는 것은 전적으로 주님의 능력에 달려 있고, 또 주님께서는 우리의 간절한 기도에 응답을 주신다는 것을 확신하게 되었습니다. 그리고 주님을 경외하고 항상 주님의 은혜에 감사하며 남은 생을 살아가고 있습니다.

아내에게도 감사합니다

아내는 13년 동안의 투병생활 중 6번의 전신마취와 수십 번의 입원치료, 특히 수차례 중환자실에서의 고통을 감내하며 생사의 경계를 넘나들었습니다. 그리고 불편한 몸으로 힘든 재활치료와 휠체어 운동을 하며 고통스러워 할 때는 차라리 그 고통을 내가 지고 싶었습니다.

지금도 아내의 고통스러운 신음소리가 귓전에 들리는 것 같습니다. 가혹한 투병생활을 견뎌낸 이야기를 더 하자면 끝도 한도 없습니다. 아니 눈물이 앞을 가리고 가슴이 미어질 것만 같습니다. 아마 이 땅의 여성들 중 병으로 인한 고난을 아내만큼 겪은 이도 드물 것입니다.

마침내 2008년 12월 15일, 운명의 날이 찾아왔습니다.

아내는 나와 주님과의 관계를 끊어지지 않는 밧줄로 단단하게 묶어놓고, 임무를 다했다는 듯이 한 번도 가보지 못한 길, 한 번 가면 다시는 돌아오지 못하는 길, 그곳이 얼마나 살기 좋고 아름답기에 가족들에게 슬픔을 남겨놓은 채 세상의 모든 것을 다 내려놓고 주님 곁으로 훨훨 날아갔습니다.

나는 아내가 죽을 고비를 여러 번 넘기고 퇴원할 때마다 죽음을 저 먼 곳으로 쫓아버린 듯 환호했습니다. 그러나 아내가 떠나간 지금 죽음이란 항상 우리의 삶 가운데 언제나 내재해 있고, 육신이 죽어 새로운 안식이 시작될 때 죽음은 사라진다는 것을 알게 되었습니다.

지금에서야 냉철하게 지난날의 일들을 회상하며 말할 수 있습니다.

아내의 건강 회복을 위한 재활치료와 휠체어 운동을 위해 20년간 살아온 서울 방배동 집을 떠나 세 번을 이사했고, 사업까지 접고 정성을 다해 아내를 간호했습니다.

남의 도움 없이는 한시도 살 수 없는 아내를 휠체어에 태워 공원길을 산책하고, 재활치료를 위해 병원을 다녔던 시간들, 길게 자란 머리를 미장원에서 잘라주고, 수시로 머리를 감겨 빗질해 주었으며 목욕을 시켜주었습니다.

아내의 몸 상태가 갑자기 나빠질 때면 응급차의 경적을 울리면서 도로를 내달렸던 순간들, 가슴 졸이며 병원으로 호송하던 7~8년간은 그 어느 때보다 내 생애의 가장 보람 있고 행복하고 소중했던 시간들이었습니다. 그때의 내 본직은 아내를 돌보는 것이었고 여타의 모든 일들은 부업에 지나지 않았습니다.

아내가 10년이 넘도록 침대에 누워있는 데도 욕창 한 번 생기지 않고, 기저귀로 대소변을 해결하는 데도 환자 방에서 냄새가 나지 않았으며, 환자 곁에는 언제나 싱싱하고 향기로운 꽃이 함께 했습니다.

긴 병에 효자가 없다는 말이 무색할 정도로 나는 힘든 표정을 짓거나 전혀 싫은 내색도 없이 명랑하고 즐거운 마음으로 간호하는 것을 보고, 주위의 많은 사람들이 한 마디씩 할 정도였습니다.

"세상에… 저런 사람은 더 없을 거야. 성인군자가 따로 없네. 열부야 열부…! 정말 연구 대상이다. 저 친구 때문에 아내에게 구박 받는다" 등 많은 말들을 하며 위로를 해주었습니다.

하지만 나는 성인군자도 아니고 특별히 연구할 그 무엇도 없습니다. 굳이 이유를 찾는다면 아내를 사랑한다는 것뿐입니다. 그리고 아내가 건강했을 때 좀 더 마음 써주지 못한 것에 대한 안타까움과 후회스러움을 한 짐 지고 사는 평범한 사람입니다.

아내가 지금까지 나만을 의지하고 또 나만을 위해 모든 정성을 다하면서 신뢰를 보내며 살아온 것에 대한 고마움이 뼈에 사무치는데, 아내가 건강을 잃었다고 어찌 잠시라도 소홀할 수 있겠습니까? 아내에 대한 인간으로서의 사랑과 기본적인 도덕 및 윤리관만 있다면 누구나 할 수 있는 일입니다.

중환자실에 가 보면 6년간 의식이 돌아오지 않는 환자를 비롯해 매시간 생사의 경계를 넘나드는 환자들이 너무나 많습니다. 그 때마다 아내가 그 정도였던 것을 주님께 감사했습니다.

사람은 사는 것이 중요한 게 아니라 어떻게 사느냐가 중요합니다

그럼, 어떻게 사는 것이 사람답게 사는 것일까요?

기원전 399년 봄, 70세의 철인(哲人) 소크라테스는 아테네 감옥에서 '불신앙과 청년의 유혹'이란 죄명으로 독배를 마시고 생을 마쳤습니다. 그는 독배를 마시기 전에 사랑하는 제자 플라톤에게 "사는 것이 중요한 것이 아니라 사람답게 사는 것이 중요하다"고 말했습니다.

소크라테스에 의하면 사람답게 사는 것은 "진실하게 사는 것, 아름답게 사는 것, 보람 있게 사는 것"이라고 합니다. 다시 말해 이성(理性)의 소리에 귀를 기울이고, 양심(良心)의 명령에 따르고, 사람 된 도리를 다 하고, 신의를 지키고 열심히 일하면서 떳떳하게 사는 것이 사람답게 사는 것이 아니겠습니까.

아내와는 고락간에 변함이 없어야 합니다. 즐거움은 함께 하면서 고난을 함께 할 수 없다면 진정한 부부가 아닙니다. 즐거움이 있다고 행복한 것이 아니고, 고난이 닥쳤다고 불행한 것은 아닙니다. 특히 아내가 건강을 잃었다고 불행한 것은 결코 아닙니다.

행복이란 무엇입니까? 사랑의 충만입니다. 그럼, 불행이란 무엇입니까? 사랑의 고갈입니다. 고난이 닥쳐도 특히 아내가 건강을 잃었다 해도 변함없는 사랑만 있으면 그 가정의 행복은 유지됩니다. 건강과 고난은 행복의 조건일 뿐입니다. 그 자체를 행복과 불행으로 구분 짓는 건 잘못된 생각입니다.

13년 전 아내와 함께 신장 이식을 받은 환자를 만난 적이 있습니다. 남편이 3년 동안 돌봐주다가 더는 견디지 못하고 떠났다고 합니다.

또 아내보다 20여일 먼저 뇌종양 수술을 받았던 정순자라는 환자는 8년이 넘도록 의식이 돌아오지 않아 식사도 코 줄을 통해 이유식(離乳食)을 넣어줍니다. 그 환자에게는 27세의 외동딸이 35세가 되도록 결혼도 안하고 8년간 어머니를 간호하며 고군분투를 하고 있습니다.

간호를 포기한 환자의 남편과 정순자 환자의 따님 중 어느 쪽이 사람답게 사는 것이겠습니까?

산다는 것은 길을 가는 것입니다. 사람은 사람이 가는 길이 있습니다. 짐승은 사람의 길을 갈 수 없고, 사람은 짐승의 길을 가서는 안 됩니다. 인간으로써 양심과 체면과 도리를 저버리고 짐승처럼 추악한 행동을 할 때 그 사람은 짐승의 차원으로 전락하고 맙니다.

이 세상에는 타산적인 계산의 머리는 크지만 가슴 속에는 냉기가 흐르고 있어 남에게 기대기만 하는 사람과 비록 계산의 머리는 좀 작아도 가슴속에서는 항상 훈훈한 인정이 흘러 남의 짐을 들어주는 사람이 있습니다. 과연 어느 쪽이 더 진실하고 아름답고 보람 있는 삶을 사는 사람이겠습니까. 또 어느 쪽의 사람이 많아야 이 사회는 행복해질까요.

자포자기는 암보다 더 무서운 병

암 병동에 가보면 죽을 사람과 살 사람이 쉽게 구분됩니다. 희망을 갖고 사는 얼굴과 실의에 빠져 절망에 싸인 얼굴은 금방 드러나기 때문입니다.

자포자기는 암보다 더 무서운 병입니다. 환자의 자포자기 못지않게 보호자가 환자를 포기하면 모든 것은 끝장입니다. 그러므로 보호자가 치유의 확신을 가지고 환자의 절망적인 생각을 희망으로 바꾸는 것이 무엇보다 중요합니다.

살 수 있다는 희망을 가지면 면역체계의 도움이 되어 회생 가능성은 높아집니다. 오 헨리의 단편소설 「마지막 잎새」에서도 그랬고, 「안네의 일기」에서도 마찬가지였습니다.

주인공 존시와 프랑크 안네는 꿈과 희망이 있었기에 삶에 대한 의욕이 생겨났고, 무서운 공포 속에서도 행복한 마음을 가지고 다락방에 숨어 견딜 수가 있었던 것입니다.

희망이 있는 사람은 구름 속에 있는 태양을 보지만 절망하는 사람은 구름 속에 있는 비를 볼 뿐입니다. 마음 안에 있는 절망을 걷어내야 합니다. 우리에게 희망이 없는 순간은 단 한 번도 없습니다. 단지 희망을 포기한 사람이 있을 뿐입니다.

사람은 40일 동안 먹지 않고 살 수 있고, 3일 동안 물을 마시지 않고도 살 수 있으며, 8분 동안 숨을 쉬지 않고도 살 수 있습니다. 하지만 희망이 없이는 단 2초도 살 수 없는 것이 인생입니다. 희망이 없는 영혼은 죽은 생명입니다.

환자에게 사랑은 최고의 양약

육체의 병은 현대의학으로 거의 다 치유할 수 있지만, 영과 혼의 병은 그렇지 않습니다. 환자에게 사랑을 듬뿍 주고 환자 자신이 얼마나 우리 가정에 소중한 존재인가를 인식시킴으로서 투병 의지를 유발시키면 회복이 가능합니다. 반대로 육신이 아무리 건강해도 영과 혼이 병들면 육신도 따라 병들게 됩니다. 인간의 주성분은 무엇입니까? 물입니까? 아닙니다. 사랑입니다.

아내가 병상에 누워 있었던 13년간 그리고 아내가 떠나간 지금도 가장 부러워하는 것은 부부동반 모임에 참석하는 것, 주일에 부부가 교회에서 나란히 앉아 예배드리는 모습, 운전석 옆 좌석에 아내를 태우고 외출하는 부부들의 행복한 모습입니다.

세상에는 나를 떠나 돌아오지 않는 세 가지가 있습니다.

첫 번째는 내 입을 떠난 내가 한 말이고, 두 번째는 이미 흘러간 시간이며, 세 번째는 나를 두고 먼저 떠난 아내입니다. 그러나 떠나간 말과 흘러간 시간은 반성과 회개를 통해 새사람이 되면 더 좋은 말을 할 수가 있고 더 값진 시간을 가질 수 있습니다. 그러나 한 번 떠나간 아내는 영영 돌아오지 않습니다.

군대에 간 병사들은 100일이 되면 3일간의 휴가를 받아 온다는데, 아내는 하늘나라로 간 지 오늘이 1주기가 되는 날입니다. 하지만 3일의 휴가는커녕 몇 시간의 외출도 나오지 않고 있습니다.

위대한 매니저는 가정을 잘 다스리는 사람

이 세상에서 가정만큼 따듯하고 편한 곳은 없습니다. 일터에서 일을 마치거나 여행을 한 뒤 반드시 돌아오는 곳이 가정입니다. 이 세상에서 가장 위대한 정복자는 자기 자신을 이기는 사람이라고 했습니다(Seneca. Lucius Annaeus). 그러나 가장 위대한 매니저(Manager)는 가정을 잘 다스리는 사람입니다. 그래서 공자는 '수신제가(修身齊家)'를 강조했고, 독일의 문호 괴테도 「격언과 반성」에서 "임금이든 백성이든 자기의 가정에서 평화를 찾는 자가 가장 행복한 사람이다"라고 했습니다.

남편의 목표는 아내의 소망이고, 남편의 계획은 아내의 설계입니다. 가장의 말 한 마디, 행동 하나하나에 따라 가족의 희비가 엇갈립니다. 이 세상에서 가정이라는 제도만큼 훌륭한 제도는 없습니다. 인류가 만들어낸 가장 경이로운 제도가 바로 가정입니다.

그러나 가정은 인간의 능력으로는 만들 수 없는 제도이며, 인간의 힘으로 유지될 수도 없습니다. 하나님이 하나님의 나라를 모형으로 하여 만드신 작은 천국으로, 오직 주님이 주시는 은혜로서 유지됩니다.

주님께서 주시는 은혜는 사랑, 믿음, 소망이 그 주된 내용입니다. 그래서 주님이 주시는 은혜, 특히 가정을 주신 은혜를 항상 깨달아야 하고, 그 은혜를 은혜로 받아들일 때 진정한 은혜가 됩니다.

그래서 이 세상에서 가정을 파탄시키는 죄만큼 큰 죄가 없으며, 가정이 없는 사람만큼 불쌍한 사람은 없다고 했습니다.

외출 후 저녁 늦게 돌아온 집에는 저를 반겨주는 사람이 아무도 없습니다. 어둡고 텅 빈 집안은 벽에 걸린 가족사진과 아내의 영정 사진만이 나를 기다리고 있습니다. 식사도 혼자 지어 먹습니다.

여러분이 '나' 라면 어떤 생각이 드시겠습니까? 늦게 귀가하거나 일찍 귀가하는 것에 상관하지 않고 언제나 반겨주고 따듯한 밥을 지어 정성스럽게 차린 밥상을 내주는 아내에게 고맙다는 마음을 가져보셨습니까?

세상의 많은 사람들은 "아내니까 당연히 하는 것이겠지"라고 생각할 것입니다. 나 역시도 아내가 건강했을 때는 따듯한 밥 한 그릇의 행복을, 그 고마움을 알지 못했습니다.

아내가 없는 텅 빈 집에 돌아올 때면 허전하고 쓸쓸한 마음은 인간이기에 어쩔 수가 없습니다. 그렇다고 슬프지는 않습니다. 주님 나라에서 나를 기다리는 아내와 다시 만날 소망을 가지고 있기 때문입니다.

소망을 가진 사람은 시련을 피하지 않습니다. 아무리 모진 풍화가 닥쳐도 아내와 다시 만나겠다는 소망은 퇴색되지 않을 것입니다. 소망 안에는 기쁨에 능력이 있으며 위로와 감사의 힘이 있습니다. 마음속으로 간절하게 소망하면 마침내 모든 것이 가능하기 때문입니다.

야단을 맞고 나쁜 짓을 하지 않는 아이들보다 칭찬을 받고 좋은 일을 하는 아이들이 훨씬 더 많습니다

우리 부부는 자녀들을 사랑한 것 외에 별도로 가정교육을 시킨 기억이 없습니다. 하지만 아이들은 부모 속 썩이지 않고 건강하고 착한 심성으로 자라서 좋은 학교를 나와 좋은 직장을 구하고 훌륭한 배우자를 만나 행복하게 잘 살고 있습니다.

가정교육은 말이나 어떤 특별한 교육으로 가르쳐서 되는 것이 아닙니다. 부모 노릇만 잘하면 아이들은 그 생활 속에서 자연스럽게 배우면서 훌륭하게 성장합니다. 아이들은 어렸을 때는 부모의 말을 믿고 잘 따르지만 철이 들면서 사리분별 능력이 생기면 부모가 본을 보여야만 따릅니다. 부모가 이치에 맞지 않는 언행을 계속하면서 자식에게 복종만을 강요한다면 자식이라 하더라도 거부하게 됩니다. 합리성은 인간에게 내재되어 있는 본성이기 때문에 불합리한 것은 오래도록 지속시킬 수 없습니다.

자녀들에게 칭찬을 아끼지 마십시오. 야단을 맞고 나쁜 짓을 하지 않는 아이들보다 칭찬을 받고 좋은 일을 하는 아이들이 훨씬 더 많습니다. 퇴계 선생도 「훈몽(訓蒙)」이란 시에서 "큰 칭찬은 회초리보다 훨씬 낫다(大讚勝撻楚)"고 했습니다. 칭찬을 통해 선행과 향학열을 분발시켜야지 야단과 책망으로 의욕을 꺾으면 안 됩니다.

존 로렌스 교수도 『삶의 선택들 Life´s Choices』이란 책에서, 자녀들의 가정교육은 말로서 별도로 가르치지 않고 그저 부모 노릇만 잘하면 아이들은 그 생활 속에서 자연스럽게 배운다고 했습니다.

특히 비평 속에서 자란 아이들은 커서 비난만을 일삼으며 남의 잘못만을 지적하고, 조롱받으며 자란 아이들은 커서 부끄러움을 잘 탄다고 했습니다. 그리고 격려와 칭찬을 받으며 자란 아이들은 자신감을 갖고, 공정함 속에서 자란 아이들은 정의감이 있으며, 용납과 애정 속에서 자란 아이들은 사랑이 있다고 했습니다.

이처럼 부모가 자녀에게 좋은 본을 보이면 자연스럽고 훌륭하게 성장합니다.

아내를 사랑하세요. 누군가는 먼저 사랑하는 이를 떠나보냅니다

아내를 사랑하는 사람만이 다른 사람을 사랑할 수 있습니다. 아내의 은혜를 아는 사람만이 남들의 도움에 고마워할 줄 압니다. 아내를 사랑하지 않는 사람은 하나님을 사랑할 수도 없고, 하나님의 사랑을 결코 받을 수도 없습니다.

우리는 지금도 길을 가고 있습니다. 그 길을 누구와 함께 가느냐에 따라 행복의 가치가 달라집니다. 함께 내릴 수 없는 종착역이기에 길을 가다가도 갈림길에 이르면, 아무리 떨어지기 싫은 사람이라도 어쩔 수 없이 헤어져야만 하는 것이 우리의 인생길입니다. 나는 40년간 좋은 동반자를 만나 행복한 여행을 했습니다.

인생의 보람은 얼마나 오래 살았느냐에 달려 있는 것이 아니라, 얼마나 감명적인 시간을 많이 보냈느냐에 따라 측정되는 것이라고 생각합니다. 그래서 내가 살아온 인생에 감사하고 있습니다.

세상에서 가장 불쌍한 사람은 만족과 감사를 모르고 욕심을 내는 사람입니다. 나는 아내와 동행한 40년의 여로를 만족하고 감사하게 생각합니다. 그리고 영원한 안식을 위해 먼저 떠난 아내를 그리며 내 가슴과 영혼에 각인된 아픈 상처를 순종과 소망으로 치유하고 있습니다.

남편들은 아내가 건강할 때는 그 소중함을 잊고 지냅니다. 늘 가까이서 함께 살아가기 때문입니다. 그러나 추위에 떨어본 사람만이 태양의 따뜻함을 알 수 있듯이 아내가 곁에 없을 때 소중함을 느낍니다. 아내가 내 곁을 떠난 후 후회한들 무슨 소용이 있겠습니까.

비록 병들어 있지만 함께 있는 것만으로도 아내는 내게 보이지 않는 그늘이자 마음의 버팀목입니다. 세상 속에서 내가 꿋꿋하고 당당하게 살아갈 수 있게 하는 힘의 원천입니다. 꿈과 소망을 함께 키우며 사랑의 동반자로 함께 가는 세상에 둘도 없는 소중한 사람입니다.

세상 다하는 마지막 그 순간까지 마음을 다해 아내를 사랑하세요. 분명 누군가는 사랑하는 이를 두고 먼저 세상을 떠날 것입니다. 만남이란 풀잎에 맺힌 이슬방울과 같아서 햇볕이 쪼이면 흔적도 없이 사라지는 것이 세상 이치입니다.

여러분들은 부부가 함께 천수를 누리며 행복하게 사시기 바랍니다. 아내나 남편을 먼저 떠나보내고 애타게 그리워하면서 글을 쓰는 분이 없으시기를 바랍니다. 살아 함께 할 때 연서를 쓰십시오.

아래의 「또 만나요, 미운 당신」은 아내가 '돌아오라는 주님의 부름'을 받고 떠난 지 1주기가 되던 날, 아내가 너무도 그리워 잠 못 이룰 때 쓴 졸시입니다.

또 만나요, 미운 당신

당신은 말이 없지만
내 안에서 들려오는 당신의 음성
지친 내 몸의 냉기를 녹여줍니다.
이제는 누워있어 고요한 당신이지만
바람소리 새소리 속에
당신의 숨결 느껴지고 미소가 보입니다.

구름이 가린 태양 보이지는 않지만
태양이 하늘에 있듯
이 세상에 당신은 없어도
당신의 사랑 내 곁에 있어
어두운 내 심령을 밝혀주고
지친 내 영혼 위로해 줍니다.

시간이 거꾸로 흘러
당신은 내게 돌아올 수 없지만
추억은 내 가슴에 살아 있어
그 기억만으로도 행복해
흐르는 눈물 이제 그만 멈추렵니다.

그대 위한 내 눈물이 한 송이 꽃으로 피어나
당신을 반겨주고
이슬 머금은 꽃향기로 남아
백향목 뿌리를 더 깊게 내리게 합니다.

다시 만나요, 미운 당신
광명의 천사되어
오직 그대 만남의 소망 안고
남은 생을 살아갑니다.

끝으로 원고 정리와 편집을 도와준 시인 한미자 님과 김형우 학생에게 감사드립니다.

2009년 12월 15일

아내 1주기를 맞아 碧松山莊에서

Chapter 1

◆

만남_ 하늘이 맺어준 인연

만남에는 그리움이 따라야 한다.

그리움이 따르지 않는 만남은 이내 시들해지기 마련이다.

진정한 만남은 상호간의 눈뜸이다.

영혼의 진동이 없으면 그건 만남이 아니라 한 때의 마주침이다.

단 한 번의 만남도 하늘이 맺어준 인연에 의한 것이다.

6·25 전쟁과 아내와의 만남

성공은 성실한 사람이 만든다.
하지만
그 열매는
사랑하는 사람이 차지한다.

아내와의 만남

내가 아주 어렸을 때 비 오는 날 낮잠을 자다 깨어나 아침인줄 알고 밖으로 나가면 비가 갠 맑은 하늘에 떠 있는 무지개를 보고 가슴이 들떠 이리저리 뛰어다니며 좋아했다. 그리고 누님께 "저것 보라"고 손가락으로 무지개를 가리키면, '생인손 앓는다'는 누님의 말을 곧이듣고 그 다음부터 무지개를 손가락으로 가리키지 않았다.

또 봄이면 숲 속에 피어 있는 보랏빛 야생화를 꺾어 들고 다니며 무진장 좋아했다. 어느 날 저녁 무렵에 밭에서 일을 마치신 어머니를 따라 집으로 돌아오며 서쪽 산 너머로 지는 석양 노을을 바라보고 어린 나이에도 숙연함을 느끼곤 했다.

10대 초반에는 예쁜 옷을 입고 다니는 소녀들이나 흰 칼라의 교복을 입은 여학생들을 보고, 먼 훗날 내가 만나게 될 환상의 여인을 상상하며 혼자 수줍어 얼굴을 붉히기도 했다.

10대 후반에는 일본의 마사오카 시기(正岡子規)가 어린 시절 고향에서 청운의 뜻을 억누를 수가 없어 썼던 "강물은 고래가 노닐 곳이 못되고, 잡목에서는 봉황이 살 곳이 못되며, 시코쿠(四國)는 영웅이 머물 곳이 못 된다"라는 글귀를 가슴에 새기고 되뇌며 고향 김포를 떠나 서울에서 유학을 했다.

이때 젊은 세대들에게 요구되는 야망과 신념, 난세에 대처하는 용기와 지혜를 터득하고자 좋은 친구들과 사귀며 열심히 공부도 했다.

그리고 20대 후반인 1966년 늦가을 어느 저녁 신촌 로터리의 한 찻집에서 친구와 함께 온 운명적인 여성을 만났다. 그녀를 보는 순간 내가 이제껏 상상 속에서 동경해오던 바로 그 환상의 여인이라는 것을 직감적으로 느꼈다.

그녀가 웃을 때면 위 송곳니 앞에 난 덧니가 그렇게 예쁘고 매력적일 수가 없었다. 그녀의 미소 속에는 인간 세상의 불결함이란 전혀 모르고 사는 듯 청순함이 담겨 있었다. 이렇게 그녀를 첫 대면하는 순간 분명 하나님께서 내게 보내신 일생의 반려자라는 것을 확신하였다.

그녀는 서울사범학교를 몇 년 전에 졸업한 교사로서 평범하면서도 아름답고 온순하고 지성미가 풍기는 자애로운 여인이었다. 나는 그녀를 만날수록 편하고 따듯함을 느껴 마치 자석 앞의 쇠붙이처럼 끌려들어갔다. 내 마음의 빈 공간은 언제나 그녀의 생각으로 채워져 있었고, 이성간의 사랑을 처음 느껴보는 순간들이었다.

그리고 자석의 자장(磁場) 안에서 서로 관심을 갖고 배려하는 것이 사랑이란 것도 그때 처음 체험했다. 우리는 서로 사랑했고, 그 사랑은 결혼으로 이어져 사남매를 키워가며 누구보다도 행복하게 살아왔다.

아내를 만난 것이 내 인생의 가장 큰 보람이며, 아내를 만남으로 내 인생 목표는 거의 다 이루어졌다는 생각마저 들었다. 그래서 행복한 가정을 가진 후부터는 내가 가지고 있던 인생의 성공이라는 참된 의미는 나도 모르게 바뀌었다.

진정한 행복의 조건과 진실의 기둥은 아내와 우리 자녀들에게 있다는 메테를링크(maeterlinck)의 '파랑새의 진리'를 깨닫게 된 것이다.

장 자크 루소(Jean Jacques Rousseau, 1712~1778)는 16세 때 13세의 연상인 드 바랑 부인을 만남으로써 그의 사고와 인생이 달라졌다고 한다. 그의 사려 깊은 성품과 착한 마음 그리고 그의 정서는 그녀에 의하여 다듬어졌으며, 그가 철학자로서 꿈을 키울 수 있었던 것도 그녀의 영향이라고 그는 회고한다.

헤겔(Hegel, Georg Wilhelm Friedrich, 1770~1831) 역시 41세 불혹의 나이로 20세의 처녀 마리 폰 툭허를 만나 결혼을 했다. 그리고 그는 누구보다도 행복해 했다. 그는 진정 사랑하는 아내를 가진 이상 이 세상에서 할 일은 일단 끝낸 셈이라고까지 말할 정도였다.

소크라테스(Socrates, BC 469~399)는 "양처를 만나면 행복해지고 악처를 만나면 철학자가 된다. 그래서 나는 철학자가 되었다"고 고백했다. 그는 학문적으로 위대한 업적을 남겼지만 행복한 인생을 보낸 것 같지는 않다.

분명 인간은 만남의 존재이다. 산다는 것은 만나는 것이다. 만나는 것보다 더 중요한 것은 없다. 인간의 행복과 불행은 만남에 의해 좌우된다. 삶은 만남에서 시작되고 사랑도 만남에서 시작된다.

좋은 만남에는 소망이 있고 기쁨이 있고 미래가 있다. 좋은 부모를 만났다면 그것은 축복이고, 좋은 친구를 만났다면 그것은 재산이다. 하지만 좋은 배우자를 만나는 그것이야말로 행복이다. 이 행복에 대해 아리스토텔레스는 「니코마코스 윤리학」에서 "인간이 추구하는 궁극적인 목표요, 최고의 선"이라고 정의하지 않았던가!

나는 훌륭한 부모를 만났고 좋은 친구도 만났다. 그리고 현모양처의 배우자를 만나 사랑스런 자녀들을 얻었고, 주님을 만나 주님 말씀에 따르고 또 주님과 항상 동행하고 있으니 그 이상의 행복은 바라지 않는다.

좋은 만남이 되기 위해서는 먼저 자신이 좋은 사람이 되어야 한다. 좋은 만남은 나 자신은 물론 내 가정과 사회와 국가를 풍요롭게 만든다. 그런데 만남에는 인간의 힘으로는 어찌할 수 없는 신의 섭리가 숨어있다. 바로 이별이다. 만남에는 반드시 이별이 따른다. 그래서 만남은 이별의 서곡이다.

1·4 후퇴 때 피란 나온 어린 소녀

6·25 한국전쟁은 1950년 아내가 7세 때 일어났다. 아내는 다음 해인 1951년 1·4 후퇴 때 고향인 개풍군 임한면에서 철없던 나이에 부모님 손에 이끌려 아비규환(阿鼻叫喚)의 피란 인파 속에 끼어 어린 발걸음으로 한강을 건너 김포로 왔다.

이때부터 운명의 여신이 그를 나에게로 한발 한발 인도한 것인데도 우리는 전혀 모르고 있었다. 임한면은 한강과 임진강이 합쳐지는 김포 북쪽 한강 건너편에 있다.

그녀는 김포로 와 우리 동네 들판 건너 약 2㎞ 떨어진 통진읍 도사리(속샘마을)라는 곳에서 고향이 수복되면 다시 돌아갈 요량으로 머물고

6·25한국전쟁 2년 전 아내와 장인

있었다. 그러나 1953년 7월 27일에 체결된 휴전협정은 한강과 임진강을 사이에 두고 남과 북을 갈라놓아 고향으로 돌아갈 꿈은 생전에 이루어지지 않았다.

그때 이미 주님께서는 우리도 모르시게 오묘한 인연의 밧줄로 그녀와 나를 꽁꽁 묶어 놓았던 것이다. 아무 준비도 없이 피란 나온 그녀의 부모님과 외동딸, 세 식구는 피란 생활에 많은 어려움을 겪었다고 했다. 16년 후에 아내가 되고 장인 장모가 되실 분들이라는 것을 미리 알았더라면 아버지께 말씀드려 쌀 몇 가마라도 보내드렸으면 얼마나 좋았겠는가. 우리 집은 큰 부자는 아니었지만 먹고 살기에는 걱정이 없을 정도로 동내에서는 형편이 제일 나은 편이었다.

아내의 피란 시절 나는 서암초등학교 5학년이었고 아내도 같은 학교 1학년이었다. 하지만 그 때에는 한 번도 만나지도 보지도 못했다. 아니 만났지만 너무 어린 나이라 무관심 속에 스쳐 지나쳤을 것이다.

그 후 아내는 5학년 때 서울로 올라가 영등포 영중초등학교를 졸업하고 서울사범 병설중학교와 서울사범학교를 졸업하고 교사가 되었다. 그리고 교사가 된 지 4년 만에 나를 만났다.

이 세상에서 보람 있는 만남처럼 중요한 것은 없을 것이다. 인생의 참된 행복은 결코 물질이나 그 어느 다른 것에 있는 것이 아니라 너와 나와의 깊은 만남 속에 있다는 것을 알았다.

만남에는 우연한 만남, 선택적인 만남 그리고 운명적인 만남이 있다. 나와 아내와 우리 아이들과의 만남은 하나님께서 어려운 상황 속에서 정해주신 운명적인 만남이라고 생각하고 있다.

그렇다. 옛날 사람들은 운명의 신이 실재한다고 믿었다. 인간의 길흉화복(吉凶禍福)과 행불행(幸不幸)과 목숨의 수요장단(壽夭長短) 등 모든 것이 운명이라는 초인간적인 힘에 의해서 조성되고 지배된다고 믿었다. 인간의 모든 일이 선천적이고 필연적으로 정해져 있기 때문에 사람의 힘으로 어떻게 할 수 없다는 숙명론을 믿고 운명 앞에 체념하고 순종하고 인내했다.

그러나 근대에 이르러 인간의 자주성과 창조력과 적극성이 강화되면서 운명론은 약화되어 자력주의적 인생관이 싹터 운명과 용감하게 싸우고 운명을 극복하는 사상이 강해졌다.

이러한 운명에는 '절대적 운명'과 '상대적 운명'이 있다. 특히 우리는 절대로 움직일 수 없는 절대적 운명에서 벗어날 수 없다. 좋은 부모와 좋은 형제자매를 만나고 대한민국의 국민으로 태어난 것이 절대적 운명으로, 나의 자유 의지와 노력으로 어떻게 할 수 없는 운명을 말한다. 그래서 우리는 이 운명 앞에 순종하고 굴복하는 도리밖에 없다.

우리는 절대적 운명을 기쁜 마음으로 애정을 가지고 긍정하고 받아들여야 한다. 이것을 철학자 니체는 운명애(運命愛)라고 하였다. "네 운명을 사랑하라. 절대적 운명은 부정하고 비관하고 저주한들 결코 달라지는 것이 아니다"라고.

또 하나의 운명인 상대적 운명은 내가 나의 의지와 노력으로 변화시킬 수 있는 운명이다. 가난한 집에서 태어난 것이나 약한 몸으로 태어난 것은 자기의 능력과 노력으로 얼마든지 바꿀 수 있다.

뜻을 세우고 용기와 노력으로 꾸준히 일하고 악전고투와 각고면려(刻苦勉勵)를 하면 돈도 벌 수 있고 건강도 찾아 무병장수 할 수 있다. 이처럼 내 뜻대로 얼마든지 바꿀 수 있는 것이 바로 상대적 운명이다.

베토벤은 귀머거리가 되었을 때 "나는 내 운명의 목덜미를 비틀어 버리겠다. 나는 절대로 운명한테 압도되지 않겠다"고 외쳤으며, 「파랑새」를 쓴 벨기에의 극작가 메테를링크는 "운명아, 비켜라! 내가 나간다"라고 말했다. 이 얼마나 씩씩한 말인가. 그런가 하면 프랑스의 실존주의 철학자 사르트르는 "인간의 운명은 내 손 안에 있다"고 했다.

내 운명은 내가 만드는 것이다. 내가 내 운명의 개척자요. 창조자요. 건설자다. 천조자조자(天助自助者), 즉 하늘은 스스로 돕는 자를 돕는다.

절대적 운명은 사랑하고, 상대적 운명은 극복해야 한다

운명은 사람을 차별하지 않는다. 그 대신 운명의 여신은 어질고 부지런하고 용기 있는 사람에게는 선(善)하지만, 게으르고 비겁한 사람에게는 참으로 가혹(苛酷)하다. 어떤 사람들은 운명을 가볍게 차버리기도 하지만, 또 어떤 사람들은 자신의 운명을 무겁게 짊어진다.

그것은 운명이 무거운 것이 아니라 자신이 나약하기 때문이다. 내가 약해지면 운명은 그만큼 강해져서 나 자신은 운명의 주체에서 점점 멀어져 간다.

그래서 "자신의 운명은 자신이 쓴 시나리오 각본대로 자신이 출연하는 연극무대"라고 말한 어느 철학자의 말에 나는 동의한다. 우리가 운명을 거역하면 운명에 끌려가고, 운명에 순종하면 운명에 업혀간다는 것을 잘 알기에 나는 하나님이 정해주신 아내와의 운명적인 만남을 긍정하고 사랑하며 감사하고 있다.

나는 그 무서운 6·25 전쟁으로 인해 가장 사랑하는 아내와의 운명적인 만남이 이루어졌다.

전쟁은 살상과 파괴와 생이별을 가져온다. 그래서 전쟁보다 더 무서운 재앙은 없다. 그래서 아내와의 만남을 그 무엇보다 소중하게 생각하고, 아내와 함께 살아온 40년간의 내 인생에 만족하고 감사하며 내 인생을 사랑한다. 천수를 다 누리지 못하고 떠나간 아내가 그립고 보고 싶어 남몰래 눈물을 흘릴 때가 많지만, 내 운명을 사랑하기 때문에 눈물은 흘려도 결코 슬퍼하지 않는다.

그렇지만 세상사는 반드시 인과관계(因果關係)로만 이루어지는 것은 아니다. 살다보면 종잡을 수 없이 우연히 일어나는 크고 작은 사건들도 무수히 많다.

그러나 모든 역사가 연결되어 흘러왔듯이, 아내와 나를 맺어준 6·25 한국전쟁도 지정학적으로 미·일·중·러시아라는 거대한 산맥 한가운데에 싸여 있는 우리나라로서는 근대사의 큰 물결 속에서 아무 대비할 능력조차 없었으므로 어쩔 수 없이 겪었어야만 할 비극이었다. 우리는 다시 한 번 한국전쟁의 역사적 배경과 그 원인(주 해설 1 참조)을 깊이 반추해가며 반성하고 교훈으로 삼아야 한다.

사랑에 해피엔딩이란 없다. 그러나 사랑은 영원하다

전쟁이 죽음, 고통, 파멸과 생이별의 상징이라면 나와 아내는 정반대로 전쟁 때문에 만나게 되었으니 참으로 기이한 인연이다. 그래서 사랑이란 하나님께 속해 있고 하나님으로부터 나온다(요일 4 : 7-8).

사랑은 하나님이 인간에게 주시는 가장 큰 선물이다. 그러나 사랑 속에는 우리들 가슴을 아프게 하는 피할 수 없는 이별이라는 하나님의 섭리가 있다. 이처럼 사랑이란 가장 완벽한 것이기도 하지만 참으로 모순된 것이 또한 사랑이기도 하다.

어니스트 헤밍웨이(Hemingway Ernest 1898~1961)는 "두 남녀가 서로 사랑하기 시작하면 거기엔 이미 해피엔딩이란 없다"고 했다. 그러나 사랑이란 영원한 것이다. 죽음도 갈라놓을 수 없는 것이 사랑이다. 인간의 주성분도 사랑이고 행복의 제1 조건도 사랑이다. 비록 사랑이 고통과 번민의 원천이 되기도 하지만, 사랑과 기쁨은 나누면 배가 되고 괴로움과 슬픔은 나누면 반으로 줄어든다.

우리 인간들이 하루 24시간 혹은 긴 인생 여정을 숨바꼭질하며 정신없이 분주하게 뛰어다니지만, 그리고 많은 모순과 우여곡절 속에 살아가지만 결국 그 종착점은 사랑이다.

이처럼 사랑은 산꼭대기에 있지 않고 산꼭대기까지 오르는 과정 속에 있다. 그래서 진실 된 사랑은 성취 아닌 과정 속에 있는 것으로, 무언가 추구하기 위해 늘 깨어 있고 넘어져도 다시 일어날만한 목적을 가진 사람만이 사랑할 수 있고 사랑하고 있으며 사랑을 받고 있는 행복한 사람이다.

세상에 존재하는 사람 중 같은 사람은 그 어디에도 없다. 외모도 다르고 생각도 다 다르다. 그런데도 모든 것이 다른 사람들이 서로 아우르며 사는 비결은 이해와 사랑이 있기 때문이다.

괴테(Johann Wolfgang von Goethe, 1749~1832)는 "우리는 사랑에서 태어났고, 사랑이 없기 때문에 멸망하고, 사랑으로 자기를 이길 수 있으며,

오랫동안 울지 않고 견디는 것은 사랑이 있기 때문이며, 우리를 결합시키는 것은 사랑이다"라고 했다.

이처럼 인류를 살리고 지구를 살리며 너와 나를 살리는 자원은 다름 아닌 사랑이다. 그것은 풀면 풀수록 많아지고 나누면 나눌수록 더 커지는 신비의 자원이다. 모든 지식이나 사상, 종교, 철학 위에 그리고 그 어떤 권력과 권세보다 더 높고 크고 깊은 것이 사랑이다. 사랑하고 사랑받는 건 바로 살아 있음의 증거다.

인간이 가진 단어 중에서 가장 위대한 단어, 우리가 쓰는 말 중에서 가장 많이 사용하는 단어가 사랑이다. 또한 아무리 들어도 싫증나지 않는 말이 '사랑한다'는 말이다. 우리는 사랑하기 위해 살고, 산다는 것은 곧 사랑하는 것이다. 그래서 인생의 목적은 사랑이다. 사랑은 인생의 알파요 오메가로, 절망 속에서도 살아갈 용기와 힘을 준다.

또한 사랑은 받을 때보다 줄 때가 더 행복하다. 그러나 사랑은 주는 것도, 받는 것도 아닌 서로가 만들어가는 것이다. 이것이 사랑의 법칙으로, 사랑은 사람을 행복하게 만든다는 사실이다.

6·25 전쟁의 포연 속에 부모님의 손에 이끌려 어린 발걸음으로 피란 나와 57년간을 성실하게 살다 간 아내에 대한 내 사랑에는 변함이 없다. 사람들은 멜로드라마(mellow drama)처럼 사랑의 해피엔딩을 원하지만, 현실 세계에서 사랑의 결말은 비극이라는 것이 인간의 운명이다.

그렇기에 사랑이 크면 클수록 이별의 아픔은 더 크다. 설사 그렇더라도 우리는 사랑하며 사랑을 간직하고 살아가야 한다. 사랑하다가 죽을지라도 사랑을 잃은 편이 사랑하지 않은 것보다 났기 때문이다.

나는 오직 아내와 다시 만남의 소망을 안고 한숨과 눈물을 삼키며 남은 생을 살아가고 있다. 이제 13년간 병상에서 긴 투병 끝에 돌아오라는 부름을 받고 먼저 떠난 사랑하는 아내를 추모하며 나라를 위해 기도드린다.

"내가 예언의 능력이 있어 모든 비밀과 모든 지식을 알고 또 산을 옮길만한 모든 믿음이 있을지라도 사랑이 없으면 내게 아무 유익이 없느니라. 사랑은 오래 참고 사랑은 온유하며 시기하지 아니하며 사랑은 자랑하지 아니하며 교만하지 아니하며 무례히 행치 아니하며 자기의 유익을 구하지 아니하며 성내지 아니하며 악한 것을 생각하지 아니하며 불의를 기뻐하지 아니하며 진리와 함께 기뻐하고 모든 것을 참으며 모든 것을 믿으며 모든 것을 바라며 모든 것을 견디느니라. 그런즉 믿음 소망 사랑 이 세 가지는 항상 있을 것인데 그 중의 제일은 사랑이라."(고린도전서 13장)

아내와의 약속

사람을 움직이는데 언행일치만큼 강력한 수단은 없다. 말에는 책임이 따르고 책임은 행동으로 완성된다. 실언은 나쁘다. 그러나 변명은 몇 배 더 나쁘다. 진실한 만남 속에 이루어진 아내와의 약속은 사랑이란 이름으로 지켜갈 것이다.

2002년 1월 31일 08:00시에 아내와 중요한 약속을 하였다.

아내의 뇌종양 수술이 있던 날, 새벽 네 시부터 선잠에서 일어나 병실에 모인 나와 네 자녀 그리고 사위들은 아내의 침대 머리맡에서 서로 손에 손을 잡고 수술의 성공을 기원하는 기도를 드렸다. 이제는 모든 것이 하나님의 뜻에 달려 있으며, 우리 가정의 운명은 하나님만이 알고 계시다(Only God knows).

동쪽 창틀로 차가운 겨울 햇살이 비쳐온다. 아내의 수술이 있는 날이지만 자연의 법칙은 변함없이 하나님의 섭리대로 진행된다.

오전 8시에 수술시간이 잡혀 있던 터라 7시 30분에 5층 수술실에서 아내를 데리러 왔다. 나는 침대 위에 실려 가는 아내의 손을 잡고 네 자녀와 사위들은 그 뒤를 따랐다. 그리고 수술실에 도착해서는 나만이 아내의 손을 잡고 안으로 들어갔고, 나머지 가족들은 수술실 밖 복도에서 초조하게 기다렸다.

6호 수술실, 아내 곁을 지키면서 물끄러미 바라보는데 아내는 마비된 손으로 환자복 주머니에서 어렵게 메모지를 꺼내 읽으며 평화롭고도 경건하게 기도를 드리고 있다.

인간은 누구나 차가운 수술대 위에 홀로 누워 수술을 기다릴 때 극한 고독감과 공포를 느끼지 않을 수가 없다. 하지만 아내가 두려움 없이 평안을 유지하고 있는 것은 "내가 너와 함께 함이라"는 주님의 말씀 때문이다.(사 43 : 1-2)

물 가운데를 지나거나 불 속을 지날 때에도 아니 그보다 더 큰 어려움이 닥치더라도 천지만물을 창조하시고 인간의 생사화복을 주관하시는 주님이 함께 하신다면 두려움이 있을 리 없다. 이와 같이 신앙은 인간을 담대하게 하고 마음의 진정한 평화와 자유를 가져다준다.

수술시간이 다 되어 수술실을 나오려는데 아내가 간절한 눈빛으로 나를 부른다. 다시 아내에게 다가가 아내의 입에 귀를 가까이 대자 발음도 확실치 않은 어눌한 말로 "당신 나 죽으면 장가가면 안 돼"라는 짤막한 말 한 마디를 했다.

나는 "죽는다니 말도 안 돼. 죽기는… 죽는다 해도 당신만을 생각하고 살아가다가 하늘나라에 가서 다시 만나면 되잖아"라고 대답을 했다.

이 말은 아내를 안심시키고 또 듣기 좋으라고 한 말이었지만 죽음과 삶의 경계선에 있는 아내는 진심으로 받아들였을 것이다. 인간은 누구나 죽음 앞에서는 진지하고 거짓이 있을 수가 없기 때문이다. 그래서 새들은 죽을 때가 되면 슬픈 곡조로 울고 사람은 선한 말을 한다고 한다. 인간의 진실은 선에 가깝다는 이야기다.

나는 아내만 남기고 수술실을 나오며 만감이 교차되고 있었다. 아내가 수술에 성공하면 다행이지만, 그렇지 않으면 살아있는 아내와는 이 순간이 마지막일지도 모른다. 납덩이와도 같이 무거운 생각이 내 머리와 가슴을 누른다. 게다가 "당신 나 죽으면 장가가면 안 돼"라는 아내의 이 말은 무슨 뜻이 담겨 있을까? 이 긴박한 상황에서 아내가 사후에 있을 문제까지 생각해야 하는 분명한 이유가 무엇일까.

철학과 종교

인간은 유한의 존재다. 권세는 덧없고 인간의 집착은 허망하다. 죽지 않고 영원히 사는 사람이 이 세상에 어디에 있는가? 하지만 인간은 본능적으로 '불멸'과 '영원'을 원한다. 그래서 종교도 인생의 유한함에 대한 자각(自覺)으로부터 시작된 것이다.

여기서 철학과 종교의 문제가 필연적으로 대두된다.

철학자의 수만큼 다양하고 복잡하게 보이는 게 철학이지만 배열의 규칙을 알면 쉽게 이해할 수 있는 것이 철학이다. 수천 년의 철학사를 시대별로 구분하는 방법도 있지만, 이 방법은 너무 편의적이고 각 시대가 따로 논다는 단점이 있다. 현실의 역사도 그렇지만 생각의 역사도 시간의 순서에 고분고분 따라주지 않는다.

예를 들어 로마시대의 철학자인 오리게네스(Origenes, 185~254)는 플로티노스(Plotinos, 206~270)보다 20여 년 앞선 사람이지만 철학의 내용으로는 훨씬 후대에 속한다.

그래서 수천 년에 걸친 서양 철학사를 가장 이해하기 쉬우면서도 정확하게 구분하는 방식은 시대별로 구분하기보다 철학적 문제를 기준으로 나누는 것이다. 즉 철학사는 논리적 순서에 따라 '세계론, 인간론, 인식론'의 세 단계로 구분할 수 있다.

● 세계론의 단계

인간이 철학적 사유를 시작한 무렵을 생각해 보자. 플라톤이 말한 '동굴 안에서 동굴 밖으로 나온 죄수'를 연상해서 생각하면 이해가 쉽다.

그는 먼저 자신의 주변을 살폈을 것이다. 눈부신 햇빛, 우뚝 솟은 산봉우리와 넓은 들판, 굽이치는 강물, 풀을 뜯는 동물들, 그들을 노리는 맹수들, 해는 동쪽에서 뜨고 물은 높은 곳에서 낮은 곳으로 흐르며, 강한 동물은 약한 동물을 잡아먹는다. 한 마디로 자연계에 관심이 집중되었다. 이때 철학자들을 자연철학자라 부르고, 이것이 철학 용어로 첫 번째의 세계론의 단계다.

● 인간론의 단계

경외심은 종교의 출발점이고, 하나님의 신비에 눈뜨는 것이 종교 체험의 본질

다음으로 알아야 할 것이 바로 자기 자신의 문제다. '나는 어디서 온 존재일까?', '어떻게 생겨났고 앞으로 어떻게 살아야 할까?' 즉 '인간이란 무엇인가?'를 끊임없이 탐구하는 것이다. 그렇지만 인간 자신에 관한 문제는 세계에 관한 문제보다 답이 쉽게 나오지 않는다. 그래서 세계론 못지않게 중요하고 절실한 문제였던 것이다.

이 절실한 문제에 답을 준 것이 종교다. 특히 그리스도교는 자신의 존재를 몰라 고민하던 인간에게 명확한 답을 주었는데, '인간은 신의 피조물'이라는 것이다. 그래서 경외심은 종교의 출발점이고, 하나님의 신비에 눈뜨는 것이 종교 체험의 본질이다. 답을 얻은 인간은 신의 피조물답게 세상을 살기 위해 종교를 강화했고 윤리학을 철학의 한 분과로 삼

게 되었다.

불교에서의 참다운 종교는 신의 종교가 아닌 인간의 종교를 의미한다. 천상의 종교가 아니라 땅의 종교가 아니면 안 된다는 것이다. 참으로 종교의 알파도 오메가도 결국 인간이라는 것이다.

'미망의 인간에서 깨달음의 인간으로', '잠자는 인간에서 눈을 뜬 인간으로' 가고자 한다. 여기에 종교의 목적이 있다고 본다. 불법(佛法)은 멀리 있는 것이 아니라 우리 마음속, 즉 가까운 곳에 있다. 진여(眞如)란 결코 밖에 있는 것이 아니며, 인간의 생활을 도외시하는 종교는 의미가 없다는 것이다.

기독교든 불교든 간에 모두가 "인간이란 무엇이며 어떻게 살 것인가?" 라는 철학 상의 인간론과 종교의 필요성과 그 목적은 밀접하게 연관되어 있음을 알 수 있다.

● 인식론의 단계

인간은 세계도 알고 자신도 알게 되면서 '앎' 자체에 관한 의문이 생기게 되었다. 세계와 나 자신에 관해 어느 정도 알게 되면서 앎이 옳은지 그른지를 어떻게 판단할 수 있으며, 이 앎은 어떻게 해서 가능한 걸까를 탐구하는 것이 바로 인식론의 단계다. 그러나 앎에 관해 답하려면 세계와 자신에 관한 질문들도 함께 고려해야 하기 때문에 이 단계는 현재까지 진행 중이다. 이처럼 인간은 끊임없이 호기심을 갖고 그 호기심은 지식을 낳는다. 또 그 지식이 쌓여 체계화가 되어 가면서 철학은 인생과 세계의 모든 영역에 걸친 사물의 근본 원리를 연구하는 학문이 되었다.

하지만 인간 본연의 애증의 집착, 아니면 세상 삶에 대한 강렬한 욕구는 아내뿐만이 아니라 살아있는 사람이라면 생명이 끝날 때까지 누구나 버릴 수가 없는 원초적인 욕구이다.

● 아내의 진의

그리고 남자는 본능적으로 여자의 첫 사랑이 되기를 원한다. 반면에 여자는 좀 더 미묘한 본능이 있다. 바로 남자의 마지막 사랑이 되기를 원하는 것이다. 어쩌면 아내가 수술실에서 한 그 말도 나의 마지막 사랑이 되기를 원하고 한 말일 수도 있다. 그러나 수술실에서 아내가 한 말의 진정한 의미는 그런 의미만이 있는 것은 아니었다.

나는 아내의 성격을 잘 알고 있다. 아내는 신중한 성품으로, 대화를 할 때는 상대방이 듣기 불편한 직접적인 표현 대신 우회적으로 뜻을 전달하는 완곡어법(婉曲語法)을 주로 사용한다.

내가 아무리 잘못한 일이 있어도 절대로 모르는 체하며, 그 자리에서 하고 싶은 말을 자제한다. 때를 가려 원망이 아닌 나의 깊고 진정한 내적 성찰을 요구하는 지적을 할 뿐이다. 그럴 때일수록 나는 내 마음속의 위선으로 가득 찬 변명 같은 것은 감히 할 수가 없어 솔직하게 스스로를 반성하며 아내에게 머리를 숙이곤 했다.

내가 누구에게나 줄 수 없는 아내에게만 보내는 뜨거운 사랑과 존경심은 이러한 아내의 성품 때문에 자연스럽게 나오는 것인지도 모른다. 아내는 오직 자신보다 언제나 나를 먼저 위하고 배려하며 자신을 양보하고 희생하는 입장을 견지하며 살아 왔다. 또한 아내는 나를 행복하게 해주었던 내 인생의 진정한 동반자이자 스승이기도 하였다. 그래서 나는 "당신 나 죽어도 장가가면 안 돼"라는 더 큰 의미를 잘 안다.

당시 내 나이 63세로서 인생의 중반기를 훨씬 넘어 황혼기에 접어들고 있었다. 재혼을 한다 해도 가정의 평화와 새로 만난 사람과의 애정이

유지된다는 보장이 없다.

특히 만년의 재혼은 애정과 신뢰를 바탕으로 하는 사랑으로 이루어지기보다 조건과 서로의 외적 이익을 추구하는 경우가 대다수다. 진정한 가정의 행복은 조건 없는 사랑이 전제되어야 이루어진다. 그리고 나는 아내와 비교할 수 있는 여성은 이 세상에는 하나도 없다고 생각한다.

특히 새 사람과 자녀들과의 갈등이라도 생기게 된다면, 지금까지 아내 못지않게 네 자녀들을 사랑했던 나는 상상도 못할 시련에 직면할 것이 불을 보듯 뻔하다.

이것을 잘 아는 아내는 자신이 떠나고 없다 해도 자신과 함께 이룩한 가정을 지키며 품위 있게 남은 생을 살라는 뜻이 담겨 있었던 것이다.

늙은이는 로마 신화의 쌍면신(雙面神) 야누스와 같이 두 개의 얼굴을 가지고 있다. 하나는 맑고 아름다운 얼굴이고, 또 하나는 추하고 타락한 얼굴이다. 멈출 때 멈출 줄 알고(知止) 족한 줄을 알면(知足) 아름다운 얼굴이 되지만 욕심과 분수를 모르면 추한 모습이 된다.

약속하기는 쉽다. 그러나 약속을 지키기는 어렵다

약속어음이나 수표는 돈이 아니라 종이에 불과하다. 그러나 돈과 바꿀 수 있다는 약속이 있기에 돈과 같은 가치를 지닌다. 또한 돈은 물건이 아니다. 땅도 아니요, 집도 아니요. 옷도 아니요, 음식도 아니다. 그러나 돈으로 물건을 살 수 있다는 약속이 있어서 돈으로서의 가치를 지니게 되는 것이다. 그래서 약속은 미래적 현실이라고 할 수 있다.

철학자 니체는 "인간만이 약속을 할 수 있는 동물"이라고 했다. 그래서 사람은 큰 약속이건 작은 약속이건 간에 반드시 지켜야 한다. 말을 해놓고 지키지 않는 것이 실언으로, 실언은 나쁘다. 그러나 실언보다 더 나쁜 것이 변명이다.

지혜 있는 사람은 그가 한 말을 행동으로 증명하지만 어리석은 사람은 그가 한 실언을 변명으로 피하려 한다. 이처럼 약속을 지키는 것은 사람의 인격을 가늠할 수 있는 신용의 척도라 할 수 있다. 신용은 인간관계의 기본 윤리로, 인간의 가장 중요한 도덕적 자본이기 때문이다.

철학자 칸트는 인격의 핵심을 책임 능력(責任能力)이라고 했다. 책임을 질줄 아는 것이 인격이라는 뜻이다. 공자도 『논어(論語)』에서 '주충신(主忠信)'이라 하여 인간의 내적 성실성과 대인관계에서의 신용을 강조하였으며, 「안연편(顔淵篇)」에서는 '무신불립(無信不立)'이라 하여 신용이 없으면 세상을 살아나갈 수 없다고 했다.

이처럼 인생에서 가장 중요한 것이 신용이다. 신뢰는 거울과 같은 것으로 한 번 깨어지면 처음 상태로 돌아가지 못한다. 신용을 얻는다는 것은 약속을 지키는 것이며, 약속을 지킨다는 것은 말(言)과 행동(行)이 일치하는 것을 의미한다.

성경 말씀에도 여러 곳에 기록되어 있다.

"진실한 입술은 영원히 보존되거니와 거짓 혀는 눈 깜빡할 동안만 있을 뿐이다"(잠언 12 : 19)라고 했으며, "두려워하는 자들과 믿지 아니하는 자들과 흉악한 자들과 살인자들과 행음자들과 우상 숭배자들과 모든 거짓말하는 자들은 불과 유황으로 타는 못에 참여하리니 이것이 둘째 사망이라."(계 21 : 8) 또한 "죽도록 충성(忠誠)하라. 그러면 내가 네게 생명의 면류관(冕旒冠)을 주리라"(계 2 : 10)면서 죽는 날까지 자기가 한 약속을 성심성의껏 지키는 사람이 생명의 면류관을 쓸 수 있다고 했다.

톨스토이는 "약속을 지키는 최대의 길은 약속을 하지 않는 것"이라고까지 말했다. 세상일은 모두가 약속에서 시작되는데 인간이 세상을 살아가면서 어떻게 약속을 하지 않고 살 수가 있겠는가? 톨스토이의 이 말은 "약속을 하면 반드시 지켜라. 지키지 못할 약속은 하지 말라"는 뜻을 강조한 것이다. 행동으로 옮기지 못할 말은 하지 말라는 뜻이다.

톨스토이가 젊었을 때 말을 타고 어느 시골을 지나가다가 한 어머니가 어린 딸을 집 앞에서 데리고 있는 것을 보았다. 갈증이 나서 물 한 그릇을 달라고 하니 옆에 있던 그 소녀가 말 위에 있는 작품 원고가 가득 들어있는 꽃 가방을 달라고 졸라댔다. 어머니는 야단을 쳤지만 어린 소녀는 듣지 않았다. 톨스토이는 일주일 후에 다시 와서 꽃 가방을 주겠다고 약속을 했다.

일주일 후에 꽃 가방을 가지고 찾아왔지만 그 소녀는 이미 죽고 없었다. 그리고 그의 어머니는 꽃 가방이 필요 없게 되었다고 했다. 그러나 톨스토이는 소녀와의 약속인 동시에 자신과의 약속이고 하나님과의 약속이라며 소녀의 무덤을 찾아가 그 무덤 위에 꽃 가방을 놓고 왔다.

이처럼 약속에는 자기와의 약속과 남과의 약속 그리고 하나님과의 약속이 있다. 나는 아내가 먼저 세상을 떠난다 해도 그 약속을 지켜가며 아내와 함께 이룩했던 가정을 어떠한 외로움과 시련이 있을지라도 내 생이 끝날 때까지 지켜 갈 것이다.

이러한 이유에서 자녀들을 향한 나의 사랑은 그 무엇과도 바꿀 수 없다. 아내와 네 아이들과 함께 이룩한 가정은 주님께서 주신 소중한 선물이기 때문이다. 그리고 나 혼자만이라도 출가한 자녀들을 위해 그늘 역할을 할 것이다. 그래야 훗날 천국에서 "당신과의 약속을 지켰노라"고 말하며 밝고 떳떳하게 아내를 다시 만날 것이다. 이것이 아내가 바라는 진정한 의미의 "당신 나 죽어도 장가가면 안 돼"라는 뜻이기도 하다.

지금 이 순간에도 우리 가정에는 주말마다 찾아오는 네 아이들과 외

손자와 외손녀 정윤이, 세연이, 태윤이, 승윤이가 나를 즐겁게 해주고 있고, 내 가슴에서 잠시도 떠나지 않는 사랑하는 아내가 내 곁에 함께 있다. 그래서 내 가정은 옛날과 조금도 다름없이 행복하기만 하다.

그렇지만 이 세상에서 누리는 행복을 비롯한 모든 명예와 권세는 그 끝이 있다. 잠시 왔다 가는 이 세상에서의 모든 것은 미완성으로 영원이란 없다. 우리는 이 세상을 잠깐 맛만 보며 살다 가는 것으로, 더 큰 행복과 영광은 저 높은 천국에 있다. 나 또한 이 세상에서 40년간 아내와 행복한 삶을 누렸기에 아무런 미련도 없으며 더 이상 바라는 것도 없다.

사람들은 누구나 이 세상에서 환상의 낙원을 꿈꾸지만 이 세상에는 낙원은 없다. 분노와 회한이 얽혀있는 자신의 어제를 이해하고, 자신의 과거와 악수하면서 스스로 쌓은 업을 껴안아 자신의 삶과 화해할 때 진정한 낙원이 이루어진다(Mitch Albom의 『천국에서 만난 다섯 사람 *The five people you meet in heaven*』). 그렇다. 행복생어미(幸福生於微)라고 했다. 행복은 작은 일에서 쌓인다는 말이다. 눈앞에 일에 만족하고 감사하면 그곳이 곧 낙원이다.

나는 세상을 원망하지도, 불평하지도 않고 더 큰 욕심으로 힘들어하지도 않는다. 진정한 자유는 욕심과 원망에서 탈피하는 것이기 때문이다. 비록 육체적으로는 늙어가지만 정신적으로는 늘 새로워지고 정열을 잃지 않고 끊임없이 탐구하면서 남은 생을 살아가련다.

사랑이 넘치는 자애로운 노인이 되어 주변 사람들에게 늘 관대하고 베풀며 살아가는 노인이 되고 싶다. 그리고 젊은 사람들이 "나도 저렇게 늙고 싶다"고 부러워하는 늙은이가 되어 때가 오면 많은 사람들이 아쉬워하는 가운데 미소를 지우며 주님께서 예비하신 아내가 있는 곳으로 가겠다.

비록 슬픔과 고독을 안고 멀리 있는 아내를 바라보고 있지만 슬픔과 고독은 인생의 본질이 아니겠는가. 극복하고 탈피한다고 되는 것이 아니다. 극복하고 탈피하면 또 새로운 슬픔과 고독이 앞에 놓인다.

인생의 본질을 극복하거나 탈피하는 것보다 기도로서 순응해가는 것이 삶의 미덕이다. 그리고 진실한 삶은 약속을 성실히 이행하며 살아가는 것이다. 진실한 만남 속에 이루어진 아내와의 약속은 사랑이란 이름으로 지켜 갈 것이다.

당신과 나

당신과 나는 날개가 하나 밖에 없는 천사였습니다.
우리는 날기 위해 서로 만났고
한 몸이 되어 40년간 날았습니다.

때로는 깊은 숲속 골짜기로
멀리는 산 넘어 초원 위를
행복 찾아 날았습니다.

이제 인연이 끊기어 잠시 떨어져 있지만
먼 길을 걷다가도 머잖아
다시 만나 함께 날게 됩니다.

이별에는 아픔만이 아니고
또 다른 만남이라는

환희의 선물도 있습니다.
멀리 있어도
서로 같은 생각을 하고 있으니
함께 있는 것과 마찬가지입니다.

인생은 미완성

인생은 미완성 쓰다가 마는 편지
그래도 우리는 곱게 써가야 해
사랑은 미완성 부르다 멎는 노래
그래도 우리는 아름답게 불러야 해
사람아. 사람아 우린 모두 타향인 걸
외로운 사슴끼리 사슴처럼 기대고 살자.

인생은 미완성 그리다 마는 그림
그래도 우리는 아름답게 그려야 해
친구야, 친구야 우린 모두 나그네인 걸
그리운 가슴끼리 모닥불을 피우고 살자

인생은 미완성 새기다 마는 조각
그래도 우리는 곱게 새겨야 해
그래도 우리는 곱게 새겨야 해
—이진관의 노래

우리는 어떻게 살아야 하는가?

인생은 지도를 보고 걷는 것이 아니라 나침반을 보고 가는 것이다. 인생은 정상을 보고 산을 오르는 것이 아니라 나침반을 보고 올바른 방향을 찾아가는 것이다. 해질 무렵 나그네를 반기며 하룻밤 쉬어 가라고 붙드는 산골 마을의 문화 속에 진정한 삶의 가치가 있다.

내가 읽은 책 중 톨스토이가 죽음에 이른 순간까지 깨달음을 담은 필생의 대작『인생이란 무엇인가』라는 책이 있다.

나에게 감명을 준 소중한 책으로, 주요 내용은 '나는 누구인가?' '나는 무엇을 아는가?' '나는 어떻게 살 것인가?'라는 문제를 가지고 동서고금의 철학자, 문필가 그리고 과학자들의 지혜로운 이야기를 인용하면서 15년 만에 완성한 보통 사람들의 삶에 실제 지침이 될 수 있는 정신적 안내서이다.

특히 돈과 물질이 팽배해 있는 현대사회에서 '나는 어떻게 살 것인가?'에 대한 질문을 던지고 있다. 아니 고개를 갸우뚱할 수밖에 없는 작금의 사회 현상 속에서 과연 우리는 인생을 어떻게 살아야한다고 생각하며 어떻게 살아왔는지 성찰해 볼 기회를 가져다준다.

• 가난한 사람들

『인생은 무엇인가』라는 책 내용 중에 프랑스의 소설가 빅토르 위고(Victor Hugo, 1802~1885)의 작품 「가난한 사람들」이라는 단편소설이 있는데, 그 줄거리는 다음과 같다.

어느 바닷가 포구에서 고기잡이 부부가 어린아이 5명을 데리고 오두막집에서 살고 있었다. 그들은 가난해서 어린아이들에게는 새 옷도 제대로 사서 입히지 못하고 누더기로 기운 옷을 입혔지만 깨끗하게 빨아서 입혔다. 신발도 못 사 신겨 사시사철 맨발로 뛰어다니고 있었지만 발은 깨끗이 닦아주었다. 식사는 흰 밀가루 빵은커녕 밀기울로 만든 검고 거친 빵을 만들어 끼니를 때우고 살았다. 반찬이라야 바닷가에 버려진 흔한 잡어가 고작이었다.

그러나 그들은 가난하면서도 행복하게 살았다. 남편은 아내와 어린아이들을 사랑하고 바다에 나가 열심히 고기를 잡아왔고, 아내는 어린아이들을 돌보며 알뜰히 집안일을 꾸려갔다. 비록 생활은 가난하지만 어린애들이 모두가 건강하게 자라주고 있어 고마워 항상 하나님께 감사를 드렸다.

그러던 어느 추운 겨울 날 남편이 거룻배를 타고 아침부터 바다로 고기를 잡으러 나갔다. 그런데 그날따라 바다에는 심한 파도가 일어나며 폭풍이 불기 시작했다. 저녁이 되어 어둠이 다가오자 풍랑은 더욱 심하여 어부의 아내 잔나는 불안에 떨었다.

"그이는 지금 어디에 있을까? 하나님! 그이를 지켜주시옵소서. 자비를 내려주시옵소서!"

밤이 깊도록 기도를 했지만 남편은 돌아오지 않았다. 아이들 다섯은

커튼 뒤 침대에서 쌔근쌔근 잠을 자고 있었다. 어부의 아내 잔나는 불안한 마음으로 등불을 켜들고 바닷가로 나갔으나 바다에는 아무것도 보이지 않고 심한 바람이 불어와 그녀가 쓰고 있던 머릿수건을 앗아다가 옆집 대문에 떨어뜨렸다.

그 순간 잔나는 저녁나절 몸 져 누워 있는 옆집 여자를 한번 들여다봐야겠다고 마음먹었던 일이 머리에 떠올랐다.

"돌봐 줄 사람이라고는 아무도 없고 과부 사리를 하는 것이 무척 안됐다고 생각했는데 설상가상으로 병까지 걸려서…."
라고 혼자말로 중얼거리며 밤은 깊었지만 옆집으로 들어갔다.

잔나가 "아주머니!" 하고 불렀으나 대답이 없었다. 잔나는 옆집 과부가 누워 있는 침대로 갔지만 그녀는 이미 똑바로 천정을 향해 누운 채 흙빛의 싸늘한 시체가 되어 있었다. 그리고 죽은 엄마 바로 옆에는 곱슬머리에 뺨이 통통한 두 어린이가 몸을 오그린 채 머리를 맞대고 단잠을 자고 있었다.

짐작하건대 아이들의 어머니는 죽기 바로 직전에 아이들의 발이 추위에 얼지나 않을까, 낡은 머릿수건으로 감싸고 자신의 옷으로 덮어준 것 같았다.

잔나는 두 어린아이가 잠들어 있는 모습을 물끄러미 내려다보다가 자기도 모르게 머릿수건으로 감싸서 집으로 데리고 왔다. 그리고 두 어린 것들을 자기 아이들이 자고 있는 침대 위에 나란히 눕힌 뒤 얼른 커튼을 쳤다. '왜 내가 남편의 허락도 없이 그런 일을 저질렀나?'라는 생각은 들었지만, 그는 도저히 그 가엾은 어린아이들을 그대로 방치해 놓을 수 없었던 것이다.

하지만 그는 양심의 가책이라도 느낀 듯이 새파랗게 질려 '그이가 오면 어떻게 생각할까? 우리 집에도 아이가 다섯이나 되어 그 애들을 키우는 데도 그이의 뼛골이 빠질 지경인데.' 그리고 남편에게 야단맞을 것을 생각하며 초조해 했다.

드디어 새벽이 되어 현관 열리는 소리가 나며,

"잔나, 나 왔어요! 정말 끔찍하고 무서운 밤이었어. 평생 처음 겪은 태풍이야."

"아! 무사히 돌아오셨군요."

잔나는 이렇게 말 한 마디만 하고 남편의 얼굴을 똑바로 쳐다볼 용기가 없어 가만히 서 있기만 했다.

얼마 후 두 부부는 방안으로 들어와 난롯가에 앉았다.

이윽고 잔나는 떨리는 목소리로 입을 열었다.

"저어, 여보 옆집 시몬이 죽었어요."

"뭐! 정말이야. 거참 큰일이로군. 그럼 애들은 어떻게 하지… 하는 수 없지. 우리가 맡아 키울 수밖에…. 애들이 잠에서 깨어 엄마가 죽어 있는 것을 알면 얼마나 충격이 클까? 불쌍해…. 어떻게든지 꾸려나갈 수 있을 거야. 어서 가서 아이들을 데리고 와요."

하지만 잔나는 자리에서 일어서지 않았다.

"왜 그래. 당신 싫은 거야? 이봐. 왜 그래 잔나?"

잔나는 남편의 착한 마음씨에 목이 메도록 감격하며 눈물을 흘리며,

"벌써 집에 데려다 놨어요."

이렇게 말하며 침대의 커튼을 열어 보였다.

세상에는 충분히 가지고 있으면서 남에게는 인색하며 더 많은 것을 쫓고 있는 사람들이 많다. 그들은 남보다 더 나아야 한다는 생각에 일등

만을 쫓으며 살아가고 있다.

그렇다고 그들이 행복하게 사는 것은 아니다. 더 많은 재물과 더 높은 지위와 더 큰 명예를 추구해가며 강박관념과 욕망의 노예로 사는 사람들이다. 욕망이란 자신의 굴레에 매어 진정한 삶의 의미를 잃고 자신의 소중한 자유마저도 빼앗기고 있다.

그러나 가난한 오두막집의 잔나와 그의 남편은 어떤가? 그들이 추구하는 진정한 가치를 물질과 권세와 명예가 아니라 풍요로운 정신과 나눔이라는 따듯한 사랑에서 찾았다. 그리고 그 사랑 속에서 자신의 기쁨과 평화를 찾았고 그들은 행복해 했다.

흔히 인간의 삶은 등산과 같다고 한다. 정상에 오르기까지의 온갖 고난과 역경을 견뎌내야 하고, 오르기보다 하산하는 길이 더 어렵다는 것도 인생과 닮은 점이 많기 때문일 것이다.

하지만 인생은 분명한 목표가 보이는 등산보다 어디로 가야할지 막막한 끝을 알 수 없는 사막 길을 더 닮았는지도 모른다. 그래서 인생길은 지도를 따라가지 말고 나침반을 따라가라는 것이다. 위치에 집착하지 말고 방향성을 중시하라는 얘기다. 인생의 가는 길에는 따로 그려놓은 지도는 없다. 그러나 방향을 알려주는 나침반은 있다.

프랑스의 조종사이자 소설가였던 생텍쥐페리도 「사막의 죄수」에서 "나는 지도를 보며 하룻밤을 꼬박 새웠다. 하지만 다 소용이 없는 일이었다. 내가 어디에 있는지 알 수 없었다"고 고백하고 있다.

이처럼 아내도 내가 어디에 살고 있는지 위치는 알 수 없지만 방향성은 확실히 알고 인생을 살아왔다. 가난한 오두막집의 잔나 부부와 똑 같은 인생을 살아왔다. 해질 무렵 지나가는 나그네를 반기며 하룻밤을 쉬어가라고 붙드는 산골마을 사람의 따듯한 정서가 깃든 인생을 살아왔다.

그렇다. 인생은 지도를 보고 걷는 것이 아니라 나침반을 보고 가는 것이다. 인생은 정상을 보고 산을 오르는 것이 아니라 나침반을 보고 방향을 찾아가는 것이다.

자신의 나침반도 없이 단순히 사람들에게 보이기 위한 삶을 사는 사람은 가장 불행한 사람이다. 그는 자기의 삶을 사는 것이 아니라 다른 사람들이 기대하는 삶을 대신 살아주는 대리 인생일 뿐이다.

훗날 자신이 살아온 길의 방향이 옳았다는 것을 알았을 때 생의 참된 보람을 느낄 것이다.

Chapter 2

◆

행복_ 천국의 또 다른 이름

네가 행복하기를 원하면 즐거워하기를 배워라.

행복은 항상 그대가 손에 잡고 있는 동안에는 작게 보인다.

하지만 놓쳐보라!

그러면 곧 그것이 얼마나 크고 귀중한가를 알 것이다.

감격과 감사

'감사의 분량은 곧 행복의 분량이다.'
캄캄한 밤하늘엔 별이 있으니 감사하며
검은 구름 뒤에는 무지개가 있어 감사한다.
그리고 슬픈 가운데서도 소망을 보고 감사하자.

감격과 감사가 충만한 인생, 이것이 행복한 인생이요. 보람 있는 인생이다. 구두 살 돈이 없다고 불평하지 말고, 몇 켤레의 구두를 살 수 있는 많은 돈이 있지만 그 구두를 신을 발이 없는 사람보다는 몇 배나 더 행복하다는 것에 감사하자.

우리는 감격할 때 눈시울이 뜨거워지고 가슴이 메어지고 마음의 전류가 흐르고 영혼의 영감이 일어난다. 그래서 감격하고 감사하는 순간만은 행복하다.

나는 아내의 병상을 지키며 세 번을 크게 감격했고 감사했다.

첫 번째 감격은 아내가 뇌종양 수술을 받은 후 13일 만에 의식이 돌아왔을 때었다.

2002년 1월 31일, 아내의 뇌종양 수술은 오전 8시부터 시작하여 오후

4시까지 8시간에 걸쳐 진행됐다. 수술 후 중환자실에서 치료를 받고 있었으나 의식이 돌아오지 않아 매일 초조하고 안타깝기만 하였다.

면회시간은 낮 12시와 저녁 5시 30분에 30분 동안 두 번 허락되는데, 환자 당 한 명의 가족만이 허용되기 때문에 순번과 시간 안배를 잘하여 시간 내에 마쳐야만 했다. 그때마다 환자의 맥박, 혈압, 산소 포화량 그리고 혈액검사 수치 등을 확인하며 온 가족이 애타는 마음으로 지켜보고 있었다.

이처럼 하루도 거르지 않고 면회를 하면서 오늘이나 좀 나을까, 내일에는 좀 차도가 있겠지. 간절한 마음으로 기도하며 상태가 호전되기를 기다렸건만 아내는 눈도 뜨지 못한 채 산소 호흡기에 의존하며 숨만 쉬고 있을 뿐이었다. 매일 면회시간 30분 전에 도착하여 중환자실 복도 의자에 앉아 의식을 돌려달라고 주님께 기도를 드렸건만 애타게 날짜만 흘러갈 뿐 아무 진전이 없었다.

그런데 수술 후 13일째 되던 날이었다. 12시 정각 면회시간이 되어 함께 갔던 세 딸들을 뒤로 한 채 가운을 입고 손을 소독하고 중환자실 안 차단벽 뒤 두 번째 침대에 누워 있는 아내에게로 다가갔다.

놀랍게도 침대에 누워 있던 아내가 두 눈을 분명히 뜨고 희미하게나마 나를 바라보고 있는 것이 아닌가. 많이 부어 있던 얼굴의 부기와 시퍼렇던 멍도 며칠 사이에 거의 없어져 이제는 아내 본래의 얼굴을 찾아볼 수 있었다. 더욱이 신기한 것은 입으로부터 기도를 통하여 폐까지 연결해 놓았던 산소 호흡기를 떼고 있었다.

그리고 입 속에서 나에게 무슨 말을 하고 있었다. 나는 아내의 입 가까이에 귀를 댔다. 분명하게 "얼음물…, 시원한 콜라"라고 말하고 있었다. 죽음의 무덤 속에서 살아나온 아내와 13일 만의 첫 대화는 이 두 마디였다. 그토록 기다리고 고대했던 의식이 돌아온 것이다. 그리고 오죽 목이 말랐으면 얼음물이나 시원한 콜라를 달라고 했을까.

그러나 아직 입으로 음식을 먹을 형편이 못된다. 코에서 위까지 식도를 통해 연결된 호스로 이유식(離乳食, Baby food)을 시간에 맞추어 넣어주고 있을 뿐이다. 입속에서는 아직 음식을 삼키지도 못하고 식도가 제 기능을 하지도 못한다. 감히 시원한 얼음물이나 콜라는 상상조차 할 수 없는 형편이다. 얼마나 애처로운 일인가!

나는 이 반가운 소식을 밖에서 기다리고 있던 세 딸들에게, "엄마가 의식이 돌아왔어. 이제 눈을 뜨고 말한다"고 알렸다.

그 순간 세 딸들은 손에 소독하는 것은 물론 가운도 안 입고 우르르 몰려 들어가 "엄마! 나 알아. 나 보여. 내가 누구야?"라며 감사의 눈물을 흘리고, 좋아하는 장면은 마치 이산가족이 상봉하는 것 같았다. 하지만 아내는 피곤한 듯 대답 대신 눈을 다시 감고 고개만 끄떡일 뿐이다.

이때 경비원이 쫓아 와서 "이러시면 안 됩니다. 한 분만 남고 모두 나가주세요"라며 흥분된 가족들의 자제를 요구했다. 그때서야 중환자실 규칙을 어긴 사실을 알고 모두 병실 밖으로 나갔다. 그리고 내 대신 큰딸 현경이가 병실에 남았다.

나는 병실 밖에서 기다리면서 은혜는 소유가 아닌 깨달음이란 사실을 알았다.

사람들 중에는 먹을 것은 있어도 식욕이 없어 못 먹는 사람이 있는가 하면, 반대로 식욕은 있는데 먹을 것이 없어 못 먹는 사람이 있다. 또 먹을 것과 식욕이 있는 데도 아내처럼 건강이 허락되지 않아 먹고 싶은 '시원한 얼음물이나 콜라'를 마실 수 없는 사람들도 있다. 먹을 것과 식욕과 건강을 함께 누린다는 것은 정말이지 하나님의 축복이다.

우리는 매일 이 세 가지 축복을 다 누리면서도 그 은혜를 잊으며 살아가고 있다. 그래서 은혜는 소유가 아니고 깨달음이다. 은혜는 깨달음으로서 진정한 은혜의 소유자가 될 수 있다. 은혜를 깨달으면 감사가 따르게 되고, 그 감사 속에는 기쁨과 평강 즉 행복이 찾아든다. 우리는 항상 주님의 은혜를 깨닫고 은혜에 감사해야 하며 은혜를 은혜로 받아드려야 한다. 그러면 은혜는 은혜가 된다.

두 번째 감격은 퇴원 후 침대에서 부축을 받으며 어렵게 일어나 홀로 휠체어에 옮겨 앉을 때였다.

아내는 수술 후 중환자실에서 22일 만에 일반병동으로 올라왔다. 그러나 중환자실에서 일반병동으로 올라오기란 쉬운 일이 아니다. 많은 환자들이 수술을 받고도 몇 개월 또는 몇 년이 지났음에도 상태가 좋지 않거나 의식이 돌아오지 않아 중환자실에서 계속 치료를 받고 있는 경우가 허다하다.

김만수 환자는 25세 때 수술을 받았으나 6년이 지난 31세가 될 때까지도 의식이 돌아오지 않고 있다. 그러나 그의 어머니는 하루도 거르지 않고 면회시간에 와서 아들을 마사지 해주며 회복되기만을 고대하고 있다. 그 어머니의 정성을 보아서라도 하루 빨리 쾌유되었으면 좋겠다. 또한 수시로 운반용 침대에 실려 영안실로 내려가는 환자들도 많고 보니 상태가 호전되어 일반병동으로 가는 환자를 마치 금의환향하는 눈으로 부러워한다.

아내는 일반병동으로 올라와 치료를 받다가 2002년 4월 3일 2개월 8일 만에 퇴원을 했다. 죽음의 공포와 싸우며 구절양장(九折羊腸)과 같은 길고도 어두운 터널을 빠져나온 것이다.

수술 전 요양을 위해 서울 방배동에서 이사 온 평촌 샘마을 자택에서

2㎞ 되는 한림대 성심병원까지 주 2회 이상 휠체어에 태워 재활치료를 받으러 다녔다. 그리고 매일 한 시간가량 공원을 산책하거나 백화점 등을 다니며 휠체어 운동을 시켰다.

아내가 먹고 싶다면 콩나물 해장국도 요리해주고, 농수산물시장에서 싱싱한 전복도 사다가 전복죽도 끓여주었다. 이러한 내 정성이 통했음인지 아내의 정신이 점점 또렷해지고 원기를 회복해가고 있었다.

그러던 7월 초 어느 날, 오전 휠체어 운동을 시키기 위해 간병인과 함께 아내를 일으켜 휠체어에 옮겨 태우려는데 아내가 "잠깐만…, 가만히 있어…"라며 제지했다. 그리고는 부축하고 있던 간병인과 내 손을 놓으라고 하더니, 힘이 없어 후들거리는 다리를 간신히 한 발을 떼어 옆에 있은 휠체어에 앉았다. 그 순간 나는 너무도 감격하여 아무 말도 못한 채 한참동안 아내를 부둥켜 앉고 눈물을 흘렸다.

이 기쁨의 눈물은 장기간 병상에서 꼼짝도 못하고 어려운 병고를 치룬 사람만이, 그 아픔을 함께 한 사람만이 그 환희의 감격을 알 수 있다. 이처럼 인간은 극한 기쁨에 이르면 슬플 때보다 더 큰 소리로 울게 되고, 눈물의 농도 또한 슬플 때 우는 눈물의 농도보다 더 짙은 것 같다.

세 번째 감격은 터진 내 바짓단을 꿰매줄 때였다.

아내는 열심히 재활치료를 받았다. 뇌종양은 오른 쪽에 있어 왼쪽 손발이 마비 상태에 있었다. 6월 어느 날, 내가 입고 있던 바짓단이 터진 것을 아내가 발견한 것이다. 아내는 내 바지를 벗으라고 하더니, 간병인에게 바느질 바구니를 가져오라고 했다. 그리고 간병인이 바늘에 검정색 실을 꿰어주자 터진 바짓단을 한뜸 한뜸 꿰매기 시작했다.

나는 어렵게 꿰매고 있는 아내의 두 손을 놀랜 표정으로 지켜보았다. 아내는 한참만에야 바짓단을 다 꿰맸다. 매끄럽지는 못해도 보기에 흉할 정도는 아니었다. 그간 열심히 노력한 결과 손의 마비가 풀린 것에 감격했다. 그리고 내 바짓단이 터진 것을 보고 그냥 넘어가지 않고 손수 꿰매준 아내의 정성에 감격했다.

이것이 아내가 내게 보내는 사랑이다. 아내의 사랑은 몸이 불편하거나 건강하거나를 가리지 않는다. 고락간의 변함이 없는 것이 아내의 사랑이다. 만약 누군가가 내게 "사람은 어느 때 행복한가?"라고 묻는다면, 빅토르 위고의 말을 빌려 "그 누구에게 사랑받고 있다고 느낄 때 행복하다"고 말하고 싶다. 아내의 사랑에 감격했고 그래서 행복했기 때문이다.

또 "인생을 최고로 사는 지혜가 무엇이냐"고 묻는다면, 나는 감격과 감사하며 사는 것이라고 자신 있게 대답할 것이다. 인생을 행복하게 사는 비결은 감격과 감사 속에 있기 때문이다.

감격과 감사로 충만한 생, 이것이 행복한 생이요 보람 있는 생이다. 감격이 넘치는 인생은 환희의 인생이요, 신나는 인생이요, 행복한 인생이다. 감격은 생명의 진동이요, 정신의 절정이요, 삶의 최고의 순간이다.

우리는 깊은 감격에 휩쓸릴 때 새로운 자각이 생기고, 중대한 결단을 내리며, 엄숙한 맹세를 하면서 우리의 삶이 거듭난다. 아무나 감격하는 것이 아니다. 맑고 순수한 마음을 가진 사람, 나 자신에게 솔직한 사람만이 감격한다. 그리고 감격은 사랑이 전제될 때만 가능한 것이다.

그렇다. 감사는 행복의 어머니다. 감사의 나무에 기쁨의 꽃이 피고 행복의 열매가 열리며, 감격과 감사 안에 미래의 희망과 설계가 있다.

● 감동이란?

프랑스의 대문호 빅토르 위고의 소설 「레미제라블」에 등장하는 주인공인 청년 장 발장은 한 조각의 빵을 훔친 죄로 5년의 감옥살이를 하게 되었으나 4번의 탈옥을 시도, 결국 19년의 감옥살이를 마치고 중년이 되어 출옥한다. 그러나 전과자라고 아무도 돌보지 않는 그에게 하룻밤 숙식을 제공해준 미리엘 주교의 집에서 은식기를 훔쳐 도망치다가 경찰에게 체포되어 끌려가게 되었을 때, 미리엘 주교가 "그건 제가 그 분에게 드린 겁니다"라고 증언하여 구해주고, 은촛대를 얹어주며 올바르게 살 것을 당부한다.

그 순간 장 발장은 전기 쇼크를 맞은 듯 충격을 받았다. 비로소 사랑에 눈을 뜨게 되고, 마들렌이라는 새 이름으로 사업을 하여 재산을 모으고 시장으로까지 출세한다. 이후 장 발장은 훌륭한 인생을 살면서 많은 사람을 도와주었다.

아마 그에게 충격을 주었던 신부도 완전히 딴 사람이 된 장 발장에게서 큰 감명을 받았을 것이다. 이처럼 감동이란 일종의 사랑의 행위이다. 내 영혼에서 솟구치는 보람의 기쁨이 감동이며, 우리 인생의 의미를 주는 사랑과 영혼의 진지한 대화에서 오는 것 또한 감동이다. 감동은 열심히 살아가려고 노력하는 사람들에게 아니 열심히 그리고 진실하게 살아가도록 하는 영혼이 가져다주는 큰 선물이다. 그래서 감격하는 순간만은 행복하다.

● 감사란?

1913년 52세 때 시집 『기탄잘리(Gitanjali)』로 아시아인 최초로 노벨문학상을 수상하고, 간디와 함께 인도의 국부로 존경을 받고 있는 시인 타고르(Rabindranath Tagore, 1861~1941)는 "감사의 분량은 곧 행복의 분량이다"라고 했다. 감사를 많이 하면 그만큼 많이 행복해지지만 감사가 적으면 행복도 적다는 것이다. 행복하게 살기를 원한다면 감사를 많이

해야 한다.

유대인의 지혜서 『탈무드』에도 "이 세상에서 가장 행복한 사람은 누구인가? 열악한 환경 가운데서도 감사하는 사람이다"라는 말이 있다.

감사는 신앙의 척도라고도 한다. 그 사람의 믿음이 얼마나 깊은지 알려면 그 사람이 얼마나 감사하는지를 보면 된다고 했다. 하나님과 이웃에 감사를 많이 하는 사람은 신앙이 깊은 사람이다. 그런 사람에게는 배울 것이 많다. 그러나 입만 열면 불평과 원망을 쏟아놓는 사람은 믿음이 없을 뿐 아니라 배울 것이 하나도 없다.

그리고 하나님은 항상 감사하는 사람에게 축복을 주신다. 성공하는 사람은 불평하는 사람이 없고 감사하는 사람이다. 그러므로 성공과 실패는 그 사람의 마음에서 결정되는 것이다.

영국의 성경주석가 매튜 헨리(Matthew Henry)는 "감사는 더하기(+)와 같아서 모든 것에 감사하면 거기에 하나님의 복이 더해진다. 그러나 원망과 불평은 빼기(−)와 같아서 있는 것까지 빼앗기고 없어진다"고 말했다. 가진 것이 없어도 감사하면 자꾸 좋은 일이 생기지만, 많이 가졌으면서도 불평하고 원망하면 점점 나쁜 환경이 될 수밖에 없다는 것이다. 감사하면 하나님께서 복을 주시고 이웃에게도 도움을 받을 수 있다. 불평하면 아무도 도와주지 않아 혼자서 외톨이가 된다.

이처럼 행복은 감사의 조건이 성숙될 때 비로소 이루어진다. 희열과 평화와 행복한 인생을 사는 비결은 바로 감사하며 사는 인생이다.

비록 잠시도 남의 도움 없이 살 수 없는 아내였지만 살아있어 함께 대화도 하고, 휠체어를 타고 공원길을 산책할 수 있다는 것에 나는 얼마나 감사한지 모른다. 그리고 중환자실에서 5~6년 동안 의식도 없이 식물인간으로 투병하고 있는 환자들에게 비하면 아내가 이 정도인 것에 대해 주님께 얼마나 감사한지 모른다.

"교통사고로 다리가 부러졌다면 목이 부러지지 않은 것에 감사하라. 감사하는 가슴의 밭에는 실망의 씨가 자랄 수 없다. 감사를 통해 인간은 부자가 된다"는 말이 내 가슴에 밀물이 되어 밀려오면서 옛 이야기가 떠오른다.

숙종대왕이 어느 날 밤 암행순찰을 하는데 가난한 움막집에서 온 가족이 밤늦게까지 즐거워하며 웃음이 넘치는 광경을 목격했다. 왕은 가난한 집에서 무엇이 좋아 저렇게 행복해 할까 궁금해 그 연유를 물었다.

그러자 "부모 섬기는 것은 빚 갚는 것이고, 애 키우는 것은 저축하는 것이다"라며, "비록 가난한 움막집이나 한 가족이 함께 할 수 있음에 감사하고, 빚 갚고 저축해 가며 살고 있으니 부러울 것이 없어 행복이 충만하게 넘쳐흐른다"고 대답했다.

불교에서도 행복은 소욕지족(少慾知足)이라고 했다. 즉 '욕심을 없애고 족할 줄 아는 것'이 행복이라고 했다. 또 시인 이해인 님은 「감사 예찬」이라는 시에서 "감사만이 꽃길입니다./ 누구도 다치지 않고 걸어가는/ 향기 나는 길입니다.// 감사만이 보석입니다./ 슬프고 힘들 때도 감사할 수 있으면/ 삶은 어느 순간 보석으로 빛납니다"라고 했다.

또한 남아프리카공화국 대통령을 지낸 넬슨 만델라는 "건강을 유지한 것도 감사의 덕이다"라고 했다. 세계인의 존경을 받는 그는 무려 27년간 감옥생활을 해 세계 정상 중 감옥에 가장 오래 있었던 사람이다. 그가 출옥할 때 사람들은 아주 허약한 상태로 나올 것으로 생각했다. 그런데 그의 나이 70세가 넘었는데도 아주 건강하고 씩씩한 모습으로 걸어 나오자 취재기자가 물었다.

"다른 사람들은 5년만 감옥살이를 해도 건강을 잃어서 나오는데 어떻게 27년 동안 감옥살이를 하고서도 이렇게 건강할 수 있습니까?"

"나는 감옥에서 하늘을 보고 감사하고, 땅을 보고 감사하고, 물을 마시며 감사하고, 음식을 먹으며 감사하고, 강제노동을 할 때도 감사하고, 감옥에 보낸 사람들에게까지 늘 감사했기 때문에 건강을 지킬 수 있었습니다."

그 후 만델라는 노벨평화상을 받았고 대통령에도 당선되었다.

이처럼 감사하는 마음을 가진 사람은 모든 위기 상황에서도 건강을 지킬 뿐 아니라 모든 일들을 지혜롭게 극복하고 마침내 별과도 같이 빛나는 인생을 살게 된다.

시편에서도 "여호와께 감사하라. 그는 선하시며 그의 인자하심이 영원함이로다"(118 : 1)라고 했다. 캄캄한 밤하늘에 별이 있음에 감사하며 검은 구름 뒤에 무지개가 있음에 감사해야 한다.

그리고 슬픈 가운데서도 소망을 보고 감사해야 한다. "촛불을 보고 감사하는 사람은 등불을 소유하고, 등불을 보고 감사하는 사람은 달빛을 소유하고, 달빛을 보고 감사하는 사람은 천국을 소유한다"고 했다.

감 사

나에게 하루를 주심을 감사합니다.
하루 안에 만남을 주심을 감사합니다.
만남 안에 사랑을 주심을 감사합니다.
사랑 안에 기쁨과 소망이 있사오니
더 큰 기쁨과 소망을 주시옵소서.

희망과 믿음

희망은 인간을 살리는 가장 소중한 힘이다.
"믿음은 바라는 것의 실상이요.
보이지 않는 것의 증거다."
—성경

미국 뉴욕의 베스 이스라엘 아동병원의 소아뇌종양 수술 전문 외과 의사인 프레드 웹스타인 박사는, 독실한 크리스천이자 소아신경외과 분야의 세계적 권위자로 유명한 분이었다. 그런데 불행하게도 2001년 9월 일요일 아침 자전거를 타다가 넘어져 뇌출혈로 혼수상태에 빠져 26일 만에 깨어났다.

절망적인 상황에서 겨우 깨어났지만 자신이 뇌수술을 한 아이들에게 재활치료를 시키듯 자신이 재활치료를 받게 되었다. 그러한 상황에서 그는 자기가 치료해준 아이들이 생각났다. 그 중에 착한 사마리아인 나오미라는 네 살의 여자아이가 생각났다. 그리고 그는 이렇게 회상한다.

"나오미가 병원에 도착했을 때 이미 죽음의 문턱에서 되돌아 올 수 없다고 판단되었다. 이미 뇌출혈 상태로 뇌압은 높아질 대로 높아져 있었고, 게다가 종양은 두 개의 중요한 동맥 사이에 위치해 있어 당시의 수술 기술로는 성공보다는 실패의 확률이 더 높았다.

다행스럽게도 1, 2차 수술은 성공적으로 이루어졌고, 나오미는 기적적으로 회복하여 다섯 살을 넘겼고, 이제는 36살의 어엿한 가정주부가 되었다. 이 아이는 당시 의학으로 완치를 기대할 수 없는 절망적인 상황에서도 내가 회진을 할 때면 머리에 붕대를 친친 감은 안쓰러운 모습이었지만 환한 웃음을 지으며 나를 맞이하곤 했다. 그리고 눈을 반짝이며 말했다.

'다섯 살이 되면요, 두발자전거를 배울 거예요.'

'다섯 살이 되면요, 뒤로 줄넘기하는 법을 배울 거예요.'

'다섯 살이 되면요, 두 줄로 신발 끈 매는법을 배울 거예요.'

'내가 다섯 살이 되면요…' 하면서 말을 꺼내는 나오미의 눈동자는 바로 어제 본 것처럼 아직도 생생하게 내 마음 속에 안쓰러울 정도로 초롱초롱하게 살아 있다.

혼수상태에서 깨어났다고 해도 다섯 살이 되는 것은 어디까지나 만약이라는 가정이었다. 나오미 역시 그때가 오지 못할 수 있다는 것을 직감적으로 알고 있었을까. 그래서 다섯 살이 된다는 사실에 더욱 집착했는지도 모른다.

긍정적인 다짐과 희망적인 결심이 인생을 살아가는데 얼마나 소중한 자산이 되는지 나오미는 내게 가르쳐주었다. 그 아이는 지금도 나의 가장 소중한 스승이다. 다시 일어설 수 있게 된다면 나도 내 아들과 농구를 할 것이다. 희망은 인간을 살리는 가장 소중한 힘이니까."

이 이야기는 프레드 웹스타인 박사의 '내가 다섯 살이 되면'이란 실화스토리이다.

나는 이 글을 읽으며 뇌종양 수술을 받고 13일 만에 의식을 회복한 아내를 생각했다. 퇴원은 했지만 아직도 수족이 불편한 아내를 위해 긍정적인 다짐과 희망적인 결의로 하루하루 고되고 강도 높은 재활치료를 시키고 있다. 언제나 기대와 낙관 속에서 인생의 다음 단계를 생각하고 있는 것은 나오미와 같다.

아내가 회복되면 어린 학생들과 소풍도 함께 가고, 교회에 나가 봉사도 하고, 불우한 이웃을 돕고, 우리가 약혼 후 갔었던 경포대 해변도 함께 걷고, 외손녀 정윤이와 세연이와 함께 놀면서 옛날 얘기도 해주고, 그림 그리는 것도 가르쳐 줄 것이다. 그리고 아내가 운전 연습을 하여 나를 태우고 외출도 할 수 있다고 생각한다. 그때 우리 가정은 옛날과 같이 활기를 띄우고 기쁨이 넘칠 것이다.

우리 인간에게는 미래가 있다. 미래가 있기에 꿈과 소망이 있다. 우리 인간에게 꿈과 소망이 없다면 그 인생은 죽은 인생과 같다.

그러나 미래는 예측 불가능한 미지의 세계다. "내일의 일을 너희가 알지 못하는 도다. 너희 생명이 무엇이뇨. 잠깐 보이다 없어지는 안개니라"는 야고보서(4 : 14)의 말씀처럼, 미래는 하나님의 절대 권한에 속하는 영역이다. 그래서 인간이 미래를 예측하고 지배할 수 없는 것이다.

그러나 미래에는 우리의 희망과 믿음이 있다. 성경 히브리서(11 : 1-3)의 말씀처럼, "믿음은 바라는 것의 실상이요. 보이지 않는 것의 증거다."

그래서 바라는 것은 소원이 아닌 미래를 뜻한다. 실상은 미래에 대한 현재를 말하며, 미래에 대한 확신을 가질 때 미래가 오늘을 지배하게 되어 이것이 실상으로 나타나게 되는 것이다. 따라서 미래가 현재 우리의 생활을 바꾸어놓고 인격과 그 존재 자체를 변화시킨다.

인간의 인격에는 완성이라는 것이 없다. 인간 자체가 인격적 허점을 가지고 있기 때문이다. 오직 완성을 향하여 연마하고 정진할 뿐이다. 이것은 믿음으로 가능한 것이다. 그러므로 미래는 오직 믿음으로 보는 것이다.

종교개혁자 칼빈은 "믿음은 드러나지 않은 사물의 드러남이요. 보이지 않는 것을 봄이요. 어두운 곳에 밝아짐이요. 존재하지 않는 것에 존재함이요. 감추어진 것에 나타남"이라고 했다.

그러나 이 믿음과 구별해야 할 착각이라는 것이 있다. 착각은 진실이라고 믿는 허상을 말하는 것으로, 믿음은 착각과는 그 차원을 달리 한다.

중국 명나라 때의 문인 왕양명(王陽明)이 11세 때에 지었다는 「폐월산방시(蔽月山房詩)」, 즉 「산방에서 보는 달」은 진실이라고 믿는 허상에 대해 세상을 큰 눈으로 보고자 한 마음가짐이 엿보이는 시다.

山近月遠覺月小, 便道此山大於月(산근월원각월소, 편도차산대어월)
若人有眼大如天, 還見山小月更闊(약인유안대여천, 환견산소월경활)

산이 가깝고 달이 먼지라 달이 작게 느껴져
사람들은 달보다 산이 크다 말하네.
만일 하늘처럼 큰 눈 가진 이가 있다면
산이 작고 달이 더 큰 것을 볼 수 있을 텐데.

우리는 너무나 많은 착각과 편집(偏執)에 빠져 더 큰 것, 더 소중한 것 그리고 진실한 것을 제대로 보지 못하고 사는 경우가 많다. 11세 소년이 큰 세상이 어떤 세상인지를 보려고 한 그 마음이 실로 놀랄만하다.

다음으로 믿음은 보이지 않는 것의 보는 증거다.

하나님도 사랑도 믿음도 사실은 사실대로 있지만 내가 믿을 때 사실(Reality)이 되고 증거(확신)가 된다. 믿음은 보이는 것이 나타나는 것이 아니라 보이지 않는 세계가 보이는 세계가 되는 것이다.

지금 태양이 구름에 가려 빛나지 않을지라도 나는 태양이 존재함을 믿는다.

지금 내가 느낄 수 없을지라도 나는 사랑이 있음을 믿고 있다.

지금 그 분이 침묵하고 계실지라도 나는 하나님이 계심을 믿는다.

지금 아내가 병상에 누워 있을지라도 나는 아내가 일어나 걸어 다니는 미래가 있음을 믿는다.

아내와 호랑나비

내가 원하는 것을 소유했을 때 나는 행복하다.
그러나 내가 가지고 있지 않은 것을
원하지 않을 때는 더 행복하다

2008년, 이른 봄인 4월 초 맑게 갠 날이다.

아침 일찍 피곤해 하는 아내를 달래가며 억지로 휠체어에 태우고 김포 수로로 뚫린 꽃길을 산책했다. 말이 산책이지 아내의 건강 회복을 위한 운동이었다.

그 어느 날보다 햇살이 따듯하고 화사한 아침이다. 길가 둑에는 새로 돋은 풀잎에 이슬이 맺혀 이른 봄의 싱그러운 분위기를 더욱 느끼게 한다. 얼마쯤 걸었을까. 새로 돋은 민들레꽃 옆에 수선화가 곱게 피어 있고, 그 위에 호랑나비가 살포시 앉아 있다. 너무 때 이르게 세상에 나와서일까 아니면 이른 아침에 정신을 체 못 차려서인지 사람이 곁으로 가는데도 꼼짝도 안하고 그대로 앉아 있다.

자기 생존을 위한 본능적인 동작도 취하지 못하는 가여운 나비, 만약

곤충 채집을 하는 짓궂은 어린이들에게 잡혔더라면 일 년도 살아보지 못하고 이른 봄에 생을 마쳤을 것이 아닌가. 나는 조심스럽게 날개를 잡아 아내에게 건네주며 말했다.

"당신, 올해 들어서 처음 보는 나비지. 그래 새해에 먼저 제비를 보면 부자가 되고, 개구리를 보면 쫓겨 도망 다니는 신세가 되며, 나비를 보면 건강하고 행복한 해가 된대…. 올해에는 제일 먼저 나비를 보았으니 당신 병이 다 나아 뛰어다니고 하고 싶은 것도 다 할 수 있을 거야."

비록 근거 없는 말이지만 어렸을 때 들었던 것들을 애써 기억하며 환자를 위해 기분 좋은 말만 골라서 들려주었다.

아내는 말없이 호랑나비의 머리와 더듬이, 눈과 날개의 빛깔을 세심히 관찰하다가 새로 꽃봉오리를 짓고 있는 진달래와 벚나무 사이로 불어오는 산들바람을 향해 날려 보내며 "금년은 네 덕분에 행복하게 살아보자"며 빙그레 웃는다.

오랜 만에 밝은 표정으로 행복해 하는 아내를 모습을 보면서 조선조 후기 문인 이덕무(李德懋, 1741~1793)의 글 「선귤당농소(蟬橘當濃笑)」에 나오는 아름다운 광경을 떠올렸다.

옛 선비들은 파초 잎에 시를 쓰며 여름 나는 것을 운치 있는 일로 여겼던 것 같다. 파초는 남국의 식물로 중국이나 우리나라와 같은 온대지방에서는 여름에만 볼 수 있다.

내가 어릴 때 우리 집 안마당 우물가에 꽤 넓은 화단이 있었는데, 선친께서는 온실이 없어 사랑방에서 월동을 시킨 파초를 봄이면 해마다 안마당 화단에 옮겨 심으셨다. 여름이 되면 파초 잎이 돋아나 내 키보다도 훨씬 크게 자라 대문 밖을 지나가던 사람들이 들여다보며 한참동안 발걸음을 멈추고 구경을 하곤 했다.

조선시대 이덕무 또한 4월과 5월 사이에 동산 숲이 울창해지고, 과일이 열리기 시작하고 온갖 새들이 정답게 지저귈 때, 부드럽고 푸른 파초 잎을 따다 그 위에 미불의 『아집도서첩 雅集圖序帖』을 본 떠 왕유(王維)의 시 「망천절구(輞川絕句)」를 써놓고, 먹 갈던 어린아이가 갖고 싶어 하면 선뜻 주고는 호랑나비를 잡아오게 해서 그 머리와 더듬이, 눈과 날개의 금빛 비치는 것을 자세히 살펴본 다음, 한참 있다가 산들바람 부는 꽃밭 사이로 날려 보내는 아름다운 광경이다.

우리가 살아가는 동안 행복을 추구하고 있지만 이와 같이 즐겁고 행복한 순간들은 기약한다고 오는 것이 아니다. 또 의도적으로 구한다고 해서 구해지는 것도 아니고 만들려 해서 만들어지는 것도 아니다. 그 순간은 아무도 기약하지 않은 때에 예기치 않게 다가온다. 그리고 그것은 자신 스스로가 느끼고 발견하는 것이다.

나뭇가지 위에서 이슬을 먹고 있는 달팽이나 창공을 나는 종달새를 보고도 무심코 지나쳐 가는 사람이 있는가 하면, 이를 신비롭게 보고 그 속에서 행복을 찾는 사람도 있다.

그러나 행복이란 획일적인 잣대에 의해 정해지는 것이 아니다. 우리가 원하는 행복을 획득하면 그 행복은 한 순간에 지나지 않는다. 그 행복에 익숙해지면 그때부터 행복하다는 것을 느끼지 못하는 것이 인간의 심리이기 때문이다. 그래서 행복에 관한 한 절대적 행복과 영원한 행복은 없는 듯하다.

우리는 행복을 간절히 원하면서도 진정한 행복이 무엇인지 모르고 산다. 행복이란 어마어마한 가치나 위대한 성취에 달린 것이 아니라 우리들이 별로 중요하게 생각지 않는 작은 순간들, 무심코 건넨 한 마디 말, 별 생각 없이 내민 손, 은연중에 내비친 작은 미소 속에 보석처럼 숨어 있는 것이 행복이다.

병든 아내가 우연히 만난 호랑나비 한 마리를 자유롭게 날려 보내면서 행복해 하던 모습…, 이 한 순간의 행복이 병상에서 쾌유를 소망하며 투병하는 아내에게 새로운 힘이 되어주었으면 좋겠다.

내가 바라는 제일의 소망은 병상에 있는 아내의 빠른 쾌유다. 나는 내가 바라는 미래가 분명히 온다는 믿음을 갖고 있기 때문에 현재를 살면서 힘을 얻는다. 비록 아직까지는 오지 않았지만 미래의 소망이 현재의 상황을 변화시킬 것이라 믿는다.

행복은 세상을 바라보는 긍정적인 틀이라고 했다. 긍정적인 태도를 취하지 않거나 밝은 마음을 갖지 않고서는 행복하거나 웃을 수 없다. 그래서 긍정적인 생각을 가지지 않고 어느 한 순간도 행복해지려고 한

아내와 행복한 산책

다면 그것이야말로 어리석은 생각이다.

이 세상에는 많은 것을 가지고 있으면서도 행복하지 못한 사람이 있는가 하면, 아무것도 가지고 있지 않지만 행복해 하는 사람이 있다. 개인뿐만 아니라 국가도 마찬가지다.

인구가 70만 명인 히말라야 인접 국가 부탄이 1인당 GNP가 1400달러에 불과함에도 행복지수(Gross National happiness)가 세계 제 1위인 까닭은 모든 것을 긍정적으로 생각하고 모든 것에 감사하기 때문이다.

나 또한 현실을 긍정적으로 생각하고 모든 것에 감사하면서 살아가기 위해 노력하고 있다. 아내가 몸도 제대로 움직이지 못해 한 순간도 남의 도움 없이 살아갈 수 없지만 이 세상에 함께 살아 있다는 것에 감사하고, 서로 대화를 나눌 수 있다는 것에 감사한다.

그리고 아내가 즐기는 음식은 물론 좋아하는 것들을 마련해주고, 병간호에 정성을 쏟으면서 아내의 쾌유를 빌어가며 봉사할 수 있음에 감사한다. 비록 아내가 병들어 있지만 아내가 이 세상에 없다면 어디서 이 같은 감사의 마음을 가질 수 있겠는가.

아내와 시간을 함께 하며 고요한 마음을 느낄 때 나에게는 자유와 온유와 평강이 찾아든다. 또한 어느 때보다 내가 짊어진 삶의 짐들이 가벼워짐을 느낀다. 비록 아내가 뇌종양 수술을 받고 움직이지 못해 2003년 초 1급이라는 최고 장애 판정을 받았지만, 아내가 내 곁에 있다는 것만으로도 내 짐을 덜어준다는 느낌이 든다.

아내가 신체적인 고통을 감내하면서도 내게 미소를 보낼 때는 마치 저물어가는 쓸쓸한 저녁노을 빛이 떠오르는 새벽노을과 같이 점점 아름답게 변하는 것 같아 어떤 고행도 기쁨으로 변해가는 행복감을 느낀다. 아내의 장애는 불편한 것일 뿐 결코 불행은 아니다. 아내의 장애가 운명이라면 그 운명을 즐기면 행복한 사람이 되는 것이다.

고대 그리스 현인들은 진정한 행복에 대해 "내가 원하는 것을 소유했을 때 나는 행복하다. 그러나 내가 가지고 있지 않은 것을 원하지 않을 때는 더 행복하다"고 설파했다.

위를 올려다보지 않고 절망하지 않고, 아래를 내려다보고 교만하지 않으며, 오늘에 감사하면서 내일의 희망을 바라보는 것이 행복이다.

행복은 선택하는 것으로 현재 속에 그것도 가까운 곳에 있다. 더 자주 웃고 더 많이 사랑하고 남과 비교하지 않는 것, 우리 존재에 감사하는 것이 행복이다. 비교의 함정에서 빠져나오지 않는 한 행복은 찾을 수 없다. 동메달리스트들이 은메달리스트들보다 더 행복해 하는 이유는, 진정한 행복은 내 마음 속에 있기 때문이다.

셰익스피어의 희곡 「헨리 6세」 중에 "왕관은 머리 위에 있지 않고 내 가슴속에 있다"라는 대사가 나온다. 즉 아무리 왕관을 쓰고 왕좌에 앉아 있어도 만족하고 감사하지 않으면 불행한 왕이 된다는 뜻이다

내가 아내의 투병생활을 13년간 지켜보며 터득한 행복의 진정한 의미다. 때문에 나는 매일 매일을 웃음으로 맞이하고 항상 감사하는 마음을 갖고 사는 행복한 사람이 될 것이다. 행복한 사람이 곧 성공한 사람이기 때문이다.

그래서 에머슨(Emerson, Ralph waldo)은 "자기가 태어나기 전보다 세상을 조금이라도 살기 좋게 만들어놓고 떠나는 것"이 진정한 성공의 의미라고 했다. 그런가 하면 헨리 포드도 "세상이 내게 준 것보다 더 많이 세상에 돌려주는 것이 성공이다"라고 했다.

모두가 세상에 대한 기여도를 성공의 기준으로 삼았다. 이렇게 눈에 보이는 성취(돈, 지위, 명예)보다는 뒤따라오는 사람을 위해 남긴 발자취를 성공이라 하는 것이 옳을 것이다. 성공의 과정에는 반드시 행복이 깃들어 있다. 그래야 진정한 성공을 이룰 수가 있다.

결국 행복은 감사를 느끼고 남을 배려하며 사는 너그러움에서 비롯된다. 감사를 느끼며 사는 사람들은 마음이 너그러워 몸가심이 다르다. 우리가 사는 데 필요한 것은 바로 이 너그러움이다. 핏발 선 눈에서, 불만이 가득한 마음에서 약한 자를 무시하는 오만함에서 관용이 나올 리가 없고 행복을 느낄 수 없다.

조선조 광해군에서 인조까지 수십 년 동안 재상을 지낸 오리 이원익(梧里 李元翼, 1547~1634)이 세상 살아가며 지켜온 좌우명(座右銘)이 "뜻

과 행동은 나보다 나은 사람과 견주고, 분수와 복은 나보다 못한 사람에게 비교하라"였다.

오리는 재상 자리에 있으면서 곧고 청렴한 생활을 하며 험난한 국사를 원만하고 합리적으로 처리해 모든 사람들로부터 존경받고 그의 어진 인품에 머리를 숙였다. 오리는 이러한 생활 속에서 진정한 행복을 느껴가며 87세의 장수를 누렸다.

결국 인생을 살아가는 것은 낚시를 걸어놓고 미끼를 먹으려 달려드는 고기를 낚는 것이 아니다. 세월을 낚고 자신을 낚는 강태공의 낚시질처럼 내 마음속에 있는 진정한 행복을 낚는 것이다.

행복은 어디에 있을까?

행복이라는 파랑새는 문명의 도움 없이도 비상(飛上)한다. 행복이란 주는 것도 받는 것도 아닌 내가 찾고 만들어가는 것이다. 잡히지 않아도 볼 수 있고, 보이지 않아도 느낄 수 있는 것이 또한 행복이다. 결국 행복은 삶의 습관 속에서 연습량에 따라 늘어나기도 하고 줄어들기도 한다.

어느 철학자는 "진정 행복해지기를 원한다면 따듯한 가슴을 가져라"고 했다. 가슴이 따듯한 사람은 남의 실수나 아픔도 감쌀 수 있고, 자신을 사랑할 줄 알기에 행복해지는 법을 안다.

인간이 행복해지기 위해서는 '사랑하는 사람이 있고, 희망이 있고, 무엇인가 내가 할 수 있는 일이 있어야 한다'고 했다. 그리고 탈무드에서는 "세상에서 가장 행복한 사람은 누구인가? 그는 좋은 아내를 얻은 남자다"라고 했다. 나는 행복한 사람임에 틀림없다.

첫째, 사랑하는 아내가 있기 때문이다. 몇 년간 병상에서 일어나지 못하고 병마와 싸우고 있지만 그 어느 때보다 아내를 사랑하고 있다. 너무나 소중한 사람이기 때문이다.

둘째, 아내가 건강을 되찾아 걷고 활동할 수도 있다는 확실한 소망을

가지고 있다. 그래서 희망을 가지고 있는 나는 행복하다.

셋째, 아내의 건강 회복을 위하여 최선을 다하고 있다. 그 어느 때 하던 일보다 현재 아내를 위해 봉사하는 일을 무엇보다 더 소중하고 보람 있게 생각하며 감사하고 있다. 그래서 나는 행복하다.

그러나 삶이 늘 즐겁기만 하다면 그 삶이 과연 행복할까?

소나기 한 번 내리지 않고 바람 한 줄기 없이 햇볕만 가득한 날씨, 잡음 하나 없이 아름다운 음악 소리만 가득한 세상, 늘 즐거워 언제나 미소 짓는 사람들만 가득한 세상, 걱정거리나 미워할 사람이 없는 훌륭한 사람들만 사는 세상, 모두가 건강하여 병원이 필요 없는 세상이 꼭 좋은 세상일까. 그리고 그곳에는 언제나 행복만이 가득 차 있을까?

우리 인간은 모두 감정이라는 것을 하나씩 가지고 있는데, 그 사람의 감정을 통해서 나오는 생각은 사랑과 미움 중 어느 한쪽에 속한다.

소망·기쁨·감사·관용·평안·겸손·진실·관심과 긍정적이고 적극적 태도 등 밝은 빛깔에 속하는 생각은 사랑에 속하는 생각이고, 반면 절망·슬픔·원망·불안·교만·거짓·무관심과 부정적·소극적 태도 등 어두운 빛깔의 생각은 미움에 속하는 생각이다.

이런 감정을 다스릴 줄 알면 더욱 자유로워질 수 있다. 사랑의 본질은 빛과 생명과 진리이고, 미움은 그 본질이 어둠과 죽음과 거짓이기 때문에 우리는 사랑에 속하는 마음을 가질 때만이 행복을 느낄 수 있다.

또한 인간은 영(靈)과 혼(魂)과 육(肉)을 가진 존재다. 흔히 영과 혼을 합해 영혼이라 부르는 사람들도 많아 인간의 일체 정신작용 내지는 죽은 사람의 넋까지도 영혼이라 부르기도 한다. 그러나 영과 혼은 분명히 구별된다.

혼은 마음 또는 정신이라고 표현하는 것이 옳겠고 생각은 그 정신작용의 현상이다. 그러나 영은 정신이 느낄 수 없는 정신을 초월한 본질을 의미한다. 영은 그 자체가 생명이고 육신에 대하여도 생명이 되는 것이다. 그래서 행복과 불행은 혼의 세계에서 인간의 정신작용에 의하여 느껴지는 현상이다.

행복은 미움이 아닌 사랑 안에 있다는 것을 누구나 잘 알고 있다. 그러나 질시의 아픔을 알기에 용서가 더욱 귀중하고, 죽음이 있어서 생명이 너무나 소중하고, 실연의 고통이 있기에 사랑이 더욱 귀중하고, 눈물이 있기에 웃는 얼굴이 더욱 눈부신 것이다. 하루하루 고되고 버거운 삶이 있기 때문에 평화와 안식이 더욱 값지다. 희망과 꿈을 가질 수 있는 것처럼 말이다.

행복한 환경 속에서는 행복을 느끼는 감각이 무뎌져 감사할 줄 몰라 찾기가 어렵지만, 역경 속에서는 행복이 더더욱 빛을 발하기 때문에 쉽게 알게 된다. 이 역경 속에서 발견한 행복이야말로 소중함과 진정한 가치를 알게 하여 더욱 감사하게 된다. 즉 불행이 있기 때문에 행복의 가치는 더욱 빛나는 것이다.

아내는 오랜 기간 병마에 시달려 어려움을 겪고 있다. 많은 약을 먹기에 위장이 좋지 않아 구토를 하고, 운동을 못한 탓에 골다공증이 심해 툭하면 뼈에 금이 간다. 그리고 얼굴이 벌겋게 달아올라 구토를 할 때 고통스러워하는 것을 곁에서 지켜보기가 참으로 애처롭다.

나는 매일 새벽 교회에 나가 하나님께 기도를 한다. 아내의 병을 낫게 해달라고…. 만약 아내의 수명이 나보다 짧다면 내 남은 수명에서 반을 떼어다가 아내에게 주어 그리스 신화의 필레몬과 바우키스(주 해설 2 참조)처럼 한날한시에 죽게 해 달라고 간절하게 기도를 드린다.

이 기도대로 이뤄진다면 더한 행복은 없을 것 같다. 그러나 이것은 바람에 불과하다. 교통사고나 다른 재앙을 맞지 않고서야 아무리 사랑하는 부부라 할지라도 어떻게 한날한시에 죽을 수 있겠는가.

불가능한 것을 원하지 않는 것도 행복의 조건이라는 생각이 문득 들어 이 생각 저 생각을 하면서 오늘도 행복을 찾아 내 주위를 살피던 중 예전에 읽었던 우화 하나가 생각났다.

"자기는 늘 불행하다고 생각하는 사람이 있었다. 아침에 일어나면 아이들이 시끄럽게 싸움만 하고, 직장에 나가면 상사에게 야단만 맞고, 부인은 늘 잔소리뿐이어서 사는 것이 너무나 재미가 없었다. 그래서 그는 길을 떠나 행복의 나라로 가기로 했다. 3일을 걸어 행복의 나라로 가는 중간 지점까지 왔다. 이제 3일만 더 가면 행복의 나라에 도착할 수 있었다. 그런데 너무 피곤해 숲 속에서 잠깐 쉬는 사이 그만 깜박 잠이 들었다. 그때 장난꾸러기 요정이 그의 구두코를 반대 방향으로 돌려놓았다. 그것도 모르고 잠에서 깨어난 그는 구두코 방향으로 3일을 더 걸어 드디어 행복의 나라에 도착했다. 아니, 사실은 자신이 처음 떠난 곳으로 되돌아 온 것이다. 그러나 그가 돌아온 행복의 나라에는 건강하게 자라는 아이들이 있었고, 아침에 나가 일할 수 있는 직장이 있었으며, 늘 옆에서 지켜주는 착한 아내가 있었다. 그는 그때서야 진정한 행복이 무엇인가를 깨닫고 행복하고 기쁘게 살았다."

이 우화와 같은 내용으로 독일의 시인 칼 부세(Karl Busse, 1872~1918)의 시 「산 너머 저 멀리(Űber den Bergen)」는 행복을 가장 짧은 시형 속에서 잘 표현하고 있다.

Űber den Bergen

—Karl Hermann Busse

Űber den Bergen,
weit zu wandern, Sagen die Leute,
wohnt das Glűck.
Ach, und ich ging,
im Schwarme der andern,
kam mit verweinten Augen zurűck,
Űber den Bergen,
weit, weit drűben, sagen die Leute
wohnt das Glűck.

산 너머 저 멀리
—칼 부세

산 너머 저 멀리
행복이 있다고 말들 하기에
아, 나 또한 남을 따라 찾아갔건만
눈물 흘리며 돌아왔다네.
산 너머 저쪽 저 멀리
행복이 있다고 말들 하지만.

또한 이 시를 감상하며 연상되는 작품이 1911년 노벨문학상을 받은 벨기에의 작가 메테를링크(Maeterlinck)의 「파랑새」다. 이 작품은 어린 남매가 크리스마스 전야에 꾼 꿈을 극으로 엮어서 인간의 행복이 어디에 있는가를 암시한 동화극이다.

가난한 나무꾼의 아이들 치르치르와 미치르 남매는 꿈속에서 마법사 할멈이 병든 자기 딸에게 행복을 주기 위해 파랑새를 찾아달라는 부탁을 받고 추억의 나라, 밤의 궁전, 달밤의 묘지, 행복의 꽃밭, 미래의 나라 등 신비롭고 환상적인 곳을 돌아다녔지만 찾지 못하고 집으로 돌아온다. 그러나 꿈에서 깨어나니 그들이 기르고 있는 비둘기가 바로 행복을 주는 파랑새였다는 내용이다.

이상의 예화들은 행복이란 생각하기 나름이란 메시지를 우리에게 전해준다. 행복이란 먼 곳에 있는 것이 아니고 가까이 있으며 자신의 마음속에 있다는 것을 깨우쳐주고 있다. 모든 일에 감사할 줄 알 때, 즉 감사의 조건이 충족될 때 기쁜 마음과 행복은 찾아온다고 말하고 있다.

행복은 자신의 마음속에 있다. 행복을 막는 진짜 적은 타인이 아니라 욕심, 증오, 질투, 자만심과 같은 부정적인 감정이다. 그리고 불행하게 생각되었던 자신의 처지에서 행복의 진정한 의미를 깨닫게 된다.

이처럼 행복과 불행은 종이 한 장 차이도 안 되는 마음의 벽을 사이에 두고 있다. 그 벽을 넘고 못 넘는 것은 모두 마음 때문이다. 혼자서 잘하는 것보다 더불어 잘 살아야 한다. 행복도 함께 누려야 한다. 매듭과 매듭이 이어져서 그물이 되듯이 인연과 인연으로 얽힌 것이 이 세상이다. 모든 것을 수긍하며 상대방을 이해하는 것도 행복의 조건이다.

그런데 이 세상에 완전한 행복이 있을까? 있다면 이 완전한 행복을 누리는 사람이 과연 있을까?

세상의 부귀영화 모두를 차지했었던 솔로몬 왕도 만년에 "헛되고 헛되며 헛되고 헛되나니 모든 것이 헛되도다(전도서 1 : 2)"라고 하며, 자신이 살아온 삶에서 진정한 행복을 찾지 못했음을 토로하고 있다.

행운과 행복

네 잎 클로버가 행운의 상징이라면 세 잎 클로버는 행복을 상징한다.

행운은 네 잎 클로버처럼 찾기도 잡기도 어렵다. 그러나 행복은 내 주위와 내 마음속에 얼마든지 널려 있다. 마치 로또복권 당첨되는 행운은 아무리 눈을 크게 뜨고 찾아도 없지만, 행복은 찾기만 하면 눈에 띄는 세 잎 클로버처럼 바로 내 옆에 얼마든지 숨어 있다.

그래서 "행복이란 파랑새는 문명의 도움 없이도 비상(飛上)할 수 있다"고 했다. "해 뜨면 일하고 해가 지면 쉬고 우물 파서 물마시고…" 식으로 소박하게 이치에 순응하며 살아가는 것이 행복의 조건이다.

그래서 아름다운 그림은 누구의 것이기 이전에 미(美)의 진가를 감상하는 사람의 소유이며, 주인이 일 년에 몇 번 오는 별장의 고요함은 별장지기가 향유하고, 꾀꼬리 우는 푸른 숲은 산지기 영감만이 즐긴다.

여행을 하노라면 아름다운 작은 도시, 꽃에 파묻힌 집들이 있다. 그것들은 내가 바라보고 있는 순간 다 나의 소유물이다. 그리고 지금 내 마음속 한 구석에 그 추억을 간직하고 있는 한 또한 모두가 나의 소유이다.

흘러가는 구름은 머물러 쉴 집이 없다. 그러나 온 하늘과 우주가 구름의 집이다. 자연에는 신비로운 원리가 있어 경외(敬畏)롭지만 세상살이에는 교활한 술수가 있어 비탄의 한숨이 난다.

집이 없다는 것은 서글픈 일이지만 화려하게 포장된 속박보다 마음껏 자유를 누리며 사랑 속에서 기쁨과 평강을 누릴 수 있다면 아무리 소박한 곳이라도 그곳엔 행복이 있다. 그 행복은 잡히지 않아도 볼 수 있고 보이지 않아도 느낄 수 있다.

행복은 작습니다

길과 행복은 가까이에 있는데
사람들은 먼 곳에서 찾습니다.
거창하고 큰 것에서 찾지 마세요.
멀리 힘들게 헤매지 마세요.
작지만 언제나 눈앞에 있답니다.
마음에 있지 않으면 보아도 보이지 않고
들어도 들리지 않고 먹어도 맛을 모릅니다.
행복은 언제나 내 앞에 있습니다.

행운이란 말은 나폴레옹이 전장에서 네잎클로버를 보기 위해 고개를 숙이는 순간 적군의 총알이 빗겨가 죽음을 면해 행운을 나타내게 되었다는 일화에서 유래하였다고 하지만 믿을 만한 것이 못된다.

그런데 행운은 누구에게나 일생에 세 번 찾아온다고 한다. 운 좋은 사람은 세 번 중 두 번의 기회를 잡을 것이고, 운 나쁜 사람은 자신한테 기회가 왔는지조차 모른 채 세 번 모두 흘러 보낸다고 한다. 이렇듯 행운은 바보에게도 찾아오지만 결코 그의 곁에 눌러앉지 않는다.

내일 우리의 삶에 찾아드는 운을 잡으려면 오늘을 최고의 하루로 만들어야 한다. 운이란 적극적으로 준비하고 기다리는 사람만이 잡을 수 있는 노력의 결실이다. 그리고 위기와 실패의 순간에 가장 큰 운이 온다. 넘어지지 않고 자전거를 배운 사람이 없듯이 운이 따르고 성공한 사람도 정상에 오르기까지는 많은 쓴 경험을 겪었다.

나 혼자만 불행하다고 생각하며 사는 사람은 없는지? 자신도 모르는 사이에 찾아온 운을 쫓아버리고 있지나 않은지? 내 안에 잠들어 있는 운을 깨우는 비결이 무엇인지를 아는 것은 최선을 다하는 자신의 삶의 자세와 생각에 달려 있다.

"복은 맑고 검소함에서 생기고(福生於淸儉), 덕은 낮추고 겸손한 데에서 생기고(德生於卑退), 도는 편안하고 고요한 데에서 생기고(道生於安靜), 생명은 화창하고 명랑한 데에서 생기고(命生於和暢), 근심은 욕심이 많은 데에서 생기고(憂生於多慾), 재앙은 탐욕이 많은 데에서 생기고(禍生於多貪), 과실은 경솔하고 교만한 데에서 생기고(過生於輕慢), 죄악은 어질지 못한 데에서 생기느니라(罪生於不仁)."

『명심보감(明心寶鑑)』「정기편(正己篇)」'자허원군성심문(紫虛元君誠諭心文)'에 나오는 말이다.

Four Leaf Clover

—Ella Higginson(1861~1940)

I know a place where the sun is like gold.
And the cherry blooms burst with snow.
And down underneath is the loveliest nook.
Where the four-leaf clovers grow.

One leaf is for hope, and one for faith.
And one is for love you know:
But God put another in for luck….
If you search, you will find where they grow.

But you must have hope, and you must have faith:
you must love and be strong and so.
If you work, If you wait, you will find the place
Where the four-leaf clovers grow.

네 잎 클로버

—엘라 히긴스

나는 해가 금빛과 같이 반짝이고
벚꽃이 눈처럼 활짝 피는 곳을 알지요.
바로 그 밑에는 세상에서 제일 아름다운 곳
네 잎의 클로버가 자라는 곳이 있지요.

잎 하나는 희망을, 잎 하나는 믿음을,
그리고 또 잎 하나는 사랑을 뜻하잖아요.
하지만 하느님은 행운의 잎을 또 하나 만드셨어요.
열심히 찾으면 어디에서 자라는지 알 수 있지요.

하지만 희망을 갖고 믿음을 가져야 하지요.
사랑해야 하고 강해져야지요.
열심히 일하고 기다리면 네 잎 클로버
자라는 곳을 찾게 될 거예요.

아내의 수수께끼

딸기는 가시나무 아래서 최고의 맛을 낸다.

아내는 2002년 가을 다시 입원한 후 먹으면 먹는 대로 소화를 시키지 못하고 토해냈다. 그 해 추석이 지나 퇴원한 후에도 마찬가지였다. 그리고 토할 때는 얼굴이 뻘겋게 달아오르며 몹시 괴로워했다. 그 모습을 옆에서 지켜보는 사람 또한 본인 못지않게 고통스러웠다.

아마 사람만큼 식성이 좋은 동물도 드물 것이다. 초근목피를 비롯해 나무열매, 과일, 버섯, 곤충, 어패류, 소, 닭, 돼지 등 육류는 물론 혐오스러운 뱀이나 지렁이, 굼벵이, 원숭이 골 등을 아무렇지도 않게 먹어 치우는 것이 사람임에도 아내는 왜 가리는 음식이 그리 많은지 모르겠다.

수술 후에는 보신탕이 좋다고 해서 보신탕을 먹겠느냐고 물었더니 말만 듣고도 구역질을 해댔다. 또 개고기 수육을 사가고 와 후배의 농장 사슴고기라고 속여 보양시키려 했었지만 먹는 순간 냄새를 맡고 토하기 시작했다.

환자인 아내의 식단이 하도 조심스러워 유태종 박사의 『음식궁합』 책까지 사다 읽어 보았다. 아내의 체질에 맞는 음식 식단을 알아보기 위해서였다.

세상의 이치가 음과 양으로 이루어졌듯이 똑 같은 음식일지라도 함께 먹으면 좋은 음식과 함께 먹으면 나쁜 음식이 있다.

예컨대 조개탕과 쑥갓, 닭고기와 잉어, 육회와 배, 맥주와 소시지 등은 함께 먹으면 몸에 좋은 음식이다. 반대로 맥주와 땅콩, 토마토와 참기름, 문어와 고사리, 보신탕과 마늘을 함께 먹으면 몸에 해롭다는 등 수십 가지의 음식은 아내의 식단에서 피하도록 신경을 썼다.

그런가 하면 나무들도 성깔과 감정이 있어 우리 선조들은 나무를 심을 때면 궁합을 보고 심었다. 이를테면 뽕나무 가까이에 오동나무를 심으면 오동나무 속이 성글어진다하여 가까이에 심는 법이 없었다.

유럽에서도 느릅나무와 포도나무, 떡갈나무와 전나무는 궁합이 잘 맞는다 해서 함께 심었다는 기록이 있다. 그래서 연애편지를 쓸 때 "나는 전나무, 그대는 떡갈나무…" 하는 식으로 곧잘 인용했으며, 셰익스피어도 나무의 궁합을 작품에 상식적으로 비유한 대목이 적지 않다.

이를테면 "딸기는 가시나무 아래서 최고의 맛을 낸다"는 대사가 「헨리 8세」에 나오고 있으며, 포도나무는 베터니란 나무가 곁에 있으면 포도 맛이 반감되고, 밀밭에 개양귀비가 자라면 빵 맛이 반감되며, 하이신스와 카네이션을 가까이 심으면 둘 다 화색(花色)이 죽어버린다고 했다.

소나무도 같은 수종이 아니면 텃세를 부리고, 종이 다른 소나무 사이에서는 28%나 성장이 더디다고 한다. 나무에는 제각기 특유한 화학물질이 방사되어 서로 영향을 끼치는 타감작용(他感作用)이 있으며, 이 작용에 의한 궁합이 맞는 나무가 100여 종이 된다고 한다. 그리고 궁합이 맞는 나무보다 맞지 않는 나무가 3배나 더 많다는 기록이 있다.

이처럼 꽃이나 나무도 서로 궁합이 맞느냐 안 맞느냐에 따라 꽃 색깔과 성장 속도가 달라지는데, 인간이 먹는 음식 궁합이야말로 큰 병을 앓고 있는 아내에게는 중요한 문제였다.

그런데 식사도 잘 못하고 토하기만 하던 아내가 최근에 와서 간병인 강옥순 여사가 만들어주는 중국 물만두를 먹으면서부터 토하는 것도 멈추고 식욕도 생기기 시작했다. 그리고 오늘은 일찍 일어나 기분마저 상쾌해졌는지 <동반자>라는 가요를 콧노래로 부르며 나를 부르더니 뜬금없는 말을 했다.

"당신 수수께끼 맞춰 봐."

"난데없이 수수께끼는? 그게 뭔데?"

"아침에는 네 발로 걷고 낮에는 두 발로 걸으며 저녁에는 세 발로 걷는 동물이 무엇이지?"

아마 TV를 시청하다 본 내용인 것 같다.

나는 그리스 로마 신화에 흥미가 있어 여러 번 읽은 터라 그 누구보다도 내용을 잘 알고 있었다. 그래서 아내가 낸 수수께끼가 스핑크스 이야기와 관련 있다는 것을 잘 알고 있었지만, 수수께끼를 쉽게 맞히면 아내가 맥이 빠질 것 같아 시치미를 떼고 모르는 체했다.

"세상에 그런 동물이 어디에 있어. 당신은 그런 동물을 봤어?"

아내는 내가 수수께끼를 맞히지 못하자 더욱 신이 났는지 수수께끼의 답을 자세하게 설명을 해주었다. 아내가 설명해준 스핑크스에 대한 이야기는 그리스 신화의 괴물들 편에 나온다.

테바이의 왕 라이오스는 새로 태어난 그의 아들이 성장하면 왕위와 자신의 생명에 위협이 된다는 신탁(信託)의 경고를 받았다.

신탁은 '신이 맡겨 놓은 뜻'이라는 말로 '탁선(託宣)'이라고도 하는데, 당시 그리스 인들은 신들이 인간의 운명을 좌우한다고 믿었다. 그래서 신탁소에서 미래에 대한 예언을 듣곤 했다.

가장 오래된 그리스의 신탁소는 도도나에 있는 제우스 신탁소였고, 신탁소 가운데 가장 유명한 곳은 델포이의 아폴론 신탁소였다. 그래서 많은 그리스 인들은 델포이의 아폴론 신전에 가서 여사제의 예언을 듣곤 했다.

신탁의 경고를 받은 라이오스 왕은 태어난 아들을 한 양치기에게 죽이라고 명령했다. 그러나 양치기는 그 아이가 가엾어서 죽일 수 없고, 명령을 어길 수도 없어 어린애의 발을 묶어 나뭇가지에 매달아 두었다.

그런데 때마침 길을 가던 한 하인에게 발견되어 주인 부부에게 인도되었다. 그들은 그 아이에게 '부푼 발'이라는 뜻의 오이디푸스라는 이름을 지어주고 잘 키웠다.

세월이 흐른 뒤 라이오스 왕은 시종 한 명만을 대동하고 델포이로 가는 도중 길에서 이륜마차를 몰고 있는 청년을 만났다. 왕의 명령에도 청년이 길을 물러서기를 거부하자 왕의 시종이 그의 말 한 마리를 죽였다. 이에 화가 난 청년은 라이오스 왕과 그의 시종을 죽였다. 이 청년이 바로 오이디푸스였다. 그는 아무것도 모른 채 친아버지를 살해한 것이다.

이 사건이 있은 지 얼마 안 되어 테바이 시에 스핑크스라는 괴물이 나타나 사람들을 괴롭히고 있었다. 이 괴물은 사자의 몸뚱이에 상반신은 여자였다. 이 괴물은 바위 위에 웅크리고 앉아 길 가는 사람들을 가로막고, 그들에게 수수께끼를 낸 뒤 문제를 푸는 사람은 무사히 통과할 수 있으나 풀지 못하는 사람은 죽이겠다고 위협했다. 그런데 스핑크스가 낸 수수께끼를 푼 사람이 아직 하나도 없었으므로 모든 통행자들이 피살되고 만 것이다.

이 같은 놀라운 소문을 들은 오이디푸스 청년이 대담하게 시험해 보려고 그에게로 다가가자 스핑크스가 문제를 냈다.

"아침에는 네 발로 걷고 낮에는 두 발로 걸으며 저녁에는 세 발로 걷는 동물이 무엇인가?"

"인간이다. 인간은 어릴 때 두 손과 두 무릎으로 기어 다니고, 커서는 두 발로 걸어 다니며, 늙어서는 지팡이를 짚고 다니기 때문이다."

스핑크스는 자기가 낸 수수께끼가 풀린 데 대하여 굴욕을 느끼고 바위 아래로 몸을 던져 죽어버렸다.

마침내 오이디푸스가 스핑크스의 수수께끼를 풀어 스핑크스를 죽게 함으로써 구출되었던 것이다. 테바이 사람들은 이 일을 감사하게 생각하여 그를 왕으로 모시고, 왕비 이오카스테와 결혼을 하게 했다.

오이디푸스는 라이오스 왕이 자기 아버지인지도 모르고 살해했고, 이번에는 이오카스테 왕비와 결혼함으로써 어머니의 남편이 된 것이다. 델포이 아폴론 신전의 신탁 경고가 현실로 나타난 것이다

그리고 세월이 흘러 테바이 시에 기근과 역병(疫病)의 재난이 닥쳐왔다. 신탁에 문의한 결과 오이디푸스의 이중 범행 때문이라는 예언이 나오면서 오이디푸스가 저지른 범행이 만천하에 드러났다.

결국 이오카스테는 자살하고 오이디푸스는 미쳐서 자신의 눈을 후벼

빼고 테바이를 떠나 방랑생활을 하던 끝에 불행하게 생을 마쳤다.

이것이 스핑크스와 관련된 이야기 줄거리다. 만약 아내가 낸 수수께끼를 내가 쉽게 맞혔더라면 스핑크스처럼 아내 역시 마음이 상쾌하지는 않았을 것이다. 더구나 아내는 몸도 허약하고 마음도 비어 있어 어린애와 같은 마음을 추슬러야 할 형편이었다.

아내는 자기가 모처럼 낸 문제를 남편이 맞히지 못하자 신이 났는지 부르다 중단한 <동반자>를 계속 불렀다. 엔돌핀이 솟아난 것이다.

사실 수수께끼의 내용과 유래가 중요한 것이 아니다. 온종일 그것도 오랜 세월 침대에만 누워 있으면서 힘들게 투병하고 있는 아내를 위해 즐겁게 해줄 수 있는 일이라면 무엇을 못하겠는가.

어쩌다 기분이 좋아 아침부터 흥얼거린 "당신은 나의 동반자 영원한 나의 동반자~"로 시작되는 가요 <동반자>다. 많고 많은 가요 중에 아내가 이 노래를 부른 의미를 나는 너무도 잘 알고 있다.

그렇다. 이 세상은 잠깐 왔다 가는 나그네 길이라고 했다. 하지만 그 길은 신비롭고 경이로움으로 가득 찬 여행길이다. 내를 건너 숲으로 가면 또 고개가 나오고, 그 고개를 넘으면 마침내 포구가 보인다. 배를 타기 위해 걸음을 재촉하다 함께 넘어지기도 하고 서로 부추겨주면서 마침내 배를 타고 끝없는 항해를 한다.

눈에 보이지만 도달할 수는 없는 목적지, 그곳에 도달하지도 못하고 결국 중도에서 미완성으로 생을 마감할지라도 이 여행은 해볼 만한 여행이다. 그러나 이 모험 여행엔 반드시 동반자가 필요하다.

마음속의 빈 공간이 생길 때면 언제나 서로가 아름다운 색깔로 채워주고, 그 색깔로 용기와 야망이라는 새로운 삶의 그림을 그려 넣는다.

그리하여 성실과 지혜의 움이 트고, 힘들고 지칠 때는 서로의 영혼에 안식처가 되어주기도 한다.

가난한 부부의 생활과 사랑을 그린 현진건의 소설 「빈처」처럼, 궁핍한 삶 속에서도 행복을 느끼며, 남편을 믿고 사랑하면서 미래의 기대 속에 살아가는 것이 진정한 동반자이다.

아내 역시 병들어 몸은 허약하지만 정신적으로는 영원히 함께 하겠다는 동반자로서의 의지를 가지고 부른 노래였다. 나 또한 고난을 사랑과 신뢰로서 인내하며 서로 의지하고, 물질적 가치보다 정신적 가치를 더 소중하게 간직하면서 아내와 함께 동반자로서 살아갈 것이다.

아내의 애독서 『내훈』

사람들은 밭에 거름은 뿌릴 줄 알면서
자기 마음의 거름은 뿌릴 줄 모른다.
구슬을 닦지 않으면 그릇이 될 수 없고,
사람은 배우지 않으면 도를 알 수 없다.

아내가 가장 애독하였던 책이 『내훈(內訓)』이다. 예전에는 물론 뇌종양 수술을 하고 퇴원한 후 몸이 불편하면서도 머리맡에 놓아두고 정신이 들 때마다 되풀이해 읽으면서 중요한 부분에 떨리는 손으로 밑줄을 긋곤 했다.

어느 날은 그런 아내가 너무 애처로워 한 마디 했다.

"병이 다 나은 다음에 읽지. 피곤한데…."

"아냐, 심심해서…. 당신도 시간을 내서 한 번 읽어봐요?"

아내의 말이 아니더라도 책 내용이 궁금해 참을 수가 없었다. 아내가 잠든 사이 밤을 꼬박 새우며 읽었다.

이 『내훈』은 궁중 비빈(妃嬪)과 부녀자들을 훈육하기 위하여 소혜왕후(昭惠王后) 한씨가 1475년(조선 성종 6년)에 펴낸 책이다.

소혜왕후(1437~1504)는 좌의정을 지낸 한확(韓確)의 딸로 세조(世祖)의 큰며느리다. 남편 장(暲)이 세자가 되자 수빈(粹嬪)에 책봉되었으나, 남편이 왕위에 오르지 못하고 일찍 죽어 덕종(德宗)으로 추존왕(追尊王)이 되면서 덕종비(德宗妃)라고도 한다.

아들 성종(成宗)이 왕위에 오른 후에는 인수대비(仁粹大妃)의 칭호를 받았으며, 후에는 소혜(昭惠)로 개봉(改封)되어 소혜왕후라 부른다.

소혜왕후는 성품이 매우 엄격하고 예의가 발랐으며, 여자가 지켜할 도리를 몸에 익힘은 물론 부모에 대한 효성이 지극했다. 일찍 과부가 되었으나 아들 월산대군(月山大君)과 성종 형제를 훌륭히 교육시켰고, 불경에도 조예가 깊어 『내훈』 외에도 범(梵)·한(漢)·국(國) 삼자체(三字體)로 쓴 불서(佛書)도 있다.

소혜왕후의 『내훈』은 부녀자 교육에 대한 인식이 희박했던 당시에 부녀자 교육을 위해 편찬한 한국 최초의 한글로 된 여성 교훈서이다.

『내훈』은 부녀자의 말과 행실에 관한 언행의 규범을 가르치고, 어버이에 대한 효도 인식을 깊게 하고, 혼인의 중요성과 부부의 도리를 강조하고, 어머니의 자식 가르치는 의무를 환기시키고 있다. 또한 형제와 친척의 화목을 역설하고, 욕심 없이 사는 아름다운 삶을 보여주고 있어서 종합적인 여성 훈육서로서 높은 가치를 지닌다.

이 책은 중국의 『열녀전(列女傳)』, 『소학(小學)』, 『여교(女敎)』, 『명감(明鑑)』에서 여자 행실에 관한 내용을 뽑아 예화로 들면서, 이해하기 쉽고 흥미 있게 서술하였다. 그 중 몇 가지만 소개한다.

● **장사숙(張思叔)의 14가지 좌우명(座右銘)**

"일상의 모든 말은 충성스럽고 믿음직스러워야 하며(凡語必忠信), 모든 행동은 돈후하고 공경스러워야 한다(凡行必篤敬). 음식을 먹는 것은 반드시 삼가고 절도 있게 하여야 하며(飮食必愼節), 글씨는 반드시 고르고 바르게 써야 하며(字書必楷正), 용모는 단정하게 갖추어야 하며(容貌必端莊), 의관은 의젓하고 가지런히 해야 한다(衣冠必肅整). 걸음걸이도 발 디딤은 조심해야 하며(步履必安詳), 거처하는 곳을 반듯하고 조용하게 하며(居處必正靜), 일을 할 때에는 사전에 계획을 세워서 시작하고(作事必謀始), 말을 할 때에는 행동을 돌아보면서 해야 한다(出言必顧行). 떳떳한 덕은 반드시 굳게 지키고(常德必固持), 허락은 반드시 신중하게 대응하며(然諾必重應), 착한 것을 보았을 때는 마치 내 몸에서 나온 것같이 사랑하고(見善如己出), 악한 것을 보았을 때는 내 몸의 병같이 여겨야 한다(見惡如己病)."

그리고 송나라 때 학자 장사숙은 마지막으로 "이 열네 가지는 모두 내가 깊이 반성하고 살피지 못했던 것들이었기에, 이를 써서 늘 앉아 있는 자리 한 구석을 지키게 함으로서 아침저녁으로 보며 친히 경계를 삼고자 한다"고 했다.

● 유비(劉備)의 유언(遺言)

"악(惡)한 일이면 아무리 작은 것이라도 행하지 말고, 선(善)한 일이면 아무리 작은 것이라도 행해야 한다."

촉한(蜀漢)의 황제 유비가 임종하려 할 때 아들 유선(劉禪)에게 유언한 말이다.

● 범충선공(范忠宣公)의 자제계(子弟戒)

송나라 때 성품이 너그러웠던 범충선공이 자제(子弟)들에게 경계하여 이르기를, "사람이 비록 지극히 어리석을지라도 남을 꾸짖는 데엔 밝고(人雖至愚 責人則明), 비록 총명함이 있을지라도 자기를 용서하는 데엔 어두우니(雖有聰明 恕己則昏), 너희들은 다만 항상 남을 꾸짖는 마음으로 자기를 꾸짖고(但常以責人之心 責己), 자기를 용서하는 마음으로 남을 용서한다면(恕己之心 恕人) 성현의 경지에 이르지 못함을 근심하지 않는다(則不患不到聖賢地位也)."

● **백유읍장**(伯兪泣杖)

백유는 춘추전국시대의 한(韓)나라 사람으로 효성이 지극한 효자였다. 그 백유에게 허물이 있어 어머니가 회초리로 종아리를 때렸더니 유(兪)가 흐느껴 울었다. 어머니가 묻기를,

"다른 날에는 매질해도 울지 않던 네가 오늘 우는 까닭이 무엇이냐?"

"전에 잘못을 저질러 매를 맞을 때는 언제나 그 매가 아팠습니다. 그러나 오늘 어머님의 기력은 저를 아프게 하지 못합니다. 이런 까닭으로 우는 것입니다."

이 구절은 전한(前漢)의 유향(劉向)이 쓴 『설원(說苑)』에 전해져 내려오는 백유읍장(伯兪泣杖), 즉 '백유가 매를 맞으며 운다'는 뜻으로, 늙고 쇠약해진 어머니의 모습을 보며 슬퍼하는 유명한 고사이다.

● **성인**(聖人), **현인**(賢人), **우인**(愚人)

"상품(上品)에 속하는 사람은 가르치지 않아도 선(善)하고, 중품(中品)에 속하는 사람은 가르쳐야 선해지며, 하품(下品)에 속하는 사람은 가르쳐도 선해지지 않는다. 가르치지 않아도 선하다면 성인(聖人)이요, 가르쳐 선하다면 현인(賢人)이며, 가르쳤는데도 선하지 않았다면 어리석은

자(愚人)가 아니고 그 누구이겠는가? 이것으로 선하다는 것은 길함을 말할 것이고, 선하지 못하다는 것은 흉함을 말하는 것임을 알 수 있다. 길한 사람은 눈으로 예(禮)에 어긋나는 빛을 보지 않고(目不觀非禮之色), 귀로 예에 어긋나는 소리를 듣지 않고(耳不聽非禮之聲), 입으로 예에 어긋나는 말을 하지 않고(口不道非禮之言), 발로 예에 어긋나는 땅을 밟지 않고(足不踐非禮之地), 선한 사람이 아니면 사귀지도 말고(人非善不讉之吉人), 의로운 물건이 아니면 갖지 않으며, 어진 사람을 가까이 하되 지초(芝草)와 난초(蘭草)에 나아가듯이 하고, 악한 사람 피하기를 뱀과 전갈을 두려워하듯이 한다. 나쁜 사람들은 그 말이 이상야릇하고 행동거지가 음험하며, 이익을 좋아하고 자신의 그른 행위를 은폐하는 사람이다. 옛 기록에 전하기를 선량한 사람은 선을 행하는데 세월이 부족한 듯이 여긴다고 하였는데, 나쁜 사람도 악을 행하는데 있어서는 역시 세월을 부족하게 여긴다. 너희들은 선량한 사람이 되고 싶으냐. 아니면 나쁜 사람이 되고 싶으냐?"

송(宋)나라 때 학자 강절(康節) 소옹(邵雍) 선생이 자손들에게 경계(警戒)하여 이르는 말이다. 또한 이와 같은 내용은 구약성서「시편」1편 1-2절에도 나온다.

"복 있는 사람은 악인의 꾀를 좇지 아니하며 죄인의 길에 서지 아니하며 오만한 자의 자리에 앉지 아니 하고 오직 여호와의 율법을 주야로 묵상하는 자로다."

● **제(齊)나라 전직자**(田稷子)

중국 전국시대 제나라에 전직자란 재상이 있었다. 하급관리에게서 돈 일백 냥을 받아 그 어머니에게 드렸다. 그러자 어머니가 물었다.

"네가 재상이 된 지 3년이 되었는데도 녹(錄)이 이같이 많은 적이 전혀 없었는데, 어찌 이게 사대부(士大夫)에게 쓰라고 준 돈이겠느냐. 어디서 이것을 얻었느냐?"

"사실은 아랫사람에게서 받은 것입니다."

그러자 어머니가 다시 말했다.

"나는 '선비는 자신을 잘 닦아 행동을 깨끗이 하여 구차하게 얻지 않고, 진실을 다하고 거짓된 행동을 하지 않으며, 의롭지 않은 일은 마음에서 멀리하고, 도리에 맞지 않는 이익은 집안에 들여놓지 않는다. 언행이 한결 같아야 명실상부한 것이다'라고 들었다. 지금 군주는 관직을 너에게 맡겼고, 후한 봉록을 너에게 주었다. 너는 말과 행동을 통하여 마땅히 군주에게 있는 힘과 능력을 다하여 충성과 신의를 바쳐야 할 것이다. 속이는 일이 없어야 할 것이며, 청렴결백하고 공정한 것으로 군주에게 보답하여야 할 것이다. 그런데 이제 네가 이런 것에 어긋나는 행동을 하고 있으니 신하로서는 충성스럽지 못한 것이며, 자식으로서는 효도를 하지 못한 것이다. 의롭지 못한 재물은 나의 소유가 아니며, 효도를 못하는 아들은 나의 아들이 아니다. 그러니 너는 썩 일어나 나가라!"

전직자는 부끄럽게 여기고 물러 나와 그 돈을 다시 돌려주고 스스로 선왕(宣王)에게 가서 죄를 아뢰며 "죽여주시옵소서" 하였다.

왕이 그 어머니의 의로움을 크게 칭찬하고 마침내 전직자의 죄를 용서하여 주었으며, 다시 재상의 자리에 돌아가게 하였다. 그리고 공적인 상금을 그의 어머니에게 내려주었다.

흔히 책 속에 길이 있다고 한다. 책은 삶의 지혜를 얻을 수 있는 보고(寶庫)라는 의미다. 좋은 책 한 권이면 삼대가 바로 서며, 좋은 책이 좋은 사람과 좋은 사회를 만든다. 이처럼 독서는 내 마음에 거름을 주는 것이다. 그런데 "사람들은 밭에 거름은 뿌릴 줄 알면서 자기 마음의 거름은 뿌릴 줄 모른다(人知糞其田 莫知糞其心)."

독서는 우리의 눈을 뜨게 한다. 독서로서 정신적 개안을 할 수 있다. 독서를 하면 사물을 멀리 보고 밝게 보고 깊게 보는 눈이 생긴다. 독서를 하면 지혜로운 분별심(分別心)이 생기고, 올바른 사리 판단력이 생기고, 투철한 비판 정신이 생긴다. 또한 독서를 함으로써 독선을 배격하고 편견을 제거하고 아집을 없앨 수 있다.

『예기(禮記)』에 보면, "옥불탁불성기(玉不琢不成器)하면 인불학부지도(人不學不知道)"라 했다. 즉 "구슬을 닦지 않으면 그릇이 될 수 없고, 사람은 배우지 않으면 도를 알 수 없다"며 인간이 죽는 날까지 배워야 함을 강조했다.

또한 중국 전한 때 재상을 지낸 유학자 광형(匡衡)으로부터 비롯된 '착벽인광(鑿壁引光)'의 고사성어도 독서와 면학의 중요성을 강조하고 있다. 어려서부터 책 읽기를 좋아한 광형은 집안이 가난해 낮엔 일하고 밤에 책을 볼 수밖에 없었다. 등불을 켤 기름이 없어 고심하던 그는 이웃집 벽에 몰래 구멍을 뚫어 새어나오는 불빛에 의지해 책을 읽었다.

이처럼 독서에는 시대가 흘러도 변하지 않는 삶의 진리가 있다. 위대한 사상가들과 교류할 수도 있어 끊이지 않는 삶의 샘물을 퍼 올리며 숭고하고 풍요로운 삶을 성찰할 수 있다.

독서는 내가 살아보지 않은 인생과 가보지 않은 길을 가보게 하고, 내가 알지도 못하는 사람과도 만나 볼 수 있게 한다. 특히 독서 안에 내 갈 길을 인도하는 스승님이 계시다.

그래서 미국의 존 F 케네디 대통령의 어머니 로사 여사도, 워렌 버핏의 아버지도 자녀 양육 방법으로 '책 많이 읽히기'를 실천했다. 이 독서가 훗날 대통령도 되게 하고, 세계적인 투자의 귀재로 만들었다. 이처럼 독서만큼 많은 사람에게 영향을 주는 것도 드물다.

『시경(詩經)』에 이르기를, "높은 산은 우러러 보아야 하고, 훌륭한 행동은 따라야 한다(高山仰止景行行止). 비록 힘으로는 미치지 못한다 해도 마음으로는 힘써야 한다(力雖不能心必務爲)"고 했다.

아내는 힘든 투병생활 중에도 시간이 나는 대로 책을 읽고 있다. 아내가 책 읽는 시간은 성찰의 시간이며, 힘든 투병생활을 이겨내고자 하는 의지가 담긴 각고면려(刻苦勉勵)의 시간이기도 하다. 나는 그것을 잘 알기에 틈틈이 좋은 책도 읽어주고, 내가 읽은 책의 내용도 이야기 해주고 있다.

아내의 빈자리

떠나간 아내의 빈자리를 채워 줄 사람은
이 세상에는 아무도 없다.
아무리 채우려 해도 허공처럼 텅 비어 있는 것이
아내의 빈자리다.

2002년 9월 29일, 아내가 퇴원한 지 4개월 만에 다시 입원한 아내를 병원에 두고 김포로 이사를 하기 위해 짐을 정리하고 있었다.

김포 시내에 있는 농수로를 따라 조성해 놓은 2km가 좀 넘는 아스콘 포장도로 꽃길은 아내를 휠체어에 태워 운동시키기에 안성맞춤이었다. 이 길을 따라 아침저녁으로 운동을 하게 되면 공기도 좋고 주위 환경도 쾌적하여 건강 회복에 큰 도움이 될 것으로 믿고 이사하게 된 것이다.

이삿짐을 정리하면서 아내가 소중히 간직했던 귀중품들을 따로 여행용 가방에 보관했다. 그런데 그 물건들을 정성들여 하나하나씩 차곡차곡 넣으면서 아내의 빈자리를 채워줄 사람은 이 세상에 하나도 없다는 것을 절실하게 느꼈다.

적재적소(適材適所)란 말이 이처럼 무게 있게 다가온 적은 없었다. "어떤 일에 적당한 재능을 가진 자에게 적합한 지위나 임무를 맡긴다"는 뜻으로, 적재는 적소에 있을 때 빛을 발한다. 아내에게는 남편이, 남편에게는 아내가 제자리에 있을 때 빛을 발하는 것이다.

이처럼 우리가 산다는 것은 제 자리에서 사람 구실을 하는 것이다. 그런데 우리 인간은 자신의 자리에서 제 구실을 못하는 경우가 있다. 그 자리에 있으나마나 하는 무용지물(無用之物)의 사람이 있고, 그 자리에 있어서는 안 될 해독분자(害毒分子)가 있고, 그 자리에 꼭 있어야 할 유용한 사람이 있다.

'만물유위(萬物有位)'란 말처럼 천하의 모든 존재는 저마다 제자리가 있다. 아내는 아내의 자리가 있어 누구도 그 자리를 채워주지 못한다. 그래서 아내가 없는 빈자리는 창공과 같이 공허하고 쓸쓸하다.

"아내가 없는 빈자리에서 남은 생을 산다면 어떻게 살아 갈 것인가?"를 생각해본다. 입술이 없어 남 보기에도 흉할 것이고, 입술이 없으니 이가 시릴 것은 너무도 당연하다.

살아오는 동안 아내는 사람들과 편하고 좋은 관계를 유지해 가며 남들과 나를 연결해주는 Connecter가 되었고, 좋은 Listener가 되도록 충고도 해가며 나를 편하고 따듯하게 해주었다.

이렇게 소중한 아내의 빈자리를 생각하며 아내가 고이 간직해오던 물건들을 정리할 때 서예 한 점이 나왔다. 추사 김정희 선생(주 해설 3 참조)이 쓴 「어촌도(漁村圖)」 8폭 병풍서(屛風書)다. 이 어촌도 병풍서는 원나라 도원(道園)이 지은 7언 고시를 추사 선생이 돌아가신 해에 쓴 마지막 역작으로, 추사체 서법의 절정을 이룬 대표적인 걸작으로 내용은 다음과 같다.

黃葉江南何處邨(황엽강남하처촌)　漁翁三兩坐槐根(어옹삼량좌괴근)
隔溪相就一烟棹(격계상취일연도)　老嫗具炊雙瓦盆(노구구취쌍와분)
霜前漁官未竭澤(상전어관미갈택)　蟹中抱黃鯉肪白(해중포황리방백)
己烹甘瓠當晨餐(기팽감호당신찬)　更擷寒蔬共萑席(갱힐한소공추석)
垂竿何人無意來(수간하인무의래)　晩風落葉何皚思(만풍낙엽하배사)
了無得失動微念(요무득실동미념)　況有興亡生遠哀(황유흥망생원애)
憶昔采芝有園綺(억석채지유원기)　猶被留矣迫之起(존피유의박지기)
莫將名姓落人間(막장명성낙인간)　隨此横圖卷秋水(수차횡도권추수)

단풍 짙은 강 어느 마을에선가
늙은 고기잡이 두셋 느티나무 아래 앉아 있네.
강변 저 편에는 돛단배 하나 오가고
늙은 할미 밥 짓느라 부산하기도 하네.
서리 전엔 고기잡이는 끊이지 않고
알찬 게와 살찐 잉어회 담백하구나.
단호박 삶아서 새벽 상에 올려놓고
쓴 나물 곁들여 입맛을 돋우네.
낚시 드리운 사람 뜻 가짐이 없는데
만풍에 낙엽이 지니 어찌 생각일지 않을까.
얻고 잃음 없음에도 조그마한 욕심 흔들리는데
하물며 흥망 속에서야 근심 멀리 할 수 있으랴.
지난날 지초 캐던 원(園)·기(綺)의 이야기도
그러기에 장량(張良)도 제 고장에 머물기를 원했던가.
이 세상 때 묻고 속되게 쓸 바에는

차라리 그 그림 따라 맑게 살리라.

또한 아내는 서예에 소질도 있고 관심도 많아 서예에 관한 서적은 물론 서예 작품도 근근이 모아 온 터였다. 아내의 이름 또한 김정희이며, 본관도 경주김씨로 추사 선생과 같다. 특히 아내는 추사 김정희 선생이 좋아하던 수선화를 좋아했다.

추사는 24세 때 아버지 김노경을 따라 중국 연경에 가서 처음 이 청순한 꽃을 보고 신선한 감동을 받았다고 한다. 그리고 추사가 43세 때 평안감사로 재직 중인 부친을 뵈러 평양에 갔다가 때마침 연경에 다녀오는 사신이 평안감사에게 수선화를 선물하자, 아버님께 그것을 달라고 하여 남양주 여유당에 계신 다산 정약용 선생에게 선물했다. 뜻밖에 선물을 받은 다산은 기쁜 마음에 「수선화」라는 시를 지었다.

신선한 풍모에 도사와 같은 수선화가 우리 집에 왔다.
지난날 이기양이 사신 길에 가져오더니
추사가 또 대동강 관아에서 보내주었다.
어린 손자는 처음 본지라 부추잎 같다고 하고
어린 여종은 마늘 싹이 일찍 피었다고 놀란다.

이처럼 추사는 다산을 그토록 존경하고 좋아했다. 그리고 1840년 추사 나이 55세 때 제주도로 유배를 와 지천으로 널리 있는 수선화를 발견했다. 그러나 농부들은 보리밭에 나 있는 이 아름다운 꽃을 귀찮아 파버리고 소와 말 먹이로 삼고 있는 것이었다.

추사는 꽃이나 사람이나 그 무엇이라도 제 자리를 얻지 못하면 이러

추사 김정희의 수선화부

한 딱한 일을 당하고 만다면서 자신의 처지를 이 버림받은 수선화에 비유하며 처량한 감회의 눈물을 흘렸다고 한다.

그래서 추사는 제주도 유배 기간 동안 수선화를 매우 좋아하여 항상 가까이 두고 즐겨 그림으로 남겼으며, 자신의 처지를 버림받은 수선화에 비교하면서 「수선화(水仙花)」란 시를 남겼다. 그래서 추사의 수선화 그림에는 청초하면서 어딘지 모르게 쓸쓸한 분위기가 서려 있다.

一點冬心朶朶圓(일점동심타타원) 品於幽澹冷儁邊(품어유담냉준변)
梅高猶未離庭砌(매고유미리정체) 淸水眞看解脫仙(청수진간해탈선)

한 점 찬 마음처럼 늘어진 둥근 꽃이여
그윽하고 맑은 품성 냉철하고 준수한 경지로다.
매화꽃 고상해도 뜰을 넘지 못하는데
맑은 물에서 진실로 해탈한 신선을 본다.

이 작품은 수선화 꽃의 아름다움과 겨울 한기를 이기고 피어나는 수선화를 더할 나위 없이 표현함과 동시에 수선화를 보면서 처량한 유배 생활을 극복해낸 추사의 마음을 표현해내고 있다.

그렇다. "인생사에는 운명의 조수가 있는 법, 만조를 잘 타면 성공에 도달할 수 있지만 놓치면 여울에 박혀 불행하게 된다." 이 말은 셰익스피어의 희극 「줄리어스 시저 4막 3장」에서 브루투스가 카시우스에게 한 말이다. 마치 추사의 처지를 두고 한 말과 같다.

아내 또한 이러한 수선화를 너무 좋아해 생전에 방배동 집 앞마당에는 언제나 이른 봄에 노란색 수선화가 있었다. 아내가 소중히 가꾸고 피어나기를 기다리던 꽃이다. 그래서 아내가 소천한 후에도 선영에 있는 아내의 산소 앞에 수선화 몇 포기를 심어 놓았다. 그리고 시 한 수로 내 뜻을 아내에게 전했다.

수선화

수선화 한 포기 잠든 임 앞에 심었으니
적막한 산속 내린 봄비에 노란 꽃이 피거든
내 온줄 알고 반기소서.

—2009. 3. 31

● 묵향(墨香) 그리고 인생은 수묵화(水墨畵)

아내가 병들기 전인 50세 이전까지만 해도 방배동 집 2층 방 하나가 서예와 묵화 연습을 위한 화선지 등 서예 도구로 가득 채워져 있었다. 들여다보기만 해도 나는 정신이 없을 정도다.

아내가 주로 그린 묵화는 새우와 목단 꽃이었다. 그리고 한글 서예 작품과 묵화 몇 점도 남아 있다. 특히 1975년 아들 기봉이의 100일 기념으로 고산(孤山) 윤선도(尹善道)의 시 오우가를 써서 병풍으로 만든 그의 작품은 아내가 떠난 후 아들딸들이 보고 엄마 생각에 종종 눈물을 흘리게 한다. 병풍 마지막에 '을묘년 십이월 이십구일 기봉이 탄생 백일기념일에 건강과 행운을 기원하며 엄마가 씀'이라고 끝을 맺으며 낙관을 찍어놓은 것을 보고 나도 아내 생전에 자상하고 자애로운 모성애를 연상하며 아내에 대한 그리움을 억제할 수가 없어 남모르게 눈물을 닦곤 한다.

아내는 아이들에게 뿐만 아니라 나에게도 항상 세심한 배려를 해주었다. 학교가 끝나 집에 돌아오면 심신이 얼마나 피곤하련만 틈틈이 내가 입을 세터와 조끼를 떠주곤 했다. 지금도 그가 결혼 초에 떠준 예쁜 밤색 조끼는 아직도 입고 있다.

아내가 먹을 벼루에 갈아 붓글씨를 쓰고 있는 것을 곁에서 보고 있을 때면 그윽한 묵향(墨香)이 향기롭다. 그리고 아내가 마음의 안정을 유지하며 머릿속의 잡념을 다 물리치고 그림이나 서예에만 몰두하고 있을 때면, 삶의 번뇌 같은 것은 티끌만치도 찾아볼 수 없는 순수한 모습으로 비춰다.

나는 "당신 붓글씨 쓰는 모습이 아름답게 보이네. 먹에서도 그윽한 향기가 나고"라며 칭찬을 해주었다. 그러자 아내는 "먹의 그윽한 냄새를 맡을 수 있는 정도면 대단한 수준의 실력이에요."라며 나를 치켜 세워주면서 먹에도 여러 종류가 있다고 자세히 설명을 해주었다.

우리나라 먹에는 연운(淵雲)과 만수무강(萬壽無疆)이 있다고 했다. 80년대 작고하신 묵장(墨匠) 유석근 옹이 만들었던 먹이라고 한다. 당대의 서예가였던 여초 김응현도 연운을 즐겨 사용했다고 전해진다. 맑고 은은

한 먹이기 때문이다.

일본에는 고매원(古梅園)이라는 유명한 먹이 있다. 그 먹빛이 검고 투명하면서 향기도 은은해 일속에 의하면 고매원은 추사 김정희 선생도 그 먹색을 좋아했다는 먹이다. 420년의 역사를 지니고 있는 고매원은 지금도 후손이 명성을 이어가고 있다. 옛날에 고매원 먹을 제조할 때 사향(麝香)을 넣었다고 한다. 고급 먹은 사향뿐만 아니라 용뇌향(龍腦香)도 사용했다. 두 향 모두 정신을 맑게 해주고 마음을 안정시켜 주는 작용을 하는 향이다.

이처럼 묵향이 그윽한 묵화를 그리는 것을 볼 때 그 그림 속에서 신비로운 진리를 발견할 수가 있다. 비움과 채움, 흑과 백 그리고 진함과 묽음이라는 대조 속에 숱한 인간의 상념을 다 수렴하는 것이 수묵화인 것 같다.

서양화가 하늘과 같은 것은 그리지 않아도 되는 공간을 모두 채워 여백을 없앤다면 수묵화는 그린 부분과 그리지 않은 부분을 더불어 볼 수 있고, 그림에는 나타나지 않았지만 보는 사람에 따라 더 많은 여유와 상상력을 가지고 영의 세계에서 숫한 것을 창출해 낼 수 있다.

예를 들어 대나무를 그릴 때 마디만 그리고 마디 사이는 여백을 남기지만, 그리는 사람이나 보는 사람은 그리지 않은 여백에서 그림의 형상을 찾아볼 수 있다. 아마 아내가 건강해서 지금까지 묵화를 계속 연마했다면 상당한 수준에 이르렀을 것이다.

인생을 달관한 사람은 세상을 살면서 모든 일에 선을 긋지 않는다. 마치 수묵화를 그리는 것과 같이 말이다. 우리는 수묵화의 교훈에서 지혜와 인격을 찾아야 한다.

아내의 칭찬일기

찬 사람은 남을 칭찬함으로써
자기가 낮아지는 것이 아니다. 도리어
자기를 상대방과 같은 위치에 놓는 것이 된다.

아내가 병원에 입원해 있는 동안 계획대로 2002년 9월 29일 김포로 이사를 해야만 했다. 평상시 같으면 아내가 챙겨야 할 이삿짐을 하나하나 정리하며 큰 여행 가방에 넣던 중 아내의 일기장이 눈에 발견됐다. 그 중 어느 하루의 일기의 내용이다.

오늘은 5월 15일 스승의 날이다. 예외 없이 제자 S대 교수 H군이 아내와 함께 아기를 데리고 찾아왔다. 아기들은 다 천진하고 순박하다. 장난이 심하여 여기저기 뛰어다니며 늘어놓고 말썽을 피웠지만 그래도 귀엽기만 하다.

나는 스승의 날이 오면 못 잊을 두 학생이 생각난다. 내가 교편을 잡은 지 얼마 안 되던 학기 초, 우리 반 학생 중 L군과 S양을 맡았던 전 담임

선생님이 "두 학생 때문에 신경이 많이 쓰이겠다"고 하셨다.

나는 그 말에 크게 개의(介意)치 않고 보통 학생들과 똑같이 지도해나갔다. 그러나 그 후부터 L군은 다른 학생들과 자주 싸우며 생활이 난폭해지고, 또 S양은 너무나 내성적이어서 친구들과 어울리지를 못했다. 숙제도 제대로 해오지 않았으며 성적도 중간 이하에 그쳤다. 나는 가정방문을 해보았다.

L군은 아버지가 안 계셔서 어머니 혼자 시장에서 채소장사를 해가며 근근이 가정을 꾸리고 있었다. 그리고 S양은 아버지와 어머니가 모두 안 계셔 외할머니와 둘이서 남의 집 문간방에서 어렵게 생활을 하고 있었다. 생활이 어렵다보니 L군의 어머니와 S양의 외할머니가 그들에게 관심을 가지고 가정에서 학습지도를 할 수가 없었던 것 같다.

나는 그들이 가엾은 생각이 들었다. 그리고 이상하게 애정이 끌렸다. 당시는 급식도 없을 때이므로 두 학생은 도시락을 가지고 오는 날보다 안 가지고 오는 날이 더 많았다. 나는 내 도시락 외에 하나를 더 가지고 가서 그들과 식사를 나누며 좋은 말을 많이 해주었다.

어린 시절에 불우했던 사람이 훌륭하게 된 아브라함 링컨과 같은 위인들을 예를 들어 이야기해 주었고 "어려서 고생은 금을 주고도 살 수 없다", "너는 훌륭하게 될 수 있다. 내가 보장한다"는 등 격려와 용기를 시간이 나는 대로 불어넣어 주었다.

2학기에 들어서서 두 학생은 생활 태도도 완전히 바뀌었고 성적도 껑충 뛰어올랐다. 그리고 졸업을 할 때는 두 학생 모두 우등을 하고 대학도 L군, S양 모두 Y대 경영학과와 E대 의대를 졸업해 현재 기업가와 의사가 되었다.

S양이 개업 후 스승의 날에 내게 보내온 편지의 내용의 일부분이다.

"선생님이 아니었다면 나는 지금 남을 치료해주는 의사가 아닌 병원을 찾는 환자가 되었을지도 모릅니다. 선생님으로부터 받은 교육 중에서 사랑과 칭찬과 격려, 이것만으로도 남들이 가지고 있지 않는 큰 재산을 나는 가지고 있습니다. 나도 선생님께서 말이 아닌 행동으로 가르쳐주신 사랑과 격려를 평생을 실천해 가겠습니다. … (이하 생략)"

칭찬은 인생을 변화시킨다. 마음을 움직이는 칭찬은 잠재능력을 개발하고 실천 의지를 유발시켜 행동을 촉진케 한다. 그러나 주의할 점이 있다. 사랑과 진실이 없는 칭찬은 아부가 되어 상대방을 오만하게 만들기 쉬우며, 또한 칭찬하는 본인도 비굴한 굴종으로 보일 수가 있다.

매일 남의 좋은 점을 찾아 두 번 이상 칭찬을 하자. 진실과 친절이 담긴 칭찬은 모든 분쟁과 비난을 해결하고, 얽힌 것들을 풀고, 곤란한 일을 수월하게 하고, 암담한 것들을 즐거움으로 바꾸어 이 세상을 아름답게 만든다.

교육학에서 피그말리온 효과(Pygmalion Effect)라는 것이 있다. 그리스 신화의 피그말리온에서 따온 말로, 교사나 주위 사람들의 기대와 칭찬이 긍정적인 효과로 나타난다는 것이다. 즉 선입관에 의한 기대가 학습자에게 긍정적으로 미치는 효과를 말한다.

또한 세상에 대한 원망과 분노로 교내 폭력 서클에 가입하고, 쇠파이프를 들고 폭주족으로 밤거리를 헤매던 불량소년 요시이에 히로유키(義家弘恭)도 자신의 가치를 인정해준 선생님을 만나 칭찬 한 마디에 새사람이 되어 그 선생님의 뒤를 이어 일본 호쿠세이 고등학교 사회과 담당 교사로 교단에 섰다. 그리고 그가 지은 자전 에세이 『불량소년의 꿈』에서 내 인생을 바꾼 것은 선생님의 "너는 나의 꿈이었다"는 칭찬 한 마디였다고 적고 있다.

그리고 『영혼을 위한 닭고기의 수프』에는 다음과 같은 내용이 있다.

"미국의 어느 사회학과 학생들이 볼티모어 최악의 빈민가에서 사는 초등학교 학생 200명을 조사해 '이들 아이들에게는 미래가 없다'는 보고서를 냈다. 20년 뒤 한 교수가 우연히 이 보고서를 보고 현재 이 아이들이 무엇을 하고 사는가를 조사해 보았다. 놀랍게도 조사가 가능했던 176명이 의사나 변호사, 사업가로 성공적인 삶을 영위하고 있었다. 그들에게 이유를 물었더니, 이구동성으로 내가 어렸을 때 한 여선생님의 사랑이 담긴 격려의 말씀에 힘을 얻어 열심히 노력한 결과라고 했다."

아내와 국화

온갖 나무와 화초들은 추상(秋霜) 앞에서는 고개를 숙이고 움츠려든다. 가난, 변고, 외로움, 이별 등 모든 시련을 이기며 오상고절(傲霜孤節)의 절개를 지키는 것이 국화다. 국화는 부잣집 화단에서만 피지 않고 들판과 시골 농가 울타리에서도 부귀비천을 가리지 않고 핀다. 그래서 국화를 보면 내 고향 전원의 소탈한 향수와 함께 아내의 모습이 떠오른다.

보통 사군자(四君子)라고 하면 매화, 난초, 국화, 대나무를 말한다. 하지만 중국 송나라 시인 주렴계(周濂溪, 1017~1073)는 「애련설(愛蓮說)」에서 난초(蘭草) 대신 연꽃을 더 선호하여 매(梅), 연(蓮), 국(菊), 죽(竹)을 사군자로 여기기도 한다.

우리 선조들이 사군자를 좋아한 이유는 무엇일까? 그리고 왜 사군자 중에서도 이른 봄에 피는 매화를 으뜸으로 꼽았을까?

춘한(春寒) 속에서 홀로 핀 매화의 고고한 자태는 선비의 곧은 지조와 절개로 비유되고 있다. 특히 맑고 은은한 향기와 아울러 눈 속에서 추위를 견디고 꽃을 피워내는 끈질긴 생명력을 과시한다. 그래서 군자이다.

매화를 마주한다는 것은 단지 봄이 왔음을 뜻하는 것이 아니다. 혹한을 뚫고 엄혹한 세월을 견디며 외로움과 절망마저 떨치고 나서 견인해

낸 난관 탈출과 위기 돌파 그리고 역경 극복의 경이로운 상징 그 자체다. 또한 우리 삶의 매화를 꽃 피우려면 스스로를 깨우는 방울과 날 선 긴장으로 삶의 방만함을 도려내는 마음의 칼이 살아 있어야 한다.

둘째로 연꽃은 여름에 더러운 진흙 속에서 올라오면서도 더러움에 물들지 않고 맑은 물에 씻기면서도 요염하지 않다. 속은 비었지만 겉은 곧고 덩굴져 편을 가르거나 남에게 기대지 않고, 또 멀어질수록 더 향기롭다. 그래서 이 또한 군자라 하지 않을까.

셋째, 대나무는 겨울의 흰 눈 속에서도 청청하기 때문에 군자의 변함없는 충절을 상징한다. 우아한 곡선의 날씬한 몸매는 현자와 예지(叡智)의 모습을 상징하고, 사시사철 푸른 댓잎은 선비의 지조를, 밑으로 숙인 잎과 속은 겸손에 비유되어 덕을 겸비한 선비로 상징된다. 그리고 줄기는 곧게 뻗고 세로로 쪼개지는 성질 때문에 강직함에 비유되었다.

끝으로 국화가 군자인 이유는 늦가을 서리를 맞으면서 피는 꽃이기 때문이다. 가을에 내리는 서리는 숙살(肅殺)의 기운을 상징해 '추상(秋霜) 같다'고 한다. 온갖 나무와 화초들이 그 추상 앞에서는 고개 숙이고 움츠리는데 오직 국화만이 찬 서리를 맞으면서도 꽃을 피운다.

우리는 이 국화를 보면서 불굴의 기백을 배우고, 인생의 황혼기에는 "남은 삶을 여한 없이 즐겁게 살아야겠다"는 인생 후반기의 의욕을 불러일으키게 한다.

국화의 이런 기질을 우리 선인들은 오상고절(傲霜孤節)이라고 표현했다. '모진 서리에 굴하지 않고 외로이 지키는 절개'라는 뜻으로, 서리는 가난, 변고, 외로움, 이별 등 모든 시련을 의미한다.

국화는 오상고절이면서도 부잣집 화단에서만 피는 꽃이 아니다. 들판에 피는 들국화가 있는가 하면, 시골 농가 울타리 밑에서도 핀다. 부귀와

비천을 가리지 않고 피기에 내 고향 전원의 소탈한 향수를 느끼게 한다.

진(晉)나라 시인 도연명(陶淵明, 365~429)도 국화를 유독 좋아하여 팽택현령(彭澤縣令)이란 벼슬을 버리고 전원으로 낙향하며 읊었던 시 「귀거래사(歸去來辭)」에서 '송국유존(松菊猶存)'이라는 표현으로 옛적에 고향에 있었던 소나무와 국화가 아직도 꿋꿋하게 있음을 반기며 찬미했다.

국화는 소탈하다. 이 소탈함이 사람을 편하게 해준다. 꽃이나 사람이나 절개가 높으면서도 소탈하면 상대를 끌어당기는 힘이 있다. 또한 국화는 향이 좋다. 매화의 향이 생명을 움트게 하는 섬세한 향이라면, 국화 향은 들뜬 마음을 가라앉혀 주는 침향으로 마음을 안정시켜 모든 일에 감사함을 느끼게 해주는 향이다. 때문에 늦가을에 노란 국화가 있는 한 인생은 결코 외롭지 않다.

아내도 꽃 중에서 목단과 국화를 좋아한다. 아내가 건강할 때는 향이 없는 목단 꽃을 묵화로 즐겨 그렸다. 그리고 가을이면 집 안마당에 국화를 가꾸며 날아드는 벌들을 바라보고 세상 이치를 깊게 사색하곤 했다.

그래서 나는 아내가 병들어 누운 후로도 가을이 되면 아내의 병실에 자색과 희고, 노란 국화꽃 화분을 색색이 구색을 갖추어 진열해 놓는다.

국화꽃 향기가 방안에 가득하면 아내는 그 내음을 맡으며 기분 전환을 하면서 투병 의지를 새롭게 했다.

10년이 넘도록 병고 속에서도 인내해오며 오늘에 이른 아내를 곁에서 지켜보며 오상고절(傲霜孤節)의 가을 국화 기질과 비유해 본다.

소탈하고 침착한 여인, 누구를 가리지 않고 따듯하게 대해주며 편안함을 느끼게 하는 여인, 특히 어떠한 어려움 속에서도 아무 말 안하고 참고 이겨내는 인내심을 가진 여인, 그래서 누구에게나 흡인력을 가지고 있는 여인이 바로 아내다.

그리고 그녀가 가지고 있는 성품을 가을 국화 향기 속에서 조용히 음미해 본다. 긴 병고의 시련을 이겨내느라 지쳐 있지만 아내에게서 은은하게 풍겨 나오는 가을 국화꽃 같은 향기가 이 깊은 밤에도 마음속 깊숙이 스며든다. 그리고 그 향기를 맡으며 심층 깊숙이 들려오는 성령의 음성을 들으며 아내의 병상을 함께 지켜주시는 주님께 감사드린다.

도연명(陶淵明)이 낙향하며 지은 송국유존(松菊猶存)의 시구(詩句)가 들어있는 귀거래사(歸去來辭)의 몇 구절을 감상해 본다.

悟已往之不諫(오기왕지부련) 知來者之可追(지래자지가추)
乃瞻衡宇(내담형우) 載欣載芬(재흔재분)
三經就荒(삼경취황) 松菊猶存(송국유존)
寓形宇內復幾時(우형자내부기시) 曷不委心任去留(갈불위심임거유)
胡爲乎遑遑欲何之(호위호황황욕하지)

이미 지난 일을 탓해야 무슨 소용 있으리.
앞으로 바른 길을 살아가리라.

저 멀리 옛집의 처마와 대문이 보여
기쁜 마음으로 급히 뛰어가 보니
뜰 안 세 갈래 작은 길엔 잡초가 무성하나
소나무와 국화는 여전히 꿋꿋하다.
이 몸이 세상에 남아 있을 날이 얼마나 되리
어찌 마음을 대자연에 맡기지 않으며
초조한 마음으로 무엇을 욕심내리.
—2008년 10월 13일(아내의 소천 62일 전)

나눔의 기쁨

착 왜 사람은 두 손을 가지고 있을까? 한 손은 자신을 위한 것이고, 또 한 손은 다른 사람을 돕기 위한 것이다. 명령할 줄밖에 모르고, 남들이 박수쳐 주기만을 바라는 사람이 과연 행복할까?

인간은 관계적 존재요 만남의 존재다. 인생은 나와 너와의 만남이다. 만남은 인생의 출발로, 만남이 없이는 인간 생활이 이루어지지 않는다.

아담과 하와의 만남에서 인류가 시작됐고, 남자와 여자의 만남에서 인생이 시작된다. 우리는 살기 위하여 만나고 만나기 위하여 산다. 오지도 않고 가지도 않으며, 주지도 않고 받지도 않으면 인생이 아니다.

인생에서 주고받는 것은 나눔이다. 세상을 살면서 다른 이의 도움을 받아 보지 않았거나, 자신이 가진 것을 나눠보지 않은 사람이 있을까? 명령할 줄 밖에 모르고, 남들이 박수쳐주기만을 바라는 사람이 과연 행복할까?

우리는 누구나 서로 나누면서 살고 있다. 나눔은 물질뿐 아니라 가벼운 미소, 격려의 말 한 마디, 함께 있어 주는 시간, 희망을 주는 글은 물론 우리의 현존 그 자체가 나눔의 객체가 될 수 있다.

그러나 우리는 우리의 몸에 숨겨져 있는 선물, 즉 나눌 수 있는 마음의 선물에 얼마나 감사하면서 살고 있을까? 또 가난하고 불우한 이들과 나눌 때, 그들 안에 숨겨져 있는 거룩한 모습을 얼마나 발견할 수 있을까?

아프리카의 어린이들은 흔한 다이아몬드로 공기놀이를 하기에 다이아몬드의 가치를 모르며, 돼지 목에 진주목걸이를 걸어주어도 돼지는 고마워하지 않는다. 그래서 우리들은 뜻밖에 일어나는 일들을 통해서 현존 자체가 하나의 소중한 축복의 대상이 될 수 있다는 것을 체험하는 것이 고작이다.

2002년 봄, 아내가 뇌종양 수술을 하고 4개월 8일 만에 퇴원하여 집에서 요양하고 있을 때의 일이다. 평촌 자유공원에서 만난 한 사십대 초반의 여성으로부터 나눔의 축복을 체험한 후, 나눔이 얼마나 소중한가를 깨달았다.

아침 일찍 아내를 휠체어에 태우고 평촌 샘마을 자유공원을 산책하고 있었다. 이것은 아내의 건강을 위하여 의무적으로 아침저녁으로 하는 운동이다.

그때 한 여성이 공원 벤치에 앉아 있는 80대의 몸이 불편한 할아버지를 부축해드리고 있었다. 중풍증이 있어 보이는 그 할아버지를 배웅해드리더니, 우리에게 다가오며 부드러운 말로 물었다.

"참 아름답게 보이네요. 제가 도와드릴 것이 없을까요?"

"감사합니다. 선생님이 뵙기에는 아름답게 보일지 모르겠으나 아내는 수술 후 혼자 앉지도 못하고 서지도 못해 건강 회복을 위해 규칙적으로 휠체어에 태워 운동을 하는 중입니다. 아름다운 마음을 가진 사람은 모든 것이 아름답게 보이지요. 그러나 저희들은 아름답다고 여유 있는 말을 들을 형편이 못됩니다. 아내는 지금 휠체어 타는 것조차도 힘에 겨워 고통스러워하고 있습니다. 선생님은 누구신데 그렇게 좋은 일을 하고 계십니까?"

그녀는 인천에 있는 종합병원의 간호부장으로 근무하다가 퇴직한 김만자 여사로 현재 어린이집을 운영하고 있다고 했다. 그날 만남 이후 김 여사는 나의 부탁으로 매주 한 번 정도 집으로 와서 정성을 다해 아내에게 주사를 놔주곤 했다.

아내는 식사를 제대로 못한 탓에 영양이 부족하여 일주일에 한 번 정도 알부민 혈관주사를 맞아야만 했다. 그런데 혈관이 약해 보통 간호사들의 경우 혈관을 찾아 주사하려면 진땀을 흘렸다. 그러나 김 여사는 간호부장을 지낸 베테랑답게 쉽게 혈관을 찾아 주사액을 투여했다.

김포로 이사 올 때까지 정성을 다해 아내를 보살펴주었으며, 이사 온 후에도 종종 연락을 하며 걱정을 해주고 있다.

그러나 우리 사회는 불행하게도 사랑보다는 미움, 우호보다는 적대, 화합보다는 배척 그리고 상생보다는 상극의 원리가 더 성행하고 있다. 일찍이 독일의 사회학자 비제(Li von Wiese)는 이 같은 복잡한 인간관계를 단순화하여 '이대원리(二大原理)'로 요약한 바 있다.

특히 인간은 아담과 하와 이래로 원죄를 안고 살고 있다. 그리고 인간에게는 동생 아벨을 죽인 가인의 잔악한 피가 흐르고 있다. 사람은 왼손과 오른손이 있듯이, 인간의 마음에는 선의 원리와 악의 원리가 공존한다. 즉 로마 신화의 야누스처럼 선의 얼굴과 악의 얼굴이라는 두 얼굴을 갖는다. 그래서 인간의 마음은 선과 악의 싸움터요, 영육(靈肉)의 각축장이다. 천사와 사단의 싸움터, 이것이 인간의 마음이다.

그러나 나는 김 여사를 생각할 때마다 인간의 본성은 착한 면이 더 많다는 것을 확신한다. 아니, 내가 어릴 시절 읽었던 「안네의 일기」 중 잊혀 지지 않는 구절이 떠오른다.

"모든 것이 불리하게 돌아가지만 나는 아직까지 사람들의 마음이란 선한 것으로 믿고 있다(In spite of everything, I still believe that people are really good at heart)."

그리고 삶의 가치 또한 돈이 아닌 더불어 사는 사람들과의 관계에 있다는 소박한 진리를 깨닫게 되었고, 시간이 흐름에 따라 나눔은 축복이라는 것을 더욱더 통감한다. 나눔에는 사랑이란 거룩한 내적 요소가 전제되어 있기 때문이다.

사랑! 얼마나 소중한 것인가. 행복, 기쁨, 성공, 모두가 사랑이란 영양 없이는 맺을 수 없는 열매들이다.

신부전증으로 수년간 혈액 투석을 하며 고생하던 아내도 뇌종양 수술을 받기 몇 해 전인 1996년 사랑의 장기 본부를 통해 신장을 기증받아 신장 이식 수술을 받아 새 생명을 찾았었다.

이것은 인간의 가장 소중한 생명의 나눔이다. 나눔을 통해 나는 나, 너는 너대로 살아가던 삶에서 너와 내가 다 같이 '우리'가 되어 나는 혼자가 아니라는 느낌, 나를 걱정해주고, 지켜봐주는 그 누가 내 주위에 있다는 생각, 그래서 나도 무언가 남을 위하여 해주고 싶은 마음이 생기게 된다.

'나'보다 '우리'라는 단어는 이질감이 아닌 공감대를, 소외감이 아닌 친화력을, 원심력이 아닌 구심력을 감지케 한다. 그래서 '우리'라는 말은 특히 한국인의 심성을 잘 표출하는 정체성이요, 한국인을 대변하는 패러다임이라 할 수 있다.

한때 은막의 여왕으로 세계적인 인기를 누리던 영화배우 오드리 헵번(Audrey Hepburn, 1929~1993)이 만년에 암으로 투병하며 봉사생활을 시작할 때 한 말이 생각난다.

"절망의 늪에서 나를 구원해 준 것은 많은 사람들의 사랑이었습니다. 이제 내가 그들을 사랑할 차례입니다."

그렇다. 사랑을 받고 사랑을 주는 것, 절망의 늪에서도 희망이 생기는 것 그리고 인생의 보람을 갖게 하는 것, 이것이 바로 나눔의 실체들이다.

2003년 어느 겨울날에 있었던 일이다.

아내가 입맛도 없어 하고 식사도 잘 못해 김포읍 터미널에 오일마다 서는 장터로 나가 맛있는 잔치국수집을 찾아갔다. 아내는 추위에 콧물을 흘리면서도 나무젓가락으로 먹여주는 국수를 맛있게 먹었다.

식사가 끝난 후 운동 겸 여기저기 장터 구경을 하고 있는데 갑자기 한 쪽을 가리키면서 그쪽으로 가자고 했다. 아내가 가리키는 곳으로 휠체어를 밀고 갔더니, 두 발이 없는 장애인이 녹음기에 찬송가를 틀어놓고 타이어를 방석삼아 꽁꽁 언 땅 위를 두 팔로 의지한 채 몸을 움직이며 구걸하고 있었다.

아내는 2만 원을 달라고 하더니 그 장애인에게 건네주고는 얼굴 가득 밝은 웃음을 띠었다. 그래도 그 장애인은 혼자 힘으로 움직일 수 있어 건강상으로는 꼼짝 못하는 아내보다 훨씬 형편이 나았다. 그러나 아내는 2만 원을 그에게 주고 몇 배의 기쁨을 맛본 것이다. 이것이 '나눔의 기쁨'이다.

나의 작은 정성, 조그만 배려가 받는 상대방에게 아픔을 덜어주고 기쁨을 줄 수 있다면 주는 사람에게는 그 몇 배의 기쁨으로 돌아온다.

‘가이오의 역설’이라는 말이 있다. 기부는 돈이 많아야 가능한 것이 아니라 기부를 많이 하면 돈을 많이 벌 수 있다는 역설이다. 가이오는 17세기의 영국 작가 존 번연(John Bunyan, 1628~1688)의 소설 「천로역정(The Pilgrim's Progress)」에 등장하는 인물이다.

이 소설 속에서 한 순례자가 여관 주인 가이오에게 “더 많이 버릴수록 더 많이 가지게 되는 것은 누구일까요?”라고 묻자, 가이오는 “가신 것을 가난한 이들에게 나누어주는 사람입니다. 그는 준만큼 아니 그 열 배는 더 갖게 될 겁니다”라고 대답한다.

이 역설은 자신의 것을 나누는 것은 나눈 것 이상으로 되돌아오며, 받는 사람보다 주는 사람에게 오히려 더 큰 기쁨과 행복의 선물이 돌아온다고 말하고 있다.

우리는 세상을 살면서 수많은 마음을 주고받는다. 사랑의 마음, 배려의 마음, 용서의 마음, 때로는 미움의 마음, 과욕의 마음, 거짓의 마음 등 우리가 보낸 마음들은 동그라미처럼 인생 속에 이리 흐르고 저리 돌다 마음의 주인에게 되돌아온다.

이처럼 좋은 마음은 좋은 마음대로 나쁜 마음은 나쁜 마음대로 되돌려 받는 것이 세상의 이치다. 베풀면 베푼 대로 인색하면 인색한대로 다시 돌아온다. 내가 대접을 받고 싶으면 남을 대접해야 한다. 내게 돌아오는 것들은 모두 내가 나누어준 것들이기 때문이다.

이와 같은 의미로 ‘적선지가 필유여경(積善之家 必有餘慶)’이라는 말이 있다. 어려움 속에서도 내가 남들에게 베푼 작은 일들이 쌓여서 먼 훗날에 100배, 1000배의 도움으로 알지 못하게 내게 다시 돌아온다는 말이다.

또한 상대방의 말을 정성껏 들어주는 경청도 상대에 대한 배려이고 나눔의 일종이다. 경청은 상대방의 말과 행동에 잘 집중하여 상대방이 얼마나 소중한 존재인지를 인정하는 것이다.

상대를 완전한 인격체로 인정해야 진정한 마음의 소리가 들린다. 사람의 마음을 얻기 위해서는 그 사람의 말에 귀를 기울여야 한다. 상대의 말을 경청함으로써 서로의 이해와 공감을 느낄 수 있으며, 이러한 경청은 백 마디 말보다 강한 힘을 가지고 있다.

그러나 우리 인간은 듣는 것 보다는 말하기를 좋아한다. 그 이유는 상대를 이해하기 전에 내가 이해받고 인정받고 싶은 욕구가 앞서기 때문이다. 그래서 진정한 경청자가 되기는 쉽지 않다. 말은 2년이면 배울 수 있지만 침묵을 배우는 데는 60년이 걸린다고 한다.

내가 이해받기 위해서는 먼저 상대의 말에 귀를 기울여야 한다. 먼저 상대를 이해한 뒤 이해를 받으라는 말이다. 말하기를 절제하고 먼저 상대방에게 귀를 기울여주자.

대화도 마찬가지이다. 먼저 상대의 말을 듣는 데서부터 출발한다. 먼저 들어야 상대를 이해할 수 있으며, 내 마음을 전하는 것 역시 듣기에서부터 출발한다. 들어야 마음을 얻을 수 있기 때문이다.

'동의하지 않는 데 동의한다(Agree to disagree)'라는 말과 '서로 생각이 다르다는 데 동의한다(Agree to differ)'라는 말도 있다. 이 말은 대화 또는 협상의 당사자들이 당장 의견 일치는 보지 못했지만 서로의 차이를 인정하고 상대의 생각을 존중한다는 뜻이 담긴 표현이다.

'건곤일척(乾坤一擲)'이나 '패자필사(敗者必死)'의 승부가 아닌 생각이 다른 상대방에 대한 배려와 존중과 이해가 담긴 표현을 수사적으로 나타낸 말이다. 그래서 세상에서 가장 어려운 일이 사람의 마음을 얻는 것이라고 했다. 세상을 바꾸는 것은 달변이 아니라 경청이며, 지도력은 바로 이 경청에서 나온다.

『대학(大學)』에 "길은 가까운 데 있는데 사람들은 먼 곳에서 찾는다. 마음에 있지 않으면 보아도 보이지 않고, 들어도 들리지 않고, 먹어도 맛을 모른다. 이리하며 몸을 닦는 것이 마음을 바로 잡는 것이다"라는 말이 있다.

이 말은 인생사에민 적용되는 것이 아니다. 세상사는 존재와 존재와의 관계이다. 구름이 비가 되어 대지를 촉촉이 적셔주고, 비로 인해 나무가 자라며, 나무로 종이를 만들어 모든 사람들이 유용하게 쓰고 있다.

이것이 나눔의 관계요 하나님의 은총이다. 20세기의 위대한 발명품 컴퓨터도 종이가 없으면 무용하지 않겠는가. 이처럼 모든 존재는 나눔의 관계 속에 있으며 독립된 존재는 그 어디에도 없다. 다만 우리가 그것을 깨닫지 못하고 있을 뿐이다.

If I can stop one heart from breaking

—Emily Elizabeth Dickinson

If I can stop one heart from breaking
I shall not live in vain;
If I can ease one life the aching,
Or cool one pain,
Or help one fainting robin
unto his nest again,
I shall not live in vain.

만약 내가 아픈 마음 하나 달랠 수 있다면

—에밀리 디킨슨*

만약 내가 아픈 마음 하나 달랠 수 있다면
나 헛되이 사는 것 아니리.
한 생명의 아픔 덜어줄 수 있거나
괴로움 하나 달래 줄 수 있다면,
기진맥진 지친 울새 한 마리
둥지에 다시 넣어줄 수 있다면,
나 헛되이 사는 것 아니리.

* 미국의 여류시인, 1830~1886.

인연

—요코하마(横浜) Bay Bridge에서 崔佳壽美와 함께

一新潟의 崔佳壽美ちゃん

삶은 만남에서 시작되고, 사랑도 만남에서 시작되고 인연도 만남에서 온다. 우리는 만났고 또 다시 만나면서 좋은 인연을 바라며 살아가지만, 이 땅에서의 인연이란 기쁨과 슬픔, 희망과 절망을 동반한다. 그래도 우리는 인연이란 넓은 천 위에 아름다운 꽃을 수놓아 가며 그 속에서 열매를 거두어야 한다.

헤르만 헤세, 앙드레 지드, 어니스트 헤밍웨이, 알베르 카뮈, 가브리엘 마르케스 등 역대 노벨문학상 수상자들의 면면은 화려함 그 자체다. 인류 문화유산의 계승자들로 꼽기에 부족함이 없다.

하지만 반대편엔 제임스 조이스, 헨리크 입센, 마르셀 프루스트, 호르헤 루이스 보르헤스 그리고 레프 톨스토이로 구성된 리스트도 있다. 앞의 수상자 그룹에 비해 결코 손색이 없는 '노벨상 탈락자 그룹'이다.

톨스토이는 1901년 제1회 노벨문학상의 가장 유력한 후보로 손꼽혔지만, 그 해와 이듬해 각각 프랑스 시인 쉴리프뤼돔과 독일 역사가 테오도어 몸젠에게 영광을 돌려야만 했다. 그의 조국 러시아와 노벨상 주체국인 스웨덴의 오랜 정치적 갈등 때문이었다.

1931년 최초의 러시아 인 수상자가 된 이반 부닌은 러시아 혁명을 피

해 프랑스로 망명한 시인이었다. 1958년에도 노벨문학상은 사회주의 실상을 고발한 「닥터 지바고」의 보리스 파스테르나크에게 돌아갔다. 반체제 인사가 아닌 소련 작가로는 1965년 「고요한 돈 강」의 숄로호프가 처음이었다.

동양에서는 인도의 타고르와 일본에서 두 명이 수상했다. 1968년 가와바타 야스나리(川端康成)는 「설국(雪國)」으로, 1994년 오에 겐자부로(大江健三郎)는 「만년원년의 풋볼」로 각각 수상했다.

가와바타 야스나리는 "지방의 경계에 있는 긴 터널을 빠져나오자 설국이었다. 밤의 밑바닥이 하얘진 듯했다. 신호소(信號所)에 기차가 멎었다"로 시작되는 소설 「설국」으로 일본에 첫 노벨문학상을 안겨주었다.

이 소설 「설국」으로 묘사된 곳이 일본의 중부지방 서북단 서해안에 위치한 니가타 현(新潟縣)이다. 니가타는 눈과 흰쌀 그리고 여성들의 하얀 피부 때문에 삼백(三白)의 고장이라 불린다.

일본에서 제일 길다고 하는 시나노 강이 이 현의 중심으로 흐르면서 만들어놓은 비옥한 땅에선 일본에서 가장 맛있는 쌀 '고시히카리'가 생산된다. 이 쌀로 빚은 청주 '고시노칸바이(越乃寒梅)'는 환상의 술이라고 불리는 명주(銘酒)다.

이 소설의 여주인공 고마코(駒子)는 도쿄에서 온 나그네 시마무라(島村)에게 이런 말을 하며 사랑을 고백한다.

"그래도 눈이 이틀이면 금방 여섯 자는 쌓여요. 계속 쏟아지면 전봇대 전등이 파묻혀버리죠. 당신 생각을 하면서 걷다 간 전깃줄에 목이 걸리기 십상이에요."

또한 니가타 출신이었던 다나카 가쿠에이(田中角榮) 전 일본 총리의 선거구(山古志村)도 겨울이면 눈이 4미터씩이나 쌓이는 이곳의 산간마을이었다. 이곳 주민들은 겨울만 되면 내린 눈으로 교통이 두절되어 외딴 섬이 되어버리는 불편함을 덜기 위해 옆 마을과 통하는 터널을 기계의 힘도 없이 오로지 인력으로 무려 16년에 걸쳐 뚫었다고 한다. 그리고 1949년 길이 900m나 되는 터널이 개통되었다. 나중에 총리가 된 다나카는 지방도로에 불과했던 이 터널을 국도로 승격시켜 대대적으로 확충했다. 일본의 니가타는 아내와 내가 특별히 애정과 관심을 가지고 있는 곳이다.

2004년 10월 27일(수) 아침, 병상의 아내가 발음도 제대로 안 나오는 목소리로 다급하게 나를 불렀다.

"여보! 큰일 났어요. 일본 니가타의 가스미(佳壽美)에게 빨리 전화해 보세요. 니가타에 큰 지진이 일어났대요."

방송에서 니가타 현 주에쓰(中越) 지방에 23일 오후부터 24일 오후에 걸쳐 진도 6강 이상(최대 규모 6.8)의 강력한 지진 3회를 비롯해 290여 회의 크고 작은 여진이 일어나 21명이 숨지고 1800여 명이 부상을 당했다고 보도했다. 그리고 산사태 발생에 대비해 6만 여 명이 안전지대로 대피했다는 소식을 접한 아내가 다시 다급한 목소리로 말했다.

"가스미는 첫 아기를 낳은 지 얼마 안 되는데 무사한지 빨리 알아보세요?"

아내가 염려하는 가스미와의 인연은 지금으로부터 18년 전인 1986년 여름방학 때로 거슬러 올라간다. 당시 서울 서문여중 3학년에 재학 중이던 둘째 딸 상영이의 부탁 때문에 인연을 맺게 되었다.

재일동포 학생들이 여름방학을 이용해 서울대학으로 1개월간 수련회

요코하마 Bay Bridge에서 崔佳壽美와 함께

를 오는데, 담임선생님이 한 학생을 우리 집에 2박 3일 동안 숙박을 부탁한다는 것이다. 부모가 일본어를 할 수 있어 민박 기간 중 언어 소통의 불편이 없어야 하기 때문이라고 했다.

나는 1978년부터 5년간 일본어를 배워 어느 정도 회화가 가능했다. 그런데 운 좋게도 일신제강 판매관리부장으로 재직할 때 일본 바이어들과 자주 만나 회의도 하고 운동도 함께 하여 자유롭게 의사소통이 가능했으며, 그 후에도 일본어 원서로 된 책도 많이 읽고 글도 써가며 일본어 공부를 계속하고 있었다.

그 당시 사귄 일본 친구로는 (주)스미토모쇼지(住友商事)에 근무한 나카가와 마사히코(仲川正彦), 핫도리겐지(復部憲司)와 마시미(曾見茲忍) 씨는 지금도 업무와 상관없이 끈끈한 우정을 나누며 지내는 좋은 친구들이다.

우리 부부는 재일동포 학생의 우리 집 민박을 승낙했고, 정해진 날 서울대학으로 학생을 데리러 갔다. 후문 안에 있는 기숙사 앞 운동장에는 벌써 일본 각지에서 온 교포 학생들 약 300여 명이 줄 지어 서 있었다.

우리는 지도교수의 안내로 관서지방(關西地方) 미에겐(三重縣)에 있는 다가다(高田) 고등학교에서 온 1학년 여학생 최가스미(崔佳壽美)를 배정받았다. 일본에서는 오카무라(岡村) 가스미로 불리는 재일동포 4세였다.

조상들의 고향은 경남 동래인데, 일제 때 그의 증조(曾祖)가 일본으로 이민을 가서 많은 노력 끝에 할아버지 대에 기반을 닦아 일본 사회에서도 유지로 예우 받으며 유복하게 살고 있다. 아버지(岡村海辰)는 오카무라건설회사(岡村建設會社)를 경영하며, 미에 현(三重縣)의 교민단장으로 많은 활동을 하고 있고, 학생 또한 외모도 예뻤지만 가정교육을 잘 받아서 단정하고 예의도 발랐다. 정리정돈은 물론 행동 하나 하나가 우리 아이들과는 비교되지 않는 모범생이었다.

우리 부부와 상영이는 가스미 학생을 데리고 집으로 와 창덕궁을 비롯해 북악 스카이웨이로 드라이브를 하며 팔각정에서 서울의 야경도 구경하면서 뜻있게 이틀을 보냈다. 나도 서울 야경을 본 것은 그때가 처음이었으며, 규모가 그렇게 큰 줄은 전에는 미처 눈으로 확인해보지 못했다. 물론 18년이 지난 지금의 규모는 그때와 비교가 안 된다. 몇 년 전 가스미가 서울에 왔을 때 63빌딩 전망대에서 야경을 내려다보니 올림픽도로와 강변북로 가로등의 조명은 신비스러울 정도로 아름다웠다.

아마 가스미와의 인연은 수백 생의 인연에 가까울 정도로 여겨진다. 우리는 수시로 일본으로 가 그녀와 가족과 만나고, 또 가스미와 가족들도 자주 서울에서 만나며 정답게 지냈다. 그리고 가스미의 여동생 기미에(公惠)도 3년 후인 1989년 서울대 서머스쿨(Summer school) 수련이 끝나고 우리 집에 한 달 동안 머무르며 제주도 관광을 비롯해 아이들과 함께 생활하기도 했다.

그리고 1988년 서울올림픽이 있던 해 여름, 내가 일본 출장을 갔다 처음으로 가스미 집을 찾아갔던 때의 추억은 지금도 잊히지 않는다.

도쿄역(東京驛)에서 신칸센을 타고 나고야(名古屋) 역에 내려 국철 간사이센(關西線)으로 갈아탔다. 그리고 가메야마(龜山)에서 다시 스게(石

植)로 가는 국철로 갈아타고, 스게 역까지 장장 6시간의 여행 끝에 역에서 기다리시는 가스미 할아버지의 영접을 받고 가스미네 집에서 보고 싶었던 가스미를 2년 만에 만났다.

일본에서의 지방 여행은 처음인지라 느끼는 점도 많았다. 지방마다 도로가 넓고 깨끗하게 뚫렸고, 농촌 들녘에는 승용차와 농사에 사용되는 트럭들이 길가 여기저기 서 있었다.

최근에 한국에서도 일본 니가타에서 나는 벼의 종자 고시히카리 생산이 유행이다. 가스미를 생각하며 그 쌀로 밥을 지어 먹어 보았지만, 우리가 예전부터 먹었던 아키바리 쌀밥보다 나은 것 같지 않다. 역시 니가타의 겨울에 많이 쌓였던 눈이 녹아내린 물로 재배된 고시히카리 쌀 맛과 같을 리가 없다.

그 후 가스미가 고등학교를 졸업하고 대학에 진학할 때에도 축하해주고, 그녀가 다니는 기후여자대학(岐阜女子大學)에도 아내와 함께 방문했다. 그녀는 대학 졸업 후에도 수차례 우리 집에서 지내다 갔지만, 이제는 고등학교 시절의 앳된 모습은 찾아볼 수 없이 성숙해졌다.

그리고 그녀는 2003년에 니가타 현(新潟縣)에 살고 있는 재일동포 박인수(川村仁洙) 청년과 결혼을 했다. 비교적 먼 곳으로 시집을 간 셈이지만, 청년은 키도 크고 미남으로 믿음직하게 보였다. 그리고 2004년 초 첫딸을 낳았다. 아마 삼백(三白)의 고장인 니가타에서 삼백 중의 하나가 여성들의 흰 피부라니 본래 피부가 희고 아름다운 가스미는 더 희게 되고 갓 태어난 아기의 피부도 희고 아름다울 것으로 상상이 된다.

나는 아내의 재촉으로 전화를 걸었다. 가스미는 명랑한 목소리로 반갑게 전화를 받으면서 다행히 지진 피해는 없다고 걱정 말라고 했다.

다만 돌도 안 된 갓난아기가 지진에 놀라 울고 있다고 했다.

아내는 무사하다는 말을 전해 듣고 다행이라며 안도의 한숨을 쉬었다. 그리고는 일본 여행 때 요코하마 베이브릿지(Bay bridge)에서 가스미와 함께 찍은 사진들을 찾아 달라더니, 옛날을 회상하려는 듯 한참 동안을 들어다보고 있다. 만약 가스미에게 지진 피해라도 있었다면 아내의 병세는 더 악화되었을지 모른다.

그래 인생은 되도록 많은 사람들과 선한 인연을 맺으며 착하게 살아가는 것이 무엇보다 큰 보람이며 기쁨이다. 그런데 나는 너를 괴롭히기 위하여 태어났고, 너는 나를 해치기 위하여 태어난 듯 나쁜 인연의 불행한 사슬에 얽매어 서로 싸우고 미워하고 저주하는 어두운 인간관계가 세상에 얼마나 많은가? 악연은 곧 지옥이다.

깊은 만남 속에 생의 기쁨이 있고, 행복한 만남 속에 삶의 의미가 있고, 창조적 만남 속에 인생의 희열이 있다.

베드로는 예수를 만나 뛰어난 사도가 되었고, 안연은 공자를 만나 대현(大賢)이 되었다. 그리고 율곡은 사임당을 만나 거유가 되었고, 아난은 석가를 만나 큰 인물이 되었다. 우리 부부는 가스미라는 재일동포 학생을 만남으로서 서로 의지하고 기쁨을 나누면서 보람된 인생을 살아가고 있다.

우리가 만나는 사람들을 간단하게 구분해 보면 오래 기억하고 싶은 사람, 쉽게 잊히는 사람, 잊어지지 않는 사람, 빨리 잊고 싶은 사람으로 나눌 수 있다.

인연에는 인간과 인간, 인간과 자연, 인간과 하나님 그리고 차안과 피안에서의 인연 등 수많은 인연이 있다.

그렇지만 모든 인연은 생각하면 할수록 진지하고 숙연한 의미가 있음을 알게 된다. 우울하고 가슴 아프게 느껴지는 인연, 마음을 흐뭇하게 하는 인연, 마술을 보며 웃음을 자아내는 듯 비교적 가볍게 느껴지는 인연, 우리의 상상이 미치지 못하는 인연까지 생각하기에 따라 그 속에는 쉽게 바래지지 않는 빛이 있고, 길고도 끈질긴 줄로 이어져 있는 것이 인연이다. 그리고 그 속에는 나만이 느끼는 행복의 소중한 가치도 숨어 있다.

그래서 불교에서는 인연을 모든 우주 만물과의 만남이라고 한다. 그 중에서도 흔히 옷깃만 스쳐도 전생의 인연이 있다며 사람과 사람의 만남을 매우 중요하게 여겼다.

불가에서는 보통 옷깃을 스치는 정도의 인연을 삼생(三生)의 인연, 서로 만나서 대화하는 인연을 수생(數生)의 인연이라고 한다. 그리고 한 지붕 밑에서 살아가는 인연을 수십 생(數十生)의 인연이라 하며, 부모형제나 사제 간의 인연은 수백 생(數百生)의 인연이라 한다.

인연에 관한 이러한 우화도 있다. 한 부부가 오순도순 살아가다가 예쁜 딸을 낳았다. 돌이 지나서 말을 배우게 되자 엄마가 아기를 어르며 아기에게 말을 건넸다.

"예쁜 것아. 너는 전생에 무슨 인연이 있어 내 딸이 되었느냐?"

엄마의 물음에 아기는 놀랍게도 또렷이 대답을 한다.

"저는 전생에 엄마의 계집종이었는데 심부름시킬 때마다 심부름 값을 준다고 하시고 주지 않아 그것이 업이 되어서 돈 받으러 왔지요."

깜짝 놀란 엄마는 장난 반 의혹 반으로 돈 두 냥을 아기의 이마에 올려놓았더니, 아기는 그 길로 세상을 떠났다고 한다.

이처럼 삶은 만남에서 시작되고, 사랑도 만남에서 시작되고, 인연도 만남에서 온다. 우리는 만났고 또 다시 만나면서 좋은 인연을 맺으며 살아가야 한다. 그러나 이 땅에서의 인연이란 기쁨과 슬픔, 희망과 절망을 동반한다.

그래도 우리는 인연이란 넓은 천 위에 아름다운 꽃을 수놓아 가며 그 속에서 열매를 거두어야 한다. 좋은 인연의 열매를 거두기 위해서는 먼저 서로가 서로에게 좋은 사람이 되어야 한다.

좋은 인연

좋은 인연은 기쁨이고 희망이다.
좋은 인연은 웃음을 허락하고 미래를 계획한다.
좋은 인연은 좋은 그림을 그려주고 좋은 노래를 들려준다.
좋은 인연은 이 사회, 이 국가를 풍요롭게 한다.
좋은 사람, 좋은 만남, 좋은 인연, 좋은 생각,
이 땅에 가득하기를 오늘도 기대하고 고대하며 기도드린다.

만 남

만남이란 풀잎에 맺힌 아침 이슬
햇빛이 비치면 아무도 모르게 스러진다.
영원에서 찰나를 잡아 영원을 꿈꾸지만
시간은 내 뜻과 상관없이 흘러만 간다.

만남이란 짧은 시간, 흐르는 세월 따라
덧없이 영원으로 사라져간다.
서산에 지는 태양 다시 뜨지만
한 번 간 인생은 반복이 없다.

와인 한 잔의 추억

사랑했던 시절의 따스한 추억과
뜨거운 그리움은
신비한 사랑의 힘에 의해
언제까지나 사라지지 않고 남아있게 한다.

맥주는 뚜껑을 따 두면 김이 빠져 톡 쏘는 시원한 맛이 사라진다. 하지만 포도주는 미리 따 두면 맛이 더 깊어진다. 그래서 맥주는 차가워야 맛이 있지만, 포도주는 보통 서늘한 상온 그늘에 보관하여 마신다.

맥주의 주원료인 보리는 늦가을에 파종하여 눈 속에서 월동을 하기 때문에 추운 겨울을 기억하며 자란다. 하지만 와인은 싱싱하게 자라 익었던 뜨겁고 강열한 여름 햇볕을 추억으로 한다. 그래서 맥주가 뜨거운 젊음의 열기를 식혀주는 맛이라면, 와인은 인생을 아는 사람에게 어울린다. 맥주와 와인의 주원료인 보리와 포도는 각기 다른 성장의 추억을 갖고 있기 때문이다.

맥주의 맛은 원료도 중요하지만 숙성 기간과 적당한 온도 그리고 거품과 함께 마시는 것이 최고다. 내 경우에는 친구들과 함께 땀 흘리며

밴프에서의 추억

18홀 운동을 마치고 샤워 후에 마시는 한 잔의 맥주가 최고의 맛이다. 이때 함께 마신 친구들과는 더 친밀감을 느끼고 누구와도 격이 없이 친해진다.

하지만 시고 떫지만 단맛이 혀끝에 감도는 와인은 마음 편한 이와 함께 인생을 이야기하면서 마시는 맛이 더 깊다. 그래서 1966년 이른 봄 부부로 첫출발했던 때부터 살아온 삶을 기억하면서 아내와 함께 마시는 맛이 최고다. 인생 자체가 와인 맛처럼 시고 떫지만 단맛도 있기 때문이다.

와인에 대한 내 최고의 기억은 1991년 여름휴가 때 아내와 함께 한 시간이다. 캐나다의 캘거리에서 승용차로 2시간 거리의 북쪽에 있는 밴프(Banff) 산장에서 시원한 밤바람을 맞으며 아내와 마셨던 한 잔의 와인 속에 담긴 추억은 아내가 떠나고 없는 지금도 잊을 수가 없다.

여름 밴프는 만년 얼음으로 덮인 로키산맥과 얼음이 녹아 내려 이룬

호수들(레이크 루이스, 모레인 호스, 보우 호수 등)과 울창한 산림이 어울려 이루는 자연 경관은 마치 동화의 나라처럼 아름답고 시원해 최고의 피서지였다.

세상사로부터 오는 심신의 피로를 내려놓고 호수를 바라보면서 행복만을 얘기하던 시간, 그 무엇의 간섭도 받지 않고 빛과 생명과 사랑과 진리만이 존재하는 영의 세계에서 서로가 일체를 이루었던 내 생애의 가장 행복한 시간이었던 것 같다.

술은 이로움보다 해로움이 많다. 함부로 술을 마시는 사람치고 일찍 죽지 않은 사람이 드물다. 술이 사람을 상하는 것이 여색보다 심하다고까지 했다. 그래서 세상 사람들은 술을 멀리 하라고 한다.

성경에도 술을 삼가라는 말씀이 잠언을 비롯해 여러 곳에 나온다. 그리스 신화에서도 "술의 신 박카스는 전쟁의 신 마르스를 이긴다"고 했다. 전쟁으로 죽는 사람보다 술로 인해 죽는 사람이 더 많다는 뜻이다. 그런가 하면 술은 나라를 패망에 이르도록 하는 가장 큰 적이었다.

옛날 중국 하(夏)나라의 시조이며 성군인 우(禹) 임금 이전에는 술이 없었다. 그런데 의적(儀狄)이라는 사람이 쌀로 술 담그는 법을 발견해 처음으로 담근 술을 우임금에게 진상했다.

우임금은 "세상에 이렇게 맛 좋은 것이 있는가" 하며 한 잔 또 한 잔을 거듭하는 동안 거나하게 취했다. 그리고는 정신을 차리고 "너무나 맛이 좋다. 후세에 반드시 이 술 때문에 나라를 망치는 자가 나오게 되리라"고 했다. 그리고는 이후 술 한 방울도 입에 대지 않았으며 의적도 멀리했다. 그런데 그의 후손인 11대 걸(桀) 왕은 술과 매희(妹喜)라는 계집에 빠져 나라를 망쳤다.

그런가 하면 셰익스피어는 "좋은 술은 잘 마시기만 하면 좋은 친구가 된다. 술에 대한 험담을 삼가라"고 그의 희극 「오셀로」에서 말했으며, 술은 하나님께 제물로 드릴 정도로 좋은 음식이기도 했다.

또한 레드 와인은 강력한 항산화 플리페놀 성분이 있어 과식 과음으로 인한 신체에 미치는 부정적 영향을 억제하는데 도움을 준다. 뿐만 아니라 포도주는 심장병 예방과 수명 연장에도 효과가 있다는 연구 결과도 있다.

물론 술은 권할만한 것은 못되지만 경우에 따라 꼭 필요한 것이 술이다. 지나침 없이 알맞게 한두 잔 아내와 함께 또는 친구와 함께 마시는 술은 분위기에 따라 인생의 의미를 부여한다.

아내는 술을 안 했지만 와인 한 잔 쯤은 분위기에 따라 마시곤 했다. 그리고 당시는 아내도 건강해 큰 걱정 없이 지내고 있을 때였다. 그러나 아내가 떠난 지금은 와인의 시고 떫은맛보다는 달고 감미로웠던 맛의 기억만 떠오른다.

그 뿐 아니라 40년간의 긴 여로를 동행하며 희로애락을 함께 했던 아내에 대한 추억 속에는 힘들고 어려웠던 기억보다는 기쁘고 행복했던 순간들의 추억만 더 떠오른다.

봄이면 지상의 모든 산천초목에 싹이 나서 자라 화려한 꽃을 피우고, 가을이면 열매를 맺는 자연의 섭리를 따르며 생존해가는 삼라만상(森羅萬象)이 신비롭고 아름다운 것처럼, 아내 또한 세상의 많은 사람들 중 봄에 아름다운 새싹처럼 태어나 곱게 성장하여 꽃을 피우고, 이른 가을 열매를 맺고 아쉽게 떠났다.

그런 아내의 모습을 회상하면서 텅 빈 집 식탁 앞에 홀로 앉아 와인 한 잔을 앞에 놓고 지난날을 생각하며 한숨과 눈물을 삼키고 있다.

그날 세상을 떠나가던 그 순간의 모습은 마치 시집 온 새색시가 풀먹인 모시옷을 차려 입고 첫 친정 나들이를 떠나는 그 모습 같았다.

인생의 가치와 추억이 아름다운 것은 목숨 다하는 날까지 함께 하지 못하고 사랑하는 이를 먼저 떠나보낸 미안함과 아쉬움 때문이리라. 65세의 나이로 남은 가족에게 슬픔을 남겨주고 떠났지만, 아내보다 더 많은 삶을 살고 있는 다른 여성들 못지않게 한 점 부끄러움 없이 세상을 살다 갔다. 아내의 떠남은 사라지는 것이 아니라 영원을 향한 새로운 삶의 시작인 것이다.

와인 한 잔에 대한 추억이 20년이 흐른 지금 그때를 회상하며, 식탁 위에 한 잔의 와인을 놓고 추억의 긴 끈을 잡고 있지만 밴프에서 함께 느꼈던 와인의 감미로운 향기는 느낄 수 없다.

역시 추억 속에서의 사랑은 아름답다. 그리고 아름다운 것이 추억이다. 그러나 아름다운 추억에 집착한들 무슨 소용이 있겠는가.

와인 잔을 물끄러미 바라보며 집착으로부터 오는 인생의 번뇌를 모닥불에 모두 살라버리고 싶다. 키케로(Cicero, BC 106~43)의 말처럼 "감사하는 마음은 가장 고귀한 미덕일 뿐만 아니라 모든 미덕의 아버지이다"라는 말을 가슴에 새기며, 모든 것에 감사함으로 마음의 진정한 자유를 누리려 한다.

아부란 나쁘기만 한가?

에머슨은 "우리가 아첨을 좋아하는 것은 우리의 호감을 사야 할 만큼 남들이 우리를 중요하게 여기고 있다는 뜻"이라고 했으며, 디오게네스는 "아첨꾼의 이빨이 가장 무섭다"고 했다.

공자는 『논어(論語)』「학이편(學而篇)」에서 "교언영색 선의인(巧言令色 鮮矣仁)"이라고 했다. 즉 남의 환심을 사려고 교묘한 말과 아첨하는 낯빛을 하는 사람은 인이 부족하다고 한 것이다.

그리고 고대 그리스 인들도 아부를 인간의 약점을 이용해 사회를 무너뜨리는 불법의 잔재주로 여겼다. 심지어 「실낙원」의 시인 존 밀턴은 사탄을 최고의 아첨꾼으로 보았다. 특히 아첨꾼에게 최악의 악명을 부여한 단테는 「신곡」에서 아첨꾼을 폭군, 자살자, 불경자, 남색가, 고리대금업자가 득실거리는 7번 지옥의 바로 위에 있는 8번 지옥에 살도록 만들었다.

그러나 아첨을 모르는 대표적인 사람으로 그리스 철학자 디오게네스(BC 412?~323)만한 사람도 없다. 그리스인들로부터 이상(理想)의 현자(賢

者)로 추앙받고 있는 그에게 한 젊은이가 "어떤 짐승에게 물리는 것이 가장 위험한가요?"라고 묻자, 디오게네스는 "밀고자의 이빨이 가장 치명적이고, 아첨꾼의 이빨이 가장 무섭다네"라고 대답했다.

이처럼 디오게네스는 아첨꾼을 경계했으며, 스스로도 아첨을 하지 않았다. 그 일례는 알렉산더 대왕과의 대화에서 잘 나타난다.

어느 날 디오게네스가 통 속에서 일광욕을 하고 있을 때 알렉산더 대왕이 방문했다. 그리고는 디오게네스에게 소원을 물었다.

"나는 그대의 소원을 다 들어줄 수 있소. 그대는 뭘 원하오?"

"아! 그러시다면 몸을 비키셔서 폐하의 그림자가 나를 가리지 않게 해 주십시오. 그것뿐입니다. 그런데 폐하께서는 지금 무엇을 바라고 계십니까?"

"그리스를 정복하길 바라오."

"그리스를 정복하고 난 다음에는 무엇을 바라시겠습니까?"

"아마도 소아시아를 정복하길 바라겠지."

"그 다음에는 또 무엇을 바라시겠습니까?"

"온 세상 전부를 정복하길 바라겠지."

"그러면 그 다음엔 또 무엇을…?"

"그렇게 하고 나면 아마도 좀 쉬면서 즐겨야 하겠지."

"이상하군요. 왜 지금 당장 좀 쉬면서 즐기지 않습니까?"

이 말을 들은 대왕은 크게 웃으면서 말했다.

"내가 알렉산더가 아니라면 바로 디오게네스가 되고 싶구나."

이 말에 디오게네스가 대답했다.

"저는 디오게네스가 아니라면 폐하가 아닌 어떤 사람이 되어도 좋습니다."

이처럼 디오게네스는 두려움을 몰랐다. 목숨 외에 그가 잃을 것은 아무것도 없다고 믿었기 때문이며, 행복을 향한 지름길이 스스로 자족을 통한 안심과 기존의 가치 및 관행에서 벗어난 자유에 있다고 보았다.

기록에 보면, 두 사람은 BC 323년 같은 해에 세상을 떠났다. 그러나 전설에는 알렉산더 대왕과 같은 날 죽었다고 한다. 이 날 두 사람은 저승으로 가기 위해 건너야 할 강변에서 만나 인사를 주고받은 뒤 알렉산더 대왕이 말했다.

"다시 만났군. 정복자와 노예가 말이오."

"그렇군요. 다시 만났습니다. 정복자 디오게네스와 노예 알렉산더가 말입니다. 정복만을 향한 열정의 노예였던 당신과 모든 정열과 욕망을 정복한 정복자 이 디오게네스가 말입니다."

그런가 하면 에머슨(Emerson Ralph Waldo, 1803~1882)은 "우리가 아첨을 좋아하는 것은 우리의 호감을 사야 할 만큼 남들이 우리를 중요하게 여기고 있다는 뜻이기 때문이다"라고 했다. 또한 "1000kg의 성실성보다 1온스의 아부가 값진 가치를 지닌다"며 아부의 필요성을 강조하기도 했다.

이처럼 아첨의 역사는 그리스 이래 유구하다. 권력자 주변에는 잘 보이기 위하여 아첨하는 자들이 몰려드는 것은 예나 지금이나 다름없다. 그렇다고 세상의 모든 아첨은 무조건 금기되어야 할 도덕적 타락이라고 매도할 수만은 없다.

우리는 남의 장점이나 잘한 일을 말로 표현할 때 이를 칭찬이라고 한다. 마음을 움직이는 칭찬은 잠재 능력을 개발하고 실천 의지를 유발시켜 행동을 촉진해 인생을 변화시킨다.

상대의 환심을 사면서 진심으로 다른 사람을 칭찬하면 상대는 늘 기분 좋게 느끼고 당신에 대해서 좋은 감정으로 갖게 된다. 그래서 칭찬은 많이 하면 할수록 좋다.

그러나 장점도 없고 잘한 것도 없는데 있다고 하거나 과장해가며 진실과 다르게 좋은 표현을 하는 것이 아부다. 아부는 거짓 칭찬인 것이다. 그런데 프랜시스 베이컨은 아부에도 선의의 아부와 악의의 아부가 있다고 했다.

상대방에 해를 입히기 위하여 악의에 찬 아부를 한다든가 상대방에게 환심을 사서 자기의 이익을 얻으려는 것은 악의의 아부지만, 환자에게 "전에 비해 건강하게 보인다"는 식으로 구체적인 동기 없이 단순히 사실이나 진실을 과장하여 칭찬하는 것은 선의의 아부다. 의기소침한 상대방의 의욕을 돋우기 위하여 한 것이기 때문이다.

이러한 아부는 동서고금을 막론하고 인간 사회에는 반드시 존재했다. 그 이유는 인간이 창조된 동기와도 무관하지 않다.

하나님께서 인간을 여타 생물들과 달리 창조한 이유에 대해 신학자들은 세 가지로 요약하고 있다.

첫째는 하나님 자신이 인간으로부터 인정받기 위하여, 둘째는 사랑을 받기 위하여, 셋째는 섬김 받기 위해서라고 했다.

그런데 인간은 하나님이 창조하실 때 자기의 형상대로 하셨다(창세기 1:27). 그래서 인간도 하나님처럼 남에게 인정받고 사랑받고 섬김 받기를 원한다. 자신을 좋아해주고 호의적인 평가를 해주기 바란다. 허영심이나 자긍심을 충족시켜주고 영예롭게 해주거나 특별한 존재로 인정해주기를 바란다.

이와 같은 인간의 욕망을 충족시켜 주는 일련의 행위가 아부고 칭찬이다. 그래서 아부가 필수적으로 인간 사회에는 존재하고 또 먹혀 들어가는 이유가 되는 것이다.

『명예를 가볍게 여겨라』는 책을 쓴 사람도 표지에는 자신의 이름을 표기하고, "이 세상에는 어떤 절대적 진리는 없다"라고 주장한 사람도 누군가가 "논리적으로 당신의 주장도 진리가 아니다"라고 토를 달면 언짢아한다.

이처럼 아부가 먹히는 이유를 생리학적으로 설명할 수 있다. 칭찬이나 아부를 받을 때 사람은 매우 기분 좋은 생화학 반응을 뇌에서 일으키게 되는데, 이것이 포유동물의 혈액 속에 있는 혈관수축물질, 즉 세로토닌(Serotonin)의 작용 때문이라고 한다.

사람은 누구나 남에게서 아첨이나 칭찬을 받으면 이 세로토닌이 요동쳐 행복감에 잠겨 어쩔 줄은 모르게 된다. 지위가 높은 사람일수록 더욱 그 효과가 크게 작용한다는 것이다.

그래서 세로토닌은 모든 생명체의 삶의 기본 물질이라고 할 수 있다. 세로토닌은 행복감뿐만 아니라 통증과 허기를 전달하는 감각을 둔화시키고 정신적 안정을 이루는 물질로도 밝혀졌다.

칭찬이나 아부를 받는 사람은 내용이 진실이나 허위 여부를 판단하기 전에 또한 상대방의 의도가 무엇인가를 따지기 전에 만족감에 잠기게 된다는 것이다. 반대로 세로토닌 수치가 낮아지면 우울증이 생겨 자살을 기도하거나 자포자기 상태에서 범죄를 저지르기도 한다.

칭찬이나 아부가 없는 사회는 메마른 대지와 같다. 고통을 환희로, 사악한 대지 위에서도 선한 것을 볼 수 있는 선량한 눈을 뜨게 하는 힘을 부여하는 것이 아부이자 칭찬의 효과다.

현대인들은 자신의 생각보다 타인이 자기를 바라보는 시각을 더 중시

한다. 4000년 전 이집트의 고관이 쓴 처세서(處世書)에도 "높은 사람이 웃으면 따라서 웃으라"는 대목이 있다.

아부는 먼 옛날부터 기만, 이간, 모함 등을 위한 기법이라는 부정적인 시각보다는 사회생활의 윤활유로서 또는 대화의 조미료로서 권장되어 왔다고도 할 수 있다.

셰익스피어의 희극 「헨리 5세」의 내용에도 우정에는 아첨이 있다는 대사가 나온다.

나는 아내의 최고 아첨꾼

나는 아내의 기저귀를 갈아줄 때면 이렇게 말한다.

"참 이상해. 당신의 기저귀에서는 고소한 콩가루 냄새가 나. 아마 당신은 나의 천생연분인가 봐."

그리고 듣기에 거북한 말은 아예 하지 않고 오직 좋은 말만 골라 한다.

"가뭄으로 오랫동안 땅 속에서 잠자던 씨앗이 봄비를 맞고 싹이 텄어. 나에겐 긴 세월동안 보이지 않던 사랑이 이제 당신의 병상에서 싹이 터 무럭무럭 자라고 있어. 당신 덕분이야. 감사해."

"우리가 서로 사랑해야 할 이유가 무엇인지 알아? 우주의 별은 몇 천만 개나 될까? 그리고 이 세상의 도시는 몇 만 개나 될까? 태초로부터 지금까지는 몇 억 년이나 되었을까? 또 앞으로는 몇 년이나 더 이어질까? 이 세상 인구는 60억 명쯤이라지만 그 전에 있었던 사람과 앞으로 태어날 사람들을 합치면 누구도 그 숫자를 알지 못해. 그런데 왜 당신과 나는 지금 이곳에 함께 있지? 그리고 나의 아내는 당신…, 나는 당신의 그이…. 그러니까 우리는 사랑하지 않으면 안 돼."

"똑같이 보이는 풀잎들 속에 네 잎 클로버가 있듯이 무수한 여인들

중에 당신이 있었어. 당신을 만난 것은 행운이었고, 그 순간부터 나의 행복은 시작되었어. 우리 함께 인생의 보물섬을 찾아 열심히 노를 저어 갑시다."

"하늘에는 태양만 있는 것이 아니라 달과 무수한 별들도 있어. 또 바다 속에서는 고래만 사는 것이 아니고 수많은 물고기들이 살고 있어. 그러나 웬일일까? 내 마음 속에는 오직 당신만이 존재할 뿐이니…. 오직 인간다운 목소리를 들려주는 것은 당신뿐이야."

나는 이런 식으로 병상의 아내에게 책에서 읽은 내용이나 생각나는 것 등 무엇이든지 듣기 좋은 말만을 해준다. 아내가 진심으로 받아들이건 받아들이지 않고는 별개의 문제다.

그리고 가끔 아부성 시를 지어 아내에게 읽어주곤 한다. 남들이 들으면 입이 부끄럽고 귀가 간지러울 것이다.

민들레꽃

새벽이슬 길가에 민들레꽃이 피었습니다.
늦여름 철지나 핀 사연 알 수 없어도
신비롭고 아름답게 보이는 것은
내 곁에 당신이 있기 때문입니다.

햇볕에 아침이슬 스러지니 벌이 날아듭니다.
벌이 날아드는 것은 철지나 핀 사연 때문도
꽃이 아름답기 때문도 아닙니다.
꽃 속엔 당신의 향기가 있기 때문입니다.

사 랑

사랑!

이 한 단어를 알기 위해 이리 긴 세월 살았나 봅니다.

사랑!

이 짧은 한 마디 전하기 위해 오늘 하루를 주셨나 봅니다.

사랑!

이 한 마디 전하고 나니 불만과 좌절과 아픔이 사라지고

기쁨의 보람만이 넘쳐납니다.

의기소침한 환자의 의욕을 돋우기 위한 것이라면 그 무엇을 가리겠는가. 에모토 마사루(江本勝)의 『물은 사랑을 원한다』에서, 물을 앞에 놓고 사랑이나 인류애 같은 아름다운 말을 속삭이면 그 물이 아름답고 투명한 결정체를 이루지만, 바보 같은 어두운 말에는 일그러진 결정체로 응답한다고 했다. 당연히 아름다운 말은 그 파동이 아름다울 수밖에 없다는 것이다.

물에게 "사랑해"라고 말을 하면 물은 쑥쑥 자라나서 자유롭게 결정체를 이루는 것처럼, 환자에게도 사랑의 말을 전하면 파동이 아름다워 나의 건강 에너지가 파장을 타고 환자의 몸에 진달된다는 것이다.

그렇다. 봄은 아지랑이를 타고 오고, 가을은 빨간 고추잠자리를 타고 온다. 그리고 전기는 전선을 타고 들어와 어두운 밤을 밝혀준다.

그러나 축복과 행복은 누구에게나 잘 보이지는 않지만 그 통로는 너무나 내 가까이 있다. 바로 내 입술이다. 입술을 통해 오는 말 한 마디, 서로의 따듯한 대화에서 축복과 행복이 온다. 말은 생각에서 오며, 그

고귀한 생각에는 빛이 있듯이 참된 말에는 향기가 있다.

내가 환자에게 전하는 향기로운 말 한 마디가 의기소침한 상대방의 의욕을 돋운다. 새소리가 시끄럽게 들리면 마음의 병이 있다는 신호이고, 아름답게 들리면 정서가 있고 여유가 있다는 증거다. 환자에게는 말뿐만 아니라 나뭇가지를 스쳐가는 바람 소리, 풀벌레 소리, 창가에서 속삭이는 빗소리 모두가 다 아름답게 전달되도록 해야 한다.

더구나 아내는 산을 사랑하고 나무와 풀잎을 사랑한다. 비록 그 이름은 잘 모르지만 들꽃을 보고 그냥 지나치지를 않는다. 풀잎에 맺힌 이슬 한 방울을 보고도 눈에 이슬이 맺힐 적이 있다. 붉게 타오르는 저녁노을을 보고 눈시울을 붉힌다. 작은 것 하나라도 하나님의 은혜라고 믿는 사람이다.

이 같이 해맑고 순수한 그에게 전달되는 작은 말 한 마디 한 마디가 모두 투병에 필요한 에너지가 될 것이 분명하기 때문이다.

건강은 보약으로 지켜지는 것이 아니다. 사랑과 진솔한 말을 통한 건강한 정신으로 지켜진다.

웃음과 건강

15초 웃으면 이틀을 더 산다. 언제나 밝게 웃는 사람을 만나라. 멀리 있는 복이 저절로 찾아든다. 장수하는 사람, 친구가 많은 사람의 공통점은 웃으며 사는 사람이다. 봄에는 꽃과 함께 웃고, 여름에는 물과 함께 웃고, 가을에는 열매와 함께 웃고, 겨울에는 눈과 함께 웃자.

웃음과 눈물

웃음의 반대말은 눈물이다. 이처럼 눈물과 웃음은 상반된 단어지만 많은 면에서 공통점과 연관성을 가지고 있다. 눈물도 거짓이 있고 웃음도 거짓이 있다. 눈물도 감동을 받을 때 나오고 웃음도 감격하여 기쁠 때 웃는다.

'악어의 눈물(Crocodile Tears)'이라는 게 있다. 악어가 큰 고깃덩이를 삼키며 흘리는 눈물은 참회와 진실의 눈물이 아니고 위선과 허위를 상징하는 눈물이라는 뜻이다.

인간도 감성을 자극하여 동정심을 유발하기 위해 허위 눈물을 흘리는 사람이 많다. 그러나 우리가 소망을 가지고 흘리는 눈물, 기도할 때 흘리는 눈물, 승리의 기쁨으로 흘리는 눈물은 순수하고 가식이 없다.

눈물에도 격이 있고 질이 있다. 사람은 슬픔에 울고 기쁨에 울고 감동에 운다. 그리고 용서와 화해와 감사의 눈물은 더 뜨겁다.

그래서 시인 정호승 님은 눈물과 인생의 깊은 의미에 대해 「내가 사랑하는 사람」이라는 시에서 감명적으로 노래했다.

나는 눈물이 없는 사람을 사랑하지 않는다.
나는 눈물을 사랑하지 않는 사람을 사랑하지 않는다.
나는 한 방울 눈물이 된 사람을 사랑한다.
기쁨도 눈물이 없으면 기쁨이 아니다.
사랑도 눈물 없는 사랑이 어디 있는가.
나무그늘에 앉아 다른 사람의 눈물을 닦아주는 사람의 모습은
그 얼마나 고요한 아름다움인가

눈물에 담긴 애환과 감동은 어떤 면에서 보면 인생의 참모습이다. 우리는 눈물을 머금고 살아야 하고, 눈물을 참아가며 살아야 하고, 눈물 속에서 행복을 느끼며 눈물과 함께 살아야 한다. 이것이 인생이다.

나는 아내의 병상을 지키며 많은 눈물을 흘렸다.

슬픔의 눈물, 참회의 눈물, 기쁨의 눈물, 감동의 눈물 그리고 감사의 눈물도 수없이 흘렸다. 특히 2002년 아내가 뇌종양 수술을 받은 후 의식이 돌아오지 않아 가슴 졸일 때 13일 만에 눈을 뜨고 나를 알아보며 "얼음물, 시원한 콜라"를 달라고 힘들게 말할 때 흘린 눈물은 환희와 감격과 감사 그리고 미래의 소망이 가득 찬 질과 격이 가장 높았던 눈물이었다. 하지만 인생에는 눈물이 있기에 웃음도 있다. 나는 웃음을 잃지 않고 아내와 함께 하기 위해 많은 노력을 했다. 웃음이 건강에 좋다는

이유에서였다.

그러나 아픈 사람을 웃게 하기란 결코 쉬운 일이 아니다. 몸이 아픈데 어떻게 웃음이 나오겠는가. 그렇지만 아내의 건강과 행복을 위해 어떻게든 웃도록 만들어야 했다. 아니 우리는 웃음으로써 마음의 병도 치유할 수 있다.

하나님은 이 세상에서 가장 많은 고통을 받는 동물에게 웃음의 능력을 주셨다고 한다. 그 중 인간이 근심 걱정과 고난을 가장 많이 겪고 있기에 사람에게만 소리 내어 웃는 능력을 주신 것이다.

웃음에는 형태에 따라 여러 종류가 있다.

소리 내지 않고 눈으로 가볍게 웃는 눈웃음, 비웃는 듯이 코로 웃는 코웃음, 큰소리로 호기스럽게 웃는 너털웃음, 마음 없이 거짓으로 웃는 헛웃음, 소리 내지 않고 예쁘게 웃는 미소(微笑), 떠들썩하게 웃는 홍소(哄笑), 소리 내어 크게 웃어대는 대소(大笑), 큰소리로 갑작스레 웃는 폭소(爆笑), 그리고 흐뭇한 표정으로 큰소리 내어 웃는 파안대소(破顔大笑) 등이 있다.

모두가 건강에 좋은 요소임에 틀림이 없다. 그래서 예로부터 일소일소(一笑一少) 일노일로(一怒一老)라는 말이 전해져 내려오고 있다. 한 번 웃으면 한 번 더 젊어지고 한 번 화를 내면 그만큼 늙어진다는 뜻이다.

날개를 단 후 울기만 하는 매미의 수명이 왜 짧은가? 그 이유는 역설적으로 일노일로에 비유하는 사람도 있다. 아마 사람들을 웃기기 위해서 한 말인 듯싶다.

진짜 웃음과 가짜 웃음

18세기 프랑스의 심리학자 기용 뒤센은 입 꼬리가 말려 올라가고 눈에서는 빛이 나며 눈가에서는 주름이 잡히는 웃음을 가리켜 행복한 감정을 표현하는 진짜 웃음이라고 했다.

이 감정은 뇌의 좌반구가 활성화될 때 느끼는 것으로 긍정적인 감정을 만들어낸다. 아기가 엄마를 볼 때 짓는 미소가 바로 이것이다. 이 미소야말로 진짜 미소로서 심리학자 기욤 뒤센의 이름을 따 '뒤센 미소(Duchenne smile)'라고 한다.

이 미소와는 정반대로 항공기 여승무원들이 억지로 짓는 미소를 따서 붙인 '팬 아메리카 미소(Pan-American smile)'란 것이 있다. 이 미소는 입 주위의 근육 외에는 거의 사용하지 않는다. 이것이 가짜 미소다.

사람들에게 뒤센 미소를 보여주면 상대방도 따라 미소를 짓고, 전보다 더 안정을 갖고 긴장이 완화된다고 한다. 그래서 행복의 척도는 눈가에 주름이 잡히는 뒤센 미소라는 것이다.

웃음은 왜 좋은가

미소는 친구를 만드는 첫 단계로 몇 마디 말보다 더 큰 힘을 가지고 있다. 사람들은 자신에게 미소 짓는 사람들에게 쉽게 마음을 열 뿐 아니라, 미소를 지으면 기분을 좋게 만드는 화학물질이 분비됨으로 더 행복해진다.

그리고 웃음이 따르는 유머는 스트레스 호르몬인 코르티솔을 크게 줄여줄 뿐 아니라 새로운 인간관계를 형성해줌은 물론 기존의 관계를 굳건하게 해주는 사회적 윤활유 역할을 한다.

미소 짓는 사람은 젊게 보인다. 웃으면 건강에 좋은 엔돌핀과 세로토닌 및 뇌의 모르핀 분비를 촉진시킨다. 모르핀 하면 마약의 모르핀을 연상하기 쉽다. 그러나 뇌 내의 모르핀은 독성이 없을 뿐 아니라 효능

면에서도 마약 모르핀의 5~6배가 된다.

일본전원도시후생병원장(日本田園都市厚生病院長) 하루야마 시게오(春山茂雄)는 그의 저서 『뇌내혁명(腦內革命)』에서, "뇌의 모르핀이야말로 하나님께서 인간에게 주신 유쾌하게 살고 병에 걸리지 않고 오래 살라는 가장 큰 선물"이라고 했다.

이 모르핀은 플러스 발상을 생활화하면서 긍성적이고 발전적으로 즐겁게 사고할 때 뇌에서 분비된다. 반대로 화를 내거나 심하게 스트레스를 받으면 노르아드레날린(Noradrenalin)이라는 독성 호르몬이 분비되어 노화를 촉진시키고 모든 병의 원인을 일으킨다.

그래서 웃음은 만병통치약이며 천연 진통제가 되기도 한다. 척추 통증이 심한 강직성 척추염을 웃음을 이용해 치료한 예도 있다. 환자가 10분 동안만 배꼽이 빠져라 하고 신나게 웃으면 마취 효과가 일어나 적어도 두 시간 동안은 통증을 느끼지 않고 수면을 취할 수 있었기 때문이다.

또한 크게 웃으면 상체운동을 하는 것과 같은 효과를 본다. 웃고 나면 육체적인 기쁨을 느끼게 되는데, 근육 긴장이 풀리고 폐를 마사지하는 것과 같으며 호흡이 안정되고 혈액순환이 잘 이루어진다.

또한 웃음은 면역체계를 강화하여 백혈구의 생성을 돕기도 한다. 특히 이 백혈구는 행복 세포라고 부르는데 병의 감염을 예방하는 역할을 한다. 웃음은 잠과 마찬가지로 몸을 편안하게 하고 마음을 유쾌하게 하며 피로를 풀어준다. 웃음은 창의력을 자극하여 작업장에서 생산성을 높인다.

웃을 때 근육이 움직이면 모든 장기의 조직이 마사지를 받는 효과가 난다. 게다가 혈액에 산소를 충분히 공급하고 임파액이 흐르도록 한다.

웃을 때 혈관의 왼쪽 벽을 이루는 조직이 확장되어 심장에 전달되는 혈액량이 22%나 증가된다. 그래서 많이 웃으면 혈관 내벽이 건강해져서 심혈관 질환과 부정맥증세 위험을 줄일 수 있고 심장마비 횟수도 크게 줄일 수 있다.

배우자가 사망한 사람도 슬픔을 웃음을 통해 이겨낼 수 있다.

그래서 의사들은 막스 브라더스(Marx Brothers, 독일계 유대인 5형제로 구성된 미국의 희극팀)의 코미디 영화나 만화책을 건강을 위해 많이 보도록 권장한다. 여자들의 평균수명이 남자들보다 7세가 더 높은 것도 여자가 남자보다 더 많이 웃기 때문이다.

나는 아내의 건강을 위해 웃기려고 최선을 다했다

아내는 병마와 싸우다가도 제자들이 찾아오거나 교회의 어린이 오케스트라 합창단이 찾아와서 찬양예배를 드릴 때는 환한 웃음을 띠고 기분이 좋아진다. 이때는 몸속에 부족했던 전해질 수치도 많이 개선된다. 그래서 나는 여러 가지 방법을 동원해 아내가 즐겁게 웃을 수 있도록 최선을 다했다.

이솝 우화나 웃음을 자아내는 동서양의 고사를 들려주고, 밖에서 들은 재미있는 유머도 메모해 와 들려주며 웃겼다. 어떤 때는 안경을 쓰고 아내 앞에서 안경을 찾는 치매증 환자의 연극도 해 웃겨주기도 하고, TV 프로의 코미디 프로는 빠지지 않고 시청하게 한다.

웃지 않을 때는 발바닥과 목 주위를 간질이며 억지로 웃게 했다. 아기들이 부모가 간지럼을 태우면 좋아하는 것처럼, 아내도 나와 깊은 유대감에서 즐거움을 느끼며 웃음을 터뜨린다.

유대인 격언에 "웃음의 꽃은 슬픈 시대에 더 아름답게 피어난다"는 말이 있다. 그들은 이 격언대로 웃음을 잃지 않는 태도로 나치의 압제를 이겨낸 것이다. 그래서 아내도 힘든 투병생활을 웃음으로 극복했으면 좋겠다.

15초 웃으면 이틀을 더 산다고 한다. 우리 다 함께 웃으며 행복하게 살자. 언제나 밝게 웃는 사람을 만나야 멀리 있는 복이 저절로 찾아든다. 장수하는 사람들, 친구가 많은 사람들의 공통점은 웃으며 사는 사람들이다. 봄에는 꽃과 함께 웃고, 여름에는 물과 함께 웃고, 가을에는 열매와 함께 웃고, 겨울에는 눈과 함께 웃자.

마음이 가는 길

성실은 하늘의 길이고 성실을 실천하는 것이 사람의 길이다(誠者天之道也 誠之者人之道也). 길에는 몸이 가는 길과 마음이 가는 길이 있다. 몸이 가는 길은 갈수록 지치지만 마음이 가는 길은 멈출 때 지친다. 비탈길을 힘겹게 걸어갈지언정 인생에는 결코 지름길은 없다. 어려울 때 서로 힘을 합치면 그게 바로 지름길이다.

길은 처음부터 있었던 것은 아니다. 사람들이 하나 둘씩 다니면서 길이 생겨난 것이다. 그리고 다른 사람들도 그 길을 따라다니게 되면서 길의 형상이 생기고 큰 길이 되었다.

또 사람들의 편리성을 위해 인위적으로 길은 만들어졌다. 이처럼 길에는 인간과 인간, 인간과 자연, 자연과 자연 그리고 마음과 마음, 더 크게는 우주의 삼라만상이 한데 어울려 공존공영하며 사랑이 오가고 이치와 순리에 합당한 눈에 보이지 않는 또 다른 길이 있다.

이와 같이 길에는 눈에 보이는 길과 보이지 않는 길이 있다. 눈에 보이는 길이 몸이 가는 길이라면, 눈에 보이지 않는 길은 마음이 가는 길이다. 몸이 가는 길은 걸으면 걸을수록 지치지만 마음이 가는 길은 걸으면 걸을수록 행복하다.

눈에 보이는 길은 그 길을 통한 교통량이 많으면 많아질수록 인간 사회는 발전되어 간다. 중세 로마가 세계를 제패했을 때에는 모든 길은 로마로 통했다. 그러나 길이 생긴 데는 그 이유가 있고 뜻이 있다. 실크로드는 아시아 대륙을 가로질러 중국과 서아시아, 지중해 세계 등을 연결하는 교통로(交通路)로 자갈과 진흙, 모래뿐인 황량한 사막이었다.

유럽의 귀족사회는 누에라는 생물을 중국에서 가져오면서 감탄을 금치 못했다. 누에에서 비단이 나오기 때문이다. 흔히 실크로드라고 알려진 이 거친 길은 누에에서 나오는 실크에서 비롯된 이름이다.

그리고 이 실크로드 중에서 초원의 길이라 불리는 천산북로(天山北路)가 생겼다. 사막의 오아시스를 중심으로 도시가 생겨나고, 또 그 도시들을 연결하는 오아시스 길이 뚫려 험준한 텐산 넘어 풀이 자라고 물이 흐르는 넓은 초원으로 연결된 것이다.

이러한 사막과 초원의 환경은 극단적이지만 동전의 양면처럼 한 세트의 자연이다. 높은 텐산에 걸린 구름이 눈비가 되어 떨어지는 곳은 초원이 되고, 그 산 너머에는 비 한 방울 구름 한 점도 찾아보기 어려워 사막이 되었다.

사막과 초원에 사는 사람들의 생활과 문화 또한 너무나 다르다.

사막의 오아시스에 살고 있는 작은 정착지는 사방이 죽음의 사막으로 둘러싸여 있기 때문에 떠날 수 없어 농사를 짓는 정착민들이 사는 반면에, 초원에 사는 이들은 양떼를 키우기 위해 초원을 찾아 끊임없이 이동해야 하는 유목민들이다. 유목민들에게 정착이란 곧 고통이며 죽음이다. 어느 한 곳에 오래 머무르면 양떼가 먹을 풀들이 바닥나기 때문이다.

정 반대의 길을 사는 것 같은 정착민과 유목민은 역사적으로 서로를 필요로 하던 보완적 존재들이었다. 기동력이 강하고 전투력을 갖춘 초원의 유목민들은 사막 정착민들을 다른 외적의 침략에서 보호해주고, 그 대가로 오아시스에서 나는 식량과 필수품을 공급받을 수 있었다.

그 외에도 실크로드에는 7세기 무역상들의 모습과 천산남로(天山南路)에 위치한 최대의 오아시스 도시국가 호탄 왕국을 비롯한 화려하고 섬세한 당나라의 문화가 유럽으로 전해졌다.

이탈리아 베네치아의 상인이자 탐험가 마르코 폴로(Mar'co Po'lo)가 이 남로를 거쳐 중국을 찾아왔다. 당시 그가 쓴 『동방견문록(東方見聞錄)』에 의하면, 호탄 왕국은 비단, 면화, 모직, 옥 등 상품이 풍부한 최대의 오아시스 도시국가로 군림했다. 그 후부터 실크로드는 유럽에서 중국으로 이어지는 중요한 무역로가 되었다. 목초와 향료, 보석과 아울러 새로운 종교와 문화가 이 무역로를 통해 중국으로 들어오기도 하고 나가기도 했다.

이처럼 동서양을 잇는 실크로드를 따라 우리나라의 개성상인들도 1500년 전 인삼을 팔기 위해 당나라를 거쳐 로마로 간 기록이 있다. 이탈리아에는 베니스 상인이 있고, 일본에는 오사카 상인이 있듯이 우리나라에는 전통적으로 우수한 상술을 펼쳤던 개성상인이 있었다.

절약과 절제, 근면과 성실, 신용과 협동 그리고 자기 분야에서 최고를 추구하는 등 오늘날까지 상업의 원칙이 될 만한 상도와 철학을 남겼다. 개성상인은 한반도에서 나오는 인삼이라는 상품을 이미 1100년 전부터 해외로 수출하여 외국의 재화를 벌어들일 줄 알던 상인들이었다. 조선의 특산품인 인삼을 중국 상인들에게 팔아 그것을 중국 전역에 퍼지게 하였으며, 또한 그 상품이 아시아를 가로 질러 중동지방이나 멀리 로마까지 갈 수 있도록 상술을 펼쳤다.

특히 동물적인 상적 감각과 시대의 흐름을 읽고, 변화의 코드를 읽어

내어 소비자의 기호와 입맛에 맞는 제품을 만들었으며, 자신의 사업에 몰두하는 집중력과 한 우물을 팠으며, 장인정신으로 아들이나 손자에까지 이어졌다.

이처럼 이 눈에 보이는 길을 따라 개성상인의 발길이 중앙아시아와 중동 및 유럽에까지 오갔다. 그런가 하면 예루살렘도 유럽, 북아프리카, 중동으로 향하는 물품의 집산지로서의 역할을 수행했다.

옛 실크로드 주위에 있는 나라들은 오늘날 지구상에서 가장 복음화되지 않은 곳이다. 복음을 받아들이기를 줄곧 거부해 온 3개의 가장 강력한 종교, 즉 이슬람교와 불교, 힌두교를 믿는 종교인이 많은 지역이기도 하다. 현재 전 세계 미전도 종족 그룹의 90% 이상이 실크로드 주변과 중국 주변의 국가들에 살고 있다.

인생행로에는 이정표가 없다

이처럼 길 중에는 눈에 보이는 길 외에도 우리 눈에 보이지 않는 소중한 길, 인생행로가 있다. 이 길은 우리가 반드시 걸어야 할 인생 삶의 길이다. 이 길은 지나고 보면 아주 짧고도 덧없는 길이지만 걸을 때는 멀고도 험하고 힘겨운 길이다.

그래서 우리의 삶은 하나의 길을 따라가는 여정이다. 그 여정에는 수만 갈래의 길이 있으며, 우리는 그 중 하나를 택해서 걸어가야 한다. 하지만 그곳에는 어느 길을 택해야 할지를 가리켜주는 이정표가 없다. 때로는 엉뚱한 길로 빠져 삶의 뒤안길에 서서 생각하면 가지 못했던 길에 회한이 가득할 때도 있다. 차라리 그때 그 길로 갔더라면 하고….

그래서 미국의 시인 로버트 프로스트(1875~1963)는 「가지 않는 길」이란 시를 통해 인생 여정을 노래했다.

The Road not Taken

— Robert Frost

Two roads diverged in a yellow wood.
And sorry could not travel both
And be one traveler, long I stood
And looked down one as far as I could
To where it bent in the undergrowth:

Then took the other, as just as fair.
And having perhaps the better claim…
Oh, I kept the first for another day !

I shall be telling this with a sigh
Somewhere ages and ages hence:
Two roads diverged in a wood, and I…
I took the one less traveled by.
And that has made all the difference.

가지 않는 길

노랗게 물든 숲 속으로 난 두 갈래 길.
몸 하나로 두 길을 택할 수 없어
아쉬운 마음으로 그곳에 서서

한쪽 길이 덤불 속으로 굽어든 저 끝까지
한참을 그렇게 바라보았네.

그리고 다른 쪽 길을 택했다.
똑같이 아름답고 그 길이 더 나을 법했네…
아, 번서 길은 나중에 가리라 생각했는데!

지금으로부터 먼 훗날 어디에선가
나는 한숨 쉬며 말할 것이다.
어느 숲 속에서 두 갈래 길 만나
나는 사람이 적게 다니는 길을 택했노라고
그리고 그것 때문에 모든 게 달라졌다고.

그 누구든 지금까지 걸어왔던 길을 후회한들 이미 되돌아가기에는 너무 늦었다. 내가 만난 수 갈래 길 중 많은 사람을 따라가지 않고, 사람이 별로 다지지 않는 길일지라도 정말 가치 있고, 내가 좋아서 택한 길이니 이 길을 믿으며 터벅터벅 성실하게 한 발자국이라도 앞으로 더 나아가면 된다.

그러나 걸어온 뒤안길을 돌이켜 보면 누구나 아쉬움과 후회는 있는 법이다. "내 사전에는 불가능이 없다"고 했던 나폴레옹도 만년에 자기가 살아온 길을 회상하며 "나는 수많은 계획을 세웠지만 실행한 것은 거의 없다"고 후회했다. 괴테 역시 "인생은 스스로 완전한 길을 걷는다고 했지만 내 일생 걸어 온 길에 즐거웠던 시간은 불과 4주뿐이었다"며 자신이 걸어온 길을 후회했다.

그러나 우리가 택한 길이 아무리 복잡한 여정이라 해도 삶의 도덕적 궤도를 따라가며 만족한다면 그 길이 최선의 길이요 행복의 길이다.

이성과 양심을 따라가는 길이 올바른 길

인간이 존귀한 인격의 주체가 된 것은 이성과 양심이 있기 때문이다. 인간이 만물의 영장이 되고, 지구의 주인이 되고, 문명의 건설자가 되고 역사의 창조자가 된 것은 이성과 양심을 가졌기 때문이다.

이성(Reason)은 사물의 이치를 생각하는 능력이요 논리적으로 판단하는 힘이다. 이성은 합리적으로 사고하는 능력인 동시에 도덕적으로 실천하는 윤리적 능력이다. 그래서 인간은 로고스(Logos)의 존재다. 로고스는 그리스 어로 말이요 이성이요 이론이다. 이성이야말로 인간 본래의 성품인 신성(神性)과 일치한다. 하나님은 태초에 인간을 자기의 형상대로 창조하셨다(창 1 : 26-27), 이성과 양심이야말로 타락하기 전의 인간 본래의 성품인 것이다. 그래서 신성과 일치된다.

또한 양심(Conscience)은 착한 마음이요 올바른 도덕적 감각이다. 양심은 선과 악을 구별하고 악을 피하고 선을 택하며, 선을 행하면 만족과 기쁨을 느끼고 악을 범하면 고통과 가책을 느끼는 도덕적 판단 능력이다.

철학자 칸트는 '양심은 내적 법정'이라고 했다. 양심은 우리 마음속에 있는 도덕의 재판소로, 우리 인간은 악을 범하면 양심의 가책을 받는다. 그래서 우리는 남을 속일 수 있어도 자신의 양심을 속일 수는 없다.

양심은 비본래적 자기(非本來的 自己)를 버리고 본래적 자기(本來的 自己)로 돌아가라는 실존의 깊고 준엄한 목소리다. 또한 내 생명의 심층(深層) 속에서 성령께서 내 영혼에게 속삭이는 목소리이기도 하다. 그래서 양심은 '신의 목소리'다.

일찍이 철학자 소크라테스는 어렸을 때부터 다이모니온(Daimonion)의 소리를 들었다고 한다. 소크라테스의 다이모니온은 가슴속 깊은 곳에서 들려오는 신비스러운 양심의 소리요, 생명의 심층에서 속삭이는 영혼의 소리였다. 소크라테스는 이 소리에 따라 행동했다. 다이모니온은 소크라테스를 지켜주고 이끌어주는 생명의 수호신이었다. 우리는 마음의 청진기를 가슴에 대고 양심의 소리에 조용히 귀를 기울여야 한다.

양심은 도덕적으로 지·정·의(知·情·意)의 세 가지 기능을 수행한다. '지'는 그 행동은 좋다, 나쁘다, 옳다, 그르다를 판단하는 지적 기능(知的機能)을 말하고, '정'은 선을 행할 때 만족의 기쁨을 느끼고 악을 범했을 때 가책과 고통을 느끼는 정적 기능(情的機能)을 말하며, '의'는 악을 피하고 선을 행하라고 명령하는 의지적 기능(意志的機能)을 말한다.

양심은 인생의 준엄한 채찍이다. 인간은 양심의 가책을 느끼기 때문에 스스로 반성하고 참회하고 옳은 길을 택하게 된다. 양심은 인격 향상과 자아성장의 빛과 힘이며, 인간이 인간답게 하는 근본이며, 의(義)의 거처(居處)요 도덕(道德)이 사는 집이다.

독일의 시인 하이네(Heine. Heinrich, 1797~1856)는 "인간을 비치는 유일한 등불이 이성이요, 인생의 어두운 길을 인도하는 유일의 지팡이가 양심이다"고 했다. 이성의 등불과 양심의 지팡이를 가지고 있기 때문에 인간은 존귀한 인격적 존재가 되었다.

올바른 길에는 자기와의 싸움이 있다

싸움은 인간이 피하려 해도 피할 수 없는 운명이다. 철학자 칼 야스퍼스는 "싸움은 인간의 어쩔 수 없는 한계 상황(限界狀況)의 하나"라고 했으며, 프랑스의 문학가 빅토르 위고도 “오늘의 문제는 싸우는 것이요, 내일의 문제는 이기는 것이요, 모든 날의 문제는 죽는 것이다”고 했다. 그러면서 인간에게는 ‘자연과의 싸움, 인간과의 싸움, 자기와의 싸움’ 이 세 가지 싸움이 있다고 했다.

또한 위고는 이 세 가지 싸움을 그리기 위하여 세 편의 유명한 문학 작품을 썼다. 자연과의 싸움을 그린 「바다와 노동자」, 인간과 인간의 싸움을 그린 「93년」, 자기와의 싸움을 그린 「레미제라블」이다.

유럽에서 바이블 다음으로 많이 읽힌 명작 「레미제라블」은 주인공 장 발장의 마음속에서 벌어지는 선과 악의 치열한 내적 투쟁의 결과 마침내 선한 자아가 악한 자아를 이기는 용감한 승리를 감동적으로 그린 세계 문학의 금자탑 가운데 하나다. 이처럼 인간의 마음은 선의 저장소인 동시에 악의 소굴이다.

그런가 하면 파스칼(Pascal)은 “인간은 천사와 사탄의 중간 존재”라고 했다. 내 마음속에 있는 천사가 사탄을 이기면 선한 인간이 되지만, 악마에게 지면 추악한 동물로 전락한다고 했다. 토스토에프스키 역시 “인간의 마음은 신과 악마의 싸움터, 선과 악의 싸움터, 영육의 각축장, 로마신화의 쌍면신(雙面神) 야누스의 두 얼굴이 있는 곳”이라고 말했다.

원시 불교의 경전(經典) 수타니파타에서는 ‘내면의 분노와 그 원천인 탐욕, 아집, 어리석음을 없애는 것이야말로 인간다운 일이다’라고 한다.

근심은 애욕(愛慾)에서 생기고, 재앙은 물욕(物慾)에서 생기며, 허물은 경망(輕妄)함에서 생기고, 죄는 참지 못하는 데서 생긴다. 그래서 “육신의 정욕과 안목의 정욕과 이생의 자랑과 같은 모든 인간적인 욕망과 우리 마음속에 숨어 있는 우상들과 세상 자랑들을 갈보리로 보내자. 그것만이 천국 가는 지름길이다(요일 2:16).”라고 했다.

무지가 나의 눈을 가리고, 편견이 나의 판단을 흐리게 하고, 독선이 나의 이성을 마비시키고, 아집이 나의 총명을 혼탁하게 하고, 독단이 나의 지혜를 우둔하게 하고, 허영이 나를 어리석게 만들고, 과욕이 나를 어둡게 하고, 교만이 나를 미련하게 한다.

그래서 송나라의 거유(巨儒) 왕양명(王陽明)은 "외부의 적과 싸워 물리치기는 쉬워도, 내부의 적과 싸워 이기기는 어렵다(破山中賊易 破心中賊難)"고 했다. 선을 행하기 위해서는 노력이 필요하지만 악을 피하기 위해서는 더 큰 노력이 필요한 것이다. 따라서 우리가 인생의 올바른 길을 가기 위해서는 이성의 등불과 양심의 지팡이를 들고 내 마음속에 있는 수많은 적들과 부단히 싸워 이겨야 한다.

아내와 함께 걸어온 길

나는 아내와 40년을 희로애락을 함께 하며 인생 여정을 걸어왔다. 그 길을 함께 걸어오면서 수 갈래의 길을 만났지만, 우리가 택한 길은 나름대로 윤리적 판단과 이상을 가지고 순수한 자아의 세계에서 행복을 추구하며 살아온 길이었다.

그 길은 우리에겐 최선의 길이었고 행복한 길이었다. 비탈길을 힘겹게 걸어 왔을지언정 인생에는 결코 지름길이 있다고 생각하지 않았다. 어려울 때 아내와 서로 힘을 합쳐 성실하게 동행하는 길이 바로 지름길이었다. 우리가 함께 걸어온 길에는 고락간의 변함이 없는 길이었다. 기쁨과 행복은 함께 하고 슬픔과 불행은 기피하는 일은 결코 없었다.

역사학자 토인비는 과거에 사는 민족과 현재에 사는 민족과 미래에 사는 민족이 있다고 했다. 민족의 자랑과 영광을 과거에서 찾을 것이 아니라 미래에서 창조해야 한다는 뜻이다. 개인도 마찬가지다. 나와 아내는 과거에 머물지 않고 미래를 향해 행복을 추구해 왔다.

나는 이 행복을 추구하기 위해 여섯 가지의 마음가짐을 항상 가슴에 담고 우리의 길을 택하며 걸어왔다.

① 의는 사람이 가야 할 바른 길(義人之正路也)이다. 바른 마음을 가지고 바른 길을 택하며 걸어라.

② 부정과 악과 불의의 길을 가면 반드시 파멸과 불행에 빠지고 만다.

③ 정(正)은 우리가 설 자리고 의(義)는 우리가 갈 길이다.

④ 하늘의 뜻에 순응하는 자는 살아남고 하늘의 뜻에 거역한 자는 망한다(順天者存, 逆天者亡)고 맹자(孟子)는 역설했다.

⑤ 세상의 모든 일은 하늘의 뜻을 따르고 인심에 부응(副應)하며 순리를 따라야 한다.

⑥ 하늘을 본받고 하늘에 순응하라. 이것이 순천사상(順天思想)이요 천인합일(天人合一)의 원리다.

그러나 살아오면서 몇 %의 성과가 있었는지의 채점표는 아직 나오지 않았다. 내가 세상을 떠날 때 사람들에 의해 평가될 것이지만 낙제 점수만이라도 면했으면 하는 바람이다.

그렇지만 인생은 무엇이 되느냐가 중요한 것이 아니라 어떻게 사느냐가 더 중요하다. 죽는 날까지 하늘을 우러러 한 점 부끄러움 없이 살기를 소망하지만 쉽지 않다. 특히 세상의 온갖 풍상을 다 겪어 본 사람이라면 그 실현이 얼마나 어려운 것인지를 잘 안다.

나는 하늘을 우러러 한 점 부끄러움이 없기는커녕 내 주변에 있는 모든 사람들을 대할 때마저도 부끄러움이 많은 길을 걸어온 것 같다. 회개하며 주님께 용서를 빈다.

서 시

죽는 날 까지 하늘을 우러러
한 점 부끄러움이 없기를
잎새에 이는 바람에도
나는 괴로워했다.
별을 노래하는 마음으로
모든 죽어 가는 것을 사랑해야지
그리고 나한테 주어진 길을
걸어가야겠다.
오늘 밤에도 별이 바람에 스치운다.
—윤동주

용서와 복수

늑대에게 외로운 양으로 보이면 계속 당하다가
결국엔 잡혀 먹힌다.
이것이 생존의 법칙이다.
빼앗기는 것은 적선하는 것과 다르다.

용서는 남이 아닌 자신을 위한 것

세상을 살면서 크건 작건 남에게 상처를 주거나 상처를 받아보지 않은 사람은 아마 없을 것이다. 나 또한 알게 모르게 남에게 상처를 주면서 살아온 죄인임에 틀림이 없다.

1975년 한가위 때의 일이다. 만삭이 된 아내와 어린 세 딸을 데리고 서울 개봉동 집에서 김포까지 택시를 대절해 부모님을 뵈러 갔다. 그리고 택시를 돌려보내면서 추석 다음 날 오후 5시까지 오기로 약조하고 요금을 미리 지불했다. 그런데 그 택시기사는 오지 않았다. 우리 집 전화번호도 적어주었다. 나는 그 택시기사를 믿고 택시번호와 기사 이름을 적어 놓지 않았는데, 아마 이를 악용했던 것 같다.

나와 아내는 다음 날 출근을 위해 어린 것들을 데리고 상경할 수밖에 없었다. 어린아이와 만삭의 아내는 발 디딜 틈도 없는 콩나물 시외버스에 시달리며 겨우 집으로 올 수 있었다. 그런데 집에 도착하자마자 아내는 산기가 있어 입원을 하고, 그날 늦게 막내 기봉이를 낳았다. 하마터면 버스에서 아기를 낳을 뻔했다.

또 어느 날은 퇴근해 집에 돌아왔는데 아내가 망연자실(茫然自失) 넋을 잃고 한숨만 쉬며 눈물을 흘리고 있었다. 퇴근길에 버스에서 내려 집으로 걸어오는 길에 봉급과 상여금이 든 핸드백을 오토바이 날치기에 당한 것이다. 이처럼 크고 작은 일들을 남에게 무수히 당했다.

우리 부부는 "더 큰 불행을 당하고 사는 사람들을 생각하자"며 서로를 위로하고 잊어버리려 했지만 쉽게 잊히지 않았다. 그 후로 나는 작은 것도 세심히 기록하는 습관을 가졌고, 아내는 가방 끈을 어깨가 아닌 몸에 가로로 해 메고 다니는 습관을 가졌다. 큰 대가를 지불하고 얻은 교훈인 셈이다.

이처럼 나를 고통스럽게 만들고 상처를 준 사람들을 용서한다는 것은 쉬운 일이 아니다. 용서 대신 미움이나 나쁜 감정을 키워나갈 경우 자신의 마음의 평화만 깨질 뿐이다. 그러나 우리를 힘들게 하고 상처 입힌 누군가가 있기 때문에 우리는 그들에게 용서를 베풀 기회를 얻게 되고, 용서함으로써 내 마음은 평화를 찾는다.

용서는 우리에게 상처를 준 사람들을 받아들이는 것만을 의미하는 것이 아니라 그들을 향한 미움과 원망에서 스스로를 해방시키는 일이다. 그러므로 용서는 자기 자신에게 베푸는 가장 큰 사랑이자 선물이다.

그렇지만 용서는 보통사람이 하기 어려운 가장 큰 마음의 수행으로 다음의 좋은 사례가 있다.

남편에게 배신당한 어느 여인이 남편을 증오하고 저주하고 있었다.

하루는 한 천사가 하나님의 심부름으로 그에게 내려와 그녀의 마음을 달래기 위해 “만일 당신이 원하는 것을 말하면 다 들어주겠다. 단지 당신의 남편에게는 그 두 배의 축복이 있을 것이다”라고 했다. 곰곰이 생각하던 그 여인은 “그럼 나의 눈 하나를 멀게 해 달라고 했다.” 그녀의 눈 하나를 멀게 됨으로서 그가 저주하는 남편의 두 눈을 멀게 해 달라는 뜻이다.

지금 이 순간 내 기억 속에 있는 사람들의 죄를 용서하자. 남을 용서함으로서 나 자신을 용서받을 수 있고, 가슴에 맺힌 것이 풀리고 자유로워지면 세상이 넓고 환하게 보인다. 용서는 상처를 영광으로 만드는 하나님의 축복이다. 용서함으로 원한과 증오가 기쁨과 행복으로 변한다.

과거의 잘못을 단죄해야 한다는 증오에 찬 얼굴이 아니라 과거를 용서할 수 있는 밝고 평화로운 모습, 이것이 바로 화해와 용서에서 오는 사랑의 축복이다.

성경에도 “요셉의 크고 놀라웠던 축복도 원수를 용서하고 그들의 죄를 잊기로 선택한 순간부터 더 풍성하였다”(창 44)고 했으며, “땅을 밟고 사는 우리는 모든 것을 받아들이는 땅에서 자비와 용서의 정신을 배워야한다”고 법정 스님도 용서와 관용을 강조하였다.

그렇다. 용서는 행복의 기술이다. 용서는 나 자신에게 베푸는 가장 큰 사랑이며, 용서한다는 것은 상대를 위해서만이 아닌 자신을 위한 것이기도 하다. 이는 상대편의 해방보다 자신의 해방에 더 비중을 실린다고 해도 과언이 아니다. 상대의 미운 감정으로부터 내가 자유로워지는 것이다.

사람이 엄청난 잘못을 했는데 어떻게 용서할 수 있을까? 아마 쉽게 용서가 될 수 없을 것이다. 그래서 용서하는 마음을 수행이라고 말한다.

가끔은 자신에게 질문을 던져보자. 세상을 살면서 다른 사람에게 잘못한 일이 없었는지, 그렇다면 앞으로도 계속 잘못을 하지 않고 살 자신이 있는지 말이다.

보석에도 흠이 있듯이 세상에 완벽한 사람은 하나도 없다. 그래서 서로를 용서하면서 더불어 살아가야 한다.

마음속에 미움을 품고 살면 누구나 불행하다. 아무도 미워하는 사람이 없을 때 진정한 자유를 누릴 수 있으며, 우리의 마음은 편하고 행복해진다. 그래서 용서가 자신에게 베푸는 최고의 사랑인 것이다.

불가에서는 행복을 소욕지족(少慾知足), 즉 '욕심을 없애고 족할 줄 아는 것'이라고 했다. 그리고 성경에서는 "노하기를 더디 하는 것이 사람의 슬기요, 허물을 용서하는 것이 자기의 영광이라"(잠언 19 : 11)고 했고, "만일 네 형제가 죄를 범하거든 경고하고 회개하거든 용서하라. 만일 하루에 일곱 번이라도 네게 죄를 짓고 일곱 번 네게 돌아와 내가 회개하노라 하거든 너는 용서하라 하시더라"(눅 17 : 3-4)고 했다.

복수

그러나 잘못하거나 죄를 지은 이들에게 관용을 베풀고 용서하는 것은 그 대상에 따라 달라져야 한다. 늑대에게 외로운 양으로 보이면 계속 당하다가 결국엔 잡혀 먹히기 때문이다. 이것이 생존의 법칙이다.

야비한 놈에게는 예의가 없다. 참고 넘어가면 얕잡아보고 더 큰 것을 빼앗으려 한다. 반대로 빼앗기는 것은 적선하는 것과 다르다. 빼앗은 사람은 그것을 자신의 정당한 노력으로 얻은 것이라고 착각하고, 돌고래나 햄스터가 먹이에 길들여져 같은 행동을 반복하는 것처럼 또 범죄를 저지른다. 아랍의 유목민인 베두인(Bedouin) 족엔 이런 이야기가 전해온다.

한 노인이 칠면조 고기를 먹으면 젊어진다는 이야기를 듣고 천막 근처에서 칠면조를 키웠다. 그런데 어느 날 누군가 칠면조를 훔쳐갔다. 노인은 아들들을 불러 칠면조를 찾아오라고 했지만, 아들들은 "칠면조 한 마리가 그렇게 중요하냐?"며 아버지의 말을 따르지 않았다. 그리고 몇 주 뒤 다시 낙타를 도둑맞고, 또 몇 주 뒤에는 말이 없어졌다. 아들들이 어떻게 하느냐고 물을 때마다 노인은 칠면조를 찾아오라고 했다. 그런데 몇 주 뒤 노인의 딸이 강간을 당했다. 노인은 이렇게 말했다. 모든 것이 칠면조 때문이다. 놈들은 칠면조를 빼앗아가도 괜찮다는 것을 알았기 때문이다.

—토머스 프리드먼『베이루트에서 예루살렘까지』에서

1931년 흉악한 살인범 클레이는 사형선고를 받고 싱싱형무소의 전기의자에 앉아 사형을 당할 때 과연 그는 "수많은 사람을 죽였으니까 내가 이렇게 된 것도 다 자업자득이지"라고 참회 했을까? 결코 그렇지 않았다. "나는 나 자신을 지키려고 했던 것일 뿐인데 억울하게 이런 꼴을 당하다니!" 이것이 그의 마지막 말이었다.

암흑가의 왕자 알 카포네 또한 일찍이 시카고를 손아귀에 쥐고 흔들며 전 미국을 공포의 도가니로 몰아넣었던 흉악범이었지만 자신을 악한이라고 생각지를 않았다. 오히려 그는 "내 생애에 황금기를 바쳐 가며 사람들을 도와주고 즐겁게 해주기 위해 노력했는데, 그 대가가 온 세상의 비난과 범죄자란 낙인뿐이란 말인가!"라고 자신을 정당화 했다.

보통 사람들이 자신의 잘못을 시인하고 회개하고 용서를 빌기란 어렵다. 무고한 민간인을 인질로 삼는 비열한 범죄자에게 관대하면 그 같은 행동을 반복하도록 부추기게 된다. 그래서 하나님께서도 가나안을 정복하는 여호수아에게 가나안 거주민들을 남김없이 죽이라고 했던 것이다. 이는 하나님의 사랑이 없어서가 아니다.

이렇게 남에게 원한을 품게 한 사람들은 당한 사람들에게 또는 하늘의 뜻에 따라 복수로서 지은 죗값을 받게 된다. 복수에는 "사람은 하늘의 뜻에 따라 순리대로 남을 배려하며 살아가라"는 교훈이 있다.

자연의 섭리를 무시하고 세상만사를 힘으로만 다스려 나가면 반드시 반동이 온다. 고무공을 강한 힘으로 누르면 그 고무공은 힘을 견디다 못해 결국 폭발하고 만다. 그래서 옛날 성현들은 "하늘의 이치를 따르는 사람은 흥하고 하늘의 이치를 거스르는 사람은 망한다(順天者興 逆天者亡)"고 했다.

정치도 이와 같아서 자연의 섭리대로 물 흐르듯 덕(德)으로 다스려 나가는 정치를 왕도정치라 하고, 자연의 섭리를 무시한 힘으로 행하는 정치를 패도정치라고 불러왔다.

이처럼 악정(惡政)으로 백성 위에 군림하여 국민들의 한 서린 악정을 베푼 군주들이 얼마나 많았던가. 그들의 말로는 반드시 좋지만은 않았다. 그래서 역사 속에는 세상 위에 군림하여 막강한 권력을 휘두른 군주도 백성의 복수에 의하여 패망의 길을 걸었다.

그래서 역사 속에는 세상 위에 군림하여 막강한 권력을 휘두른 자도 나약한 여인의 한 서린 원한에 의하여 맥없이 죽어 간 사례가 무수히 많다. 그 중 진시황제(秦始皇帝)(주 해설 4 참조)와 청(淸)나라 옹정제(擁正帝)(주 해설 5 참조)가 대표적 예일 것이다.

이처럼 복수를 꿈꾸는 사람들은 세상을 증오하고 미워하는 사람들이다. 사소한 개인적인 감정 때문에 분노를 다스리지 못하고 내 마음 속에 상대의 종말을 바라고 있을 때 더욱 구체화된다.

하지만 그 복수가 자신을 파괴하는 행위라는 사실을 잘 알고 있다. 복수하는 사람들은 자신이 돌아갈 수 없다는 것을 잘 알고 있다. 앞으로 갈 뿐이고 돌아갈 수 없다는 것도 잘못되었다는 것도 알고 있다. 피가 흘러넘치는 지옥으로 스스로 걸어가는 것임을 알면서도 그 길을 걸어간다. 그럼에도 복수를 꿈꾼다.

그래서 복수는 마음속에서 꿈틀대는 욕망이고, 모든 것을 파멸로 이끄는 앞잡이이며, 자신의 상실에 모든 것을 바치는 숭고한 희생이 따른다. 그리고 마음을 증명하는 가장 확실한 증거이기도 하다.

가장 위대한 복수는 관용이라고 했다. 일본의 소설가 무라카미 류는 "삶은 곧 축제다. 즐겁게 살지 않는 것은 죄다. 나를 괴롭혔던 사람들에게 내가 해줄 수 있는 있는 유일한 복수는 그들보다 즐겁게 사는 것이다. 그들의 귀에 나의 즐거운 웃음소리를 들려주는 것이다"라고 했다.

그런가 하면 베이컨은 "복수를 하려고 생각하는 자는 고의로 자기의 상처를 그대로 둔다. 그렇게 하지 않는다면 상처는 완전히 아물 것이다"라고 했다.

동심(童心)

우리 다 함께 어깨동무를 하고
동심으로 돌아가자.
그곳엔
연두색 새싹이 희망과 함께 자라고 있다.

아내는 어린이들을 지극히 사랑하는 교육자였다. 학교에서는 물론 집에서도 아이들의 꿈을 키우는데 정열을 쏟았다. 그리고 순박한 동심의 세계에서 살다가 갔다고 해도 과언이 아니다.

우리 아이들이 어렸을 때는 「백설공주」, 「해님과 달님이 이야기」, 「토끼와 거북이」 등 아내가 들려주는 동심의 세계에서 성장했다. 그래서 엄마는 부모라기보다 친구와 같이 생각하고 대화할 때도 어른들에게 하는 공대가 아니고 친구들 간에 하는 편한 말을 사용한다.

움직이지도 못하고 장시간 휠체어에 앉아 있을 수 없어 교회 예배에는 참석하지 못했지만, 아내와 초등학교 동창인 교회 담임목사님의 배려로 라파엘 찬양대를 비롯해 많은 교우들이 수시로 집을 방문해 찬양예배를 드리곤 했다. 특히 교회의 어린이 오케스트라 연주단이 찾아와 연주하며 예배드리는 시간을 즐거워했다.

어린이 합창단이 와서 예배를 드린 뒤 함께 대화를 나누면 신장기능인 크리아틴(Creatine) 수치도, 혈액 안에 알부민 수치도, 혈압과 맥박의 수치도 좋아졌다. 확실히 어린이들과 시간을 함께 하고 나면 몸 상태는 물론이고 기분까지도 상쾌해졌다. 특히 합창단의 일원인 유빈이가 가끔 와서 플루트(flute) 연주를 해주고 가면 그렇게 즐거워했다.

사람은 기분이 좋으면 뇌에서 생화학 반응을 일으키게 된다. 이것이 포유동물의 혈액 속에 있는 혈관수축 물질, 즉 세로토닌(Serotonin) 작용이라고 한다. 아내도 어린이들과 시간을 함께 하면 이 세로토닌이 작용해 행복감을 불러일으키는 것 같다.

아내가 어린이들을 이토록 사랑하는 데는 몇 가지 이유가 있다.

어린이는 신이 만든 최고의 작품이요, 미의 극치요 아름다움의 정상이다. 어린이가 평화롭게 잠자는 모습은 흡사 어린 천사와 같다. 어린이의 맑은 웃음 속에는 아름다운 천국의 표정이 있다. 아직 더러운 때가 묻지 않았고 죄와 악의 어두운 그림자가 끼지 않았다. 또한 천진난만(天眞爛漫)은 어린이의 덕이요, 순수무구(純粹無垢)는 어린이의 자랑이다.

그래서 어린이는 민족의 희망이요 새싹이다. 창창한 미래가 있고, 위대한 잠재력이 있고 놀라운 가능성이 있다. 이 잠재력에 좋은 비료를 주고, 이 가능성에 개발의 채찍을 가하면 아름답고 풍성한 꽃을 피워 때가 되면 큰 열매를 거둘 수 있기 때문이다.

어린이는 지금 묘목에 불과하지만 20년이나 30년 후, 40년 후에는 사회의 튼튼한 기둥이 되고 나라의 믿음직스러운 대들보가 되고, 역사의 견인차가 될 수 있다. 어린이는 인생의 보배요, 가정의 보배요, 나라의 보배다. 그래서 어린이를 사랑하는 것은 무엇보다 크게 애국하는 것이다.

그러나 인생의 농사 중에서 자식 농사처럼 중요하고 어려운 농사는 없다고 했다. 자식 농사만큼은 인력으로 되지 않기 때문이다. 그래서 부모의 꿈을 성취하는 자식을 가지는 것만큼 인생에서 큰 기쁨은 없다.

독일의 시인 괴테 또한 "부모는 자기가 이루지 못한 인생의 꿈을 자식을 통해서 성취하려 한다"고 했으니, 부모의 마음은 동서양을 막론하고 다 같은 것이다. 그래서일까? 아내는 제자들 또한 자식처럼 사랑했다. 그 제자들이 사회 중견인이 되어 찾아오면, 어린 시절 가르치던 이야기를 서로 나누며 시간가는 줄 몰라 했다.

아내가 없는 지금 초등학생이었던 교회 합창단의 유빈이가 서울 예고에 진학하여 어엿한 여고생이 되었다. 주일 교회에서 만나면 아내를 위해 연주하던 일이 떠올라 고맙기도 하고 반갑기도 하다. 하지만 유빈이를 보면 떠나간 아내 생각에 억지로 눈물을 감추곤 한다.

영국의 자연주의 시인 윌리엄 워즈워드(William Wordsworth, 1770~1850)는 "나의 영혼은 훌륭한 파종기를 가진 이후로 자연이 주는 아름다움과 청순함에 의해 양육되었다"고 했다. 즉 자연이 주는 동심의 세계에서 행복을 마음 것 누리며 살았다는 얘기다. 그래서 그는 그의 시 「무지개」에서 '어린이는 어른의 아버지(The child is father of the man)'라고 노래했다.

나 역시 내 생애의 연약했던 영혼은 아내를 만남으로 진실하고 청순한 동심에서 그가 주는 공해 없는 영양을 충분히 섭취해가며 성숙되어 왔다고 자부한다.

사람의 본성은 선(善)이라는 '성선설(性善說)'을 주창한 맹자(孟子)는 동심을 성선설의 핵심 덕목으로 삼았다. 태어날 때 인간은 본시 선하므로 커서도 흰 눈 같은 동심을 지킬 수만 있다면 세상이 화평해질 것으로 믿었다. "대인이란 자신의 어릴 적 마음을 잃지 않는 자(大人者 不失其亦

子之心者也)"라고 설파한 것도 그래서다.

서양의 경우 성선설의 신봉자는 영국의 철학자이자 정치사상가로서 계몽 철학 및 경험론 철학의 원조로 일컬어지는 존 로크(John Locke, 1632~1704)와 『사회계약설』로 유명한 프랑스 장 자크 루소(Jean-Jacques Rousseau, 1712~1778)다.

루소는 그의 저서 『에밀』에서 "조물주의 손을 떠날 때는 모든 것이 선하나 인간의 손에 들어오면 다 나빠진다"고 했다. 그러니 선한 동심이 어른들에 의해 오염되지 않도록 조심해야 한다는 게 그의 철학이다.

우리나라에서 무엇보다 어린이를 사랑하고 동심을 소중히 여긴 이로는 소파 방정환(小波 方定煥, 1899~1931) 선생과 아동문학가 윤석중(尹石重, 1911~2003) 선생일 것이다.

소파는 숭고한 어린이 사랑 정신으로 일관된 애국자이자 선구적 언론인이며 교육자 및 문학가였다. 그는 아이들을 지극히 사랑했고 순박하고 천진난만한 동심을 가꾸는 방법으로 동요를 중요시했으며, 《개벽》, 《신여성》 등의 잡지를 내고 많은 글을 썼다. 1923년에는 아동잡지 《어린이》를 창간하고 윤극영, 마해송 등과 '색동회'를 만들어 어린이의 인권과 이익을 키우는 데 몰두했다.

그러나 신장염이 재발해 서른두 살의 나이로 요절하는 그 마지막 순간에도 "저승 사람이 나를 데리어 왔어. 나는 이제 가네. 어린이들을 잘 부탁하네"라는 유언을 남길 정도로 어린이를 사랑하며 어린이와 뗄 수 없는 일생을 살다 갔다. 그래서일까? 그의 동시(童詩) 「귀뚜라미 소리」는 쓸쓸한 정서가 더욱 풍긴다.

귀뚜라미 귀뚜르르 가느단 소리

달님도 추워서 파랗습니다.
울밑에 과꽃이 네 밤만 자면
눈 오는 겨울이 찾아온다고,
귀뚜라미 귀뚜르르 가느단 소리,
달밤에 오동잎이 떨어집니다.

조락과 결빙이 시작되는 늦가을 머잖아 눈이 내리고 천지가 얼어붙는 겨울을 바라보며, 미약한 생명체가 겪을 시련을 생각하고 우는 가느다란 소리다. 이 가느다란 소리는 생명의 쇠진함에서 나오는 소리다. 섬돌 밑이나 구석에서 우는 귀뚜라미 소리는 어쩐지 일제 지배하에 있는 조선 사람들의 처지와 겹쳐진다.

윤석중 선생 또한 1932년 한국의 첫 동요집인 『윤석중 동요집』을 발간하고 동요 작사에 평생을 바쳤다. 「퐁당 퐁당」, 「낮에 나온 반달」, 「기차길 옆 오막살이」, 「달 따러가자 장대 들고 망태 메고」, 「밤 한 톨 떽떼굴」 등 주옥같은 800여 곡의 노랫말이 그의 따듯한 가슴에서 나왔다. 모두가 순결한 동심을 지켜주고 아이들의 고운 꿈을 키워주는 내용들이다.

그래서 윤석중 선생의 동요에 담긴 동심에는 어른들의 슬픔이나 갈등까지 해소해주려는 밝고 아름다운 청순함마저 있다. 동심의 세계에서 어른들이 배워야 할 점이 한둘이 아니다.

아이들은 정의로움과 공평함에 민감하여 이를 중요시 한다. 그래서 동심의 세계에서는 권선징악(勸善懲惡)이 유독 강조된다. 그리고 어린이들은 불공정함을 그대로 넘어가 주지 못한다. 만약 자기가 사는 작은 집 옆에 궁전 같은 큰 집이 들어서면 사는 데 아무 불편함이 없어도 자기 집을 오막살이집으로 생각하는 상대적 상실감을 불러일으킨다. 즉 빈곤

한 것에 불만이 아니라 공정치 못한 것에 대해 상처를 받는다.

운동 경기를 보며 우리 팀이 지는 것보다 심판의 불공정 판정에 더 열을 올린다. “가난을 걱정하지 말고 불평등함을 걱정하라”는 “불환빈환불균(不患貧 患不均)”은 어른들의 세계보다 어린이 세계에서 더 큰 문제가 된다. 이런 것들이 어린이들의 꿈을 키우는 데 어른들이 주의해야 할 점들이다.

동심은 사랑과 진실과 정직함이다

아내가 평생 가졌던 어린이 사랑과 동심을 근거로 해 동심을 정의해 본다.

“동심이란 우리 모두를 위해 기도하는 향기로운 마음이다. 동심은 착하고 진실하고 정직한 마음이다. 나비에게 벌에게 바람에게 자기의 달콤함을 내주는 꽃처럼 소중함과 아름다움을 베풀어주는 마음, 이것이 동심이다. 어둠을 물리치고 삼라만상의 싹을 트게 하고 보람의 열매를 맺게 하는 따듯한 햇살도 동심 안에 있다. 그리고 동심에는 미래의 꿈이 자라고 있다.”

어른들은 동심의 세계에서 진실하고 망령되지 않는 참되고 거짓이 없는 진실무망(眞實無妄)의 천리(天理)를 배워야 한다.

행복은 누구의 것인가? 사랑하는 사람의 것이다.

아름다움은 누구의 것인가? 진실한 사람의 것이다.

정의는 누구의 것인가? 정직한 사람의 것이다.

그래서 행복과 아름다움과 정의로움은 어린이들의 것이다. 우리 다 함께 어깨동무를 하고 동심으로 돌아가자. 그곳엔 연두색 새싹이 희망과 함께 자라고 있다.

The rainbow

—William Wordsworth

My heart leaps up when I behold
A rainbow in the sky.
So was it when my life began.
So it is now I am a man,
So be it when I shall grow old
Or let me die !
The child is father of the man
And I could wish my days to be
Bound each to each by natural piety.

무지개

하늘의 무지개를 보면 내 가슴은 뛰노니
나 어린 때에도 그랬고
어른이 된 지금도 매 한 가지
내 생의 황혼에도 그러하리라.
그렇지 않으면 차라리 죽음이 낳으리라.
어린이는 어른의 아버지
바라건대 내 생애의 나날들이
자연에 대한 경건한 마음으로 충만하기를.

야성과 지성 그리고 감성

꿈을 이루고 기적을 만들어낸 사람들의 불가사의한 힘은 어디에서 비롯되는 것일까? 꿈을 현실로, 비전을 위대한 성취로, 자신만의 꿈을 찾아내고, 꿈을 향해 달려가는 불같은 동력이 야성이다.
인생은 미쳐서 살다 제정신으로 죽는다.
우리가 죽을 때 알게 되는 진실은 이것뿐이다.

원하는 것과 해야 할 것

우리 아이들은 외할머니 밑에서 자라서인지 성품이 온순하고 착하다. 나와 아내가 직장생활을 하다 보니 거의 외할머니와 생활하며 자랐다. 아내가 외동딸인지라 결혼하면서부터 장모님을 모시고 살았고, 장모님도 네 아이들을 키우는 것을 낙으로 아시고 정성을 다해 보살펴주셨다.

아이들의 옷에 때가 묻을 겨를도 없이 갈아입히고 집안은 항상 깨끗하게 정리정돈을 해주셨다. 매일 걸레를 삶아 사용하고 방이나 마루에는 실 부스러기 하나 떨어져 있는 것을 보아 넘기지 못하는 성품이시다. 얼마나 깨끗한 분인가 하면, 우리 집을 방문한 분들이 이구동성으로 지나치게 깨끗한 분이라고 말들을 한다.

그런 장모님께서 하나뿐인 외동딸이 장기간 병상에서 누워 꼼짝도 못했으니 오죽이나 마음이 아팠을까. 하루는 아픈 마음을 달래기 위해 소주 한 잔 마시고 장롱 안의 이불을 꺼내다 넘어져 고관절이 부러졌다. 수술을 하고 치료를 받았지만 92세라는 나이 때문인지 쉽게 낫지를 않았다. 교회 권사님으로 믿음도 깊고 건강하고 깨끗하게 사시다 재앙을 당한 것이다.

그 후 2년간을 꼼짝 못하시고 아내가 누워 있는 옆방에서 투병하시다 2005년 4월 14일 아내보다 3년 먼저 소천 하셨다. 강화 파라다이스 묘원에 모셨지만, 아내는 상태가 좋지 않아 병원에 입원중이라 빈소와 장례식에도 참석지 못했으며 생전에 성묘도 한 번 못 갔다.

남들은 아내와 장모님이 옆방에서 나란히 누워 투병하는 것을 보고 답답해서 숨 막힐 것 같다고 했다. 그러나 모든 인간사가 다 그런 것이라고 생각했을 뿐 고민하거나 운명을 비관해 본적이 없다. 오히려 지금도 내 자신을 부끄럽게 생각하고 돌아가신 장모님께 생전에 더 잘해드리지 못해 죄송하게 생각하고 있다. 정말 머리 숙여 회개한다.

장모님이 고관절 수술을 받고 입원한 1주일 동안은 기저귀를 갈아주며 깨끗이 몸을 씻겨드렸다. 그러나 긴 병에 효자 없다고 시간이 흐름에 따라 병간호가 싫어 간병인을 구해 대신하도록 했다. 아내의 기저귀는 10년이 넘도록 갈아주고 목욕도 씻겨주면서 장모님은 겨우 1주일이라는 사실에 내 자신이 부끄러웠다. 장모님도 부모라면서 잘해드려야겠다는 다짐 모두가 위선이라는 생각 때문이었다.

내가 원하는 것과 해야 할 것은 분명히 다르다. 어떻게 사람이 원하는 것만 하고, 하기 싫은 것을 안 하고 살 수 있겠는가. 내가 원하든 원치 않던 인간은 해야 할 것이 따로 있다. 장모님께 해드려야 할 도리를 다 하지 못한 인격의 결격자가 바로 나였던 것이다. 후회하지만 이미 장모님은 떠나고 안 계시다.

이러한 장모님의 사랑을 듬뿍 받으며 온실 안에서 자란 우리 아이들은 독립적으로 헤쳐 나가는 기질이 부족했다. 자연 그대로의 본능인 야성이 부족했던 것이다. 그래서 우리는 아이들에게 훌륭한 사람이 되려면 야성과 지성 그리고 감성을 고루 갖추어야 한다고 누누이 강조했다.

꿈을 현실로 만들어주는 불같은 동력, 야성

꿈을 이루어 낸 사람들, 기적을 만들어 낸 사람들, 그들의 불가사의한 힘은 어디에서 비롯되는 것일까?

꿈을 현실로, 비전을 위대한 성취로, 자신만의 꿈을 찾아내고, 꿈을 향해 후회 없이 달려가는 불같은 동력, 이것이 야성이다.

스페인의 작가 세르반테스는 동시대의 영국 작가 셰익스피어와 1616년 4월 23일 같은 날 죽었다고 한다. 그러나 두 사람이 창조해 낸 인물의 성격은 판이하게 다르다. 특히 「돈키호테」와 「햄릿」이 그렇다.

러시아의 작가 이반 투르게네프는 1860년 우유부단하게 고민만하다 아무것도 못하는 햄릿형 인간과 엉뚱하지만 고집스럽게 목표를 추구하며 일을 저지르는 돈키호테형 인간을 극명하게 대비시켰다. 물론 투르게네프는 쉼 없이 일을 저지르며 이상을 추구해나가는 돈키호테의 손을 들어주었다.

셰익스피어의 4대 비극(「리어왕」·「맥베스」·「오셀로」·「햄릿」) 중 하나인 「햄릿」은 왕의 아들이지만 우유부단하여 왕의 자리를 숙부 클로디어스에게 빼앗기고 비극적 종말을 맞이한다. 기회가 왔을 때 포착하지 못하는 우유부단한 성격은 결국 인생의 불행을 초래한다는 교훈을 셰익스피어는 강조한 것이다.

그래서 미국의 사상가 에머슨(Ralph Waldo Emerson, 1803~1882)은 셰익스피어의 작품을 소중하게 여겨 "이 세상 모든 도서관에 화재가 발생한다면 나는 목숨을 걸고 불 속으로 들어가 '플라톤 전집'과 '셰익스피어 전집'을 구하겠다고 말했다.

불가능하게 보여도 현실을 뛰어넘어 이상을 추구하는 인간형 돈키호테, 무모하고 바보스럽지만 그러한 사람들의 야성이 새로운 기적을 창조한다. 한 예로 미국 국무장관을 지낸 윌리엄 시워드(William Seward)의 경우를 보자.

미국 제17대 앤드류 존슨 대통령 당시 국무장관이었던 시워드는 1867년, 당시 재정 적자로 어려움을 겪고 있는 제정 러시아로부터 알래스카를 1에이커에 2센트 꼴인 720만 달러에 사들였다. 이는 미국 본토의 1/5이나 되는 광활한 땅이었다.

그는 "눈 덮인 알래스카가 아니라 그 속에 감춰진 무한한 보고를 보자. 우리 세대가 아니라 다음 세대를 위하여 이 땅을 사자"고 외치며 의원들을 설득하여 상원에서 간신히 1표 차로 매입 안을 통과시켰다.

이내 시워드가 어리석은 짓을 했다는 여론의 비난이 쏟아졌다. 그러나 20세기에 들어와서 세계는 미국과 소련을 중심으로 동서로 갈려 냉전시대가 전개될 때 알래스카는 전략적 요충지가 되고, 금광이 발견되고 석유 매장 사실까지 밝혀지면서 미국의 보물로 탈바꿈했다.

이처럼 현실과 역사는 남들이 불가능하다고 포기하는 영역을 불굴의 개척정신을 가지고 도전하는 용기 있는 사람의 몫이다. 야성은 비현실적이고 무모하게 보이지만 야성에서 새로운 기적이 창조되는 것이다.

야성을 가진 사람은 모든 것에 긍정적이고 낙관적으로 생각이 자유롭다. 그래서 아내는 "너희들은 야성을 길러야 한다"면서 아이들에게 입이 닳도록 강조했다.

기다림의 능력, 지성

지성의 국어사전적 의미는 '감정이나 의지와는 달리 사물을 개념에 의하여 사고하거나 또는 객관적으로 인식하고 판정하는 오성적(悟性的)인 능력'을 말한다. 따라서 신화와 상상의 세계(mythos)에서 이성과 인과율이 지배하는 과학의 세계(logos)로의 전환, 이것이 현대 지성인이 갖추어야 할 사고다.

야성이나 이기심, 어쩔 수 없이 나타나는 충동 등을 다독거리고 예쁘게 포장하는 것이 지성이다. 때로는 거칠고 모난 감정을 다스리고 합리적으로 사유하는 능력이 지성이다. 사물의 이치와 일이 되어가는 순서를 찾아내고, 다른 사람의 입장을 헤아리며 불필요한 갈등과 충돌을 피할 수 있는 능력이기도 하다. 즉 생각의 틀 구조의 원리로 풀어내는 문제해결 능력인 지성을 갖추려면 다양하게 지식을 섭렵하고 심도 있게 학문을 쌓아야 가능하다. 흔히 야성과 지성은 서로 어울릴 수 없는 것으로 알지만, 이 두 가지는 수레의 두 바퀴처럼 맞물려가며 균형을 이루어야 한다. 인간은 말을 타고 달리며 사색하고, 태풍이 몰아치는 뗏목 위에서도 냉철하게 사유할 수 있어야 한다.

그러나 지성의 대명사는 역시 기다림이다. 사람들은 힘들면 당장 뭐가 될까 생각하지만 때가 되어야 봄이 오고 꽃이 핀다. 추운 바람 속에서도 꽃 피는 매화가 있듯이, 힘든 일상 속에서도 참고 기다리면 하루하루 마음의 꽃이 피는 좋은 날들이 온다. 이것이 자연이고 인생이다. 이렇듯 자연은 말없이 인생의 교과서가 되어준다.

일본 전국시대를 이끌었던 주역 세 사람인 오다 노부나가, 도요토미 히데요시 그리고 도쿠가와 이에야스의 성격 비교는 "두견새가 울지 않으면 어떻게 하겠는가?"라는 예화가 『大望』(山岡莊八)에 잘 나타나 있다.

오다 노부나가(織田信長)는 "울지 않는 새는 쓸모없으니 당장 죽여라"고 명령한 반면, 도요토미 히데요시(豊臣秀吉)는 "어떤 수단을 써서라도 새를 울게 하라"고 했다. 그러나 도쿠가와 이에야스(德川家康)는 "새가 울 때까지 기다려라"고 했다.

빛을 가리고 어둠 속에서 힘을 기른다는 '도광양회(韜光養晦)'의 전략을 가지고 자신의 기반을 끊임없이 확장해가며 기다리던 도쿠가와 이에야스가 천하통일을 하고 265년간의 도쿠가와 막부(1603~1868)를 열었다.

미국의 시인 롱펠로우도 그의 명시 「인생찬가(Psalm of Life)」 마지막 구절에서, "열심히 일한 다음 기다리는 것을 배워라(Learn to labor and to wait)"고 했다. 아무리 많은 땀을 뿌리고 아무리 소중한 그 무엇을 투자하였을지라도 인내와 기다림 없이는 아무것도 이루어지지 않는다는 사실을 깨우쳐주는 교훈이다.

흙탕물을 가라앉히는 유일한 방법은 시간을 두고 오래 기다리는 것 외에 아무런 방법이 없다. 설탕물 한 잔을 먹으려 해도 설탕이 녹는 시간을 기다려야 한다. 이것이 지성이다.

마음을 움직이는 힘, 감성

감성은 내 마음을 이해하고 다른 사람의 마음을 배려하는 능력을 말한다. 지성과 대비되는 개념으로 지성을 지식과 능력과 기술로 표현한다면, 감성은 어려운 상황을 견디면서 남을 이해하고 함께 팀을 이루어 목표한 바를 이룰 수 있는 능력이라고 할 수 있다. 그러나 진정한 의미의 감성은 부드러움 속에 있는 강함을 말한다. 이러한 감성이 있는 사람만이 무엇을 보면 감격하고 환희와 행복감을 느낀다.

감격은 내 영혼에서 솟구치는 보람의 기쁨이다. 그래서 감격하는 순간은 누구나 행복하다. 반면에 감성이 없으면 기쁨과 슬픔의 눈물도 측은하게 생각하는 연민의 정도 모르는 동물로 전락한다.

소설 「대지」의 작가 펄 벅 여사가 우리나라를 방문해 경주 관광을 마친 후, 한 기자가 "가장 감명을 받은 것이 무엇이냐?"고 물었다. 이 질문에 기자들은 당연히 불국사나 석굴암, 다보탑이라는 대답이 나올 줄 알았다. 그런데 석양 길에 무거운 짐을 지게에 지고 빈 소달구지를 몰고 가는 농부가 인상적이었다는 대답을 들었다.

다른 나라 같으면 피곤한 농부들은 짐도 소달구지에 싣고 사람도 소달구지를 타고 가련만, 힘들어 하는 소를 따듯하게 배려하여 농부가 직접 지게에 무거운 짐을 지고 가는 것이 인상적이었다는 말이다. 물질적 가치보다 정신적 가치인 소에 대한 사랑과 배려를 더 중시했던 것이다. 역시 대문호다운 감성이 깃들어 있는 생각임에 틀림없다.

그런데 우리 아이들은 지성과 감성은 어느 정도 갖추었는데, 야성이 부족하다는 것이 아내의 지적이었다.

이 세 가지 덕목을 몸에 고루 간직하며 필요할 때 자유자재로 꺼내 활용하면서 스스로를 발전시켜가야 한다. 개인이나 리더나 누구나 다 야성과 지성, 감성을 통합시켜 비전을 제시하고 과감하게 추진력을 발휘하는 인간상이 이 시대는 필요로 하고 있다.

미국의 사회사업가이며 교육가인 새뮤얼 울만의 「청춘(Youth)」이란 시는 희망과 용기 그리고 야성이 듬뿍 담긴 젊음을 상징하는 시다. 젊음을 간직하고 싶은 사람이라면 노소를 막론하고 누구나 이 시를 음미해 가며 세상을 살아가면 좋을 것이다.

YOUTH

by Samuel Ullman(1840~1924)

Youth is not a time of life; it is a state of mind; it is not a matter of rosy cheeks, red lips and supple knees; it is a matter of the will, a quality of the imagination, a vigor of thc emotions; it is the freshness of the deep springs of life.

Youth means a temperamental predominance of courage over timidity, of the appetite for adventure over the love of ease. This often exists in a man of sixty more than a boy of twenty. Nobody grows old merely by a number of years. We grow old by deserting our ideals.

Years may wrinkle the skin, but to give up enthusiasm wrinkles the soul. Worry, fear, self-distrust bows the heart and turns the spirit back to dust.

Whether sixty or sixteen, there is in every human being's heart the lure of wonder, the unfailing child-like appetite of what's next, and the joy of the game of living. In the center of your heart and my heart there is a wireless station; so long as it receives messages of beauty, hope, cheer, courage and power from men and from the Infinite, so long are you young.

When the aerials are down, and your spirit is covered with snows of cynicism and the ice of pessimism, then you are grown old, even at twenty, but as long as your aerials are up, to catch the waves of optimism, there is hope you may die young at eighty.

청 춘

— 새뮤얼 울만(1840~1924)

청춘은 인생의 한 시기가 아니라 마음가짐을 뜻하나니, 그것은 장미빛 볼, 붉은 입술, 부드러운 무릎이 아니라 풍부한 상상력과 왕성한 감수성과 강인한 의지 그리고 인생의 깊은 샘에서 솟아나는 신선함을 뜻하나니.

청춘은 두려움을 물리치는 용기, 안이함을 뿌리치는 모험심, 탁월한 정신력을 뜻하나니 때로는 스무 살 청년보다 예순 살 노인이 더 청춘이라네. 누구나 세월만으로 늙어가지 않고, 우리의 이상을 잃어버릴 때 늙어가나니.

세월은 피부의 주름을 늘리지만 열정을 가진 마음을 시들게 하진 못하지. 근심과 두려움, 자신감을 잃는 것이 우리 기백을 죽이고 영혼을 시들게 하네.

그대가 젊어 있는 한 예순이건 열여섯이건 가슴 속에는 경이로움을 향한 동경과 아이처럼 왕성한 탐구심과 인생에서 기쁨을 얻고자 하는 열망이 있는 법, 그대와 나의 가슴 속에는 이심전심의 안테나가 있어 사람들과 신으로부터 아름다움과 희망, 기쁨, 용기, 힘의 영감을 받는 한 언제까지나 청춘이라네.

영감이 끊기고, 정신이 냉소의 눈(雪)에 묻히고, 비탄의 얼음(氷)에 갇힐 때 그대는 스무 살이라도 늙은이가 되네. 그러나 영감의 안테나를 높이 세우고 희망의 전파를 붙잡는 한, 그대는 여든 살이라도 늘 푸른 청춘이라네.

시간

사랑하는 사람은 항상 곁에 있어 주지 않는다.
시간은 흘러가는 것이 아니라 다가오는 것이고,
미래는 기다리는 것이 아니라 창조해가는 것이며,
현재는 주어진 것이 아니라 지배하는 것이다.

시간의 중요성

아내가 떠나고 없는 지금 돌이켜 보면 그때의 시간이 얼마나 소중한지를 느끼게 한다. 왜 좀 더 유용하게 활용하지 못했을까? 왜 좀 더 아내에게 잘해주지 못했을까? 왜 좀 더 행복한 시간을 함께 하지 못했던가? 등 많은 후회를 하게 된다.

나는 아내가 생존해 있는 동안 아내를 위해 시간을 아끼고 좀 더 효율적으로 사용했어야 했다. 정작 아내를 위해 활용해야 할 시간을 이런 이유 저런 이유로 뒤로 미루거나 다른 곳에 낭비했던 것이다.

그러나 시간만큼 깊은 의미가 있는 것도 없다. 우리는 시간의 범주 내에서 존재하고 생각하고 활동하기 때문이다. 인생의 행복과 불행, 환희와 슬픔 그리고 만족과 후회 등 모두가 흘러가는 시간에서 우리가 잠시 맞이하는 것들이다.

말하자면 인생 자체가 영원(永遠) 속에서 찰나(刹那)를 노래하는 것이지만, 인생에서 시간 관리처럼 중요한 것이 없다. 인생의 대업을 성취하는 사람들은 모두 시간을 창조적으로 활용하는 사람이고, 인생의 낙오자와 패배자들은 시간을 타락적으로 낭비하는 사람이다. 시간을 어떻게 보내느냐 하는 것처럼 중요한 것은 없다.

인생의 흥망성쇠와 행불행은 시간을 어떻게 보내느냐에 의하여 결정된다. 인간의 자본(資本) 중에서 가장 중요한 자본은 시간이라는 자본이다. 이 시간의 자본은 첫째는 만인에게 공평하게 분배되고, 둘째로 매매(賣買)할 수가 없고, 셋째는 대차(貸借)가 불가능하고, 넷째로는 저축이 불가능하다. 그리고 마지막으로 시간은 쉬지 않고 흘러간다는 특색을 지닌다.

그래서 옛사람들은 "세월부대인(歲月不待人)", 즉 "세월은 사람을 기다려 주지 않는다"고 했다. 영어에도 "Time and tide wait for no man."이란 비슷한 말이 있다. 이처럼 시간은 사랑하는 사람을 항상 내 곁에 붙들어 주지 않는다.

중국 송나라의 주자는 말했다. "소년이로 학난성(少年易老學難成) 일촌광음 불가경(一寸光陰不可輕)"이라고 했다. "소년 시절은 늙기가 쉽고 학문은 대성하기가 어렵다. 그러므로 짧은 시간이라도 소홀히 여겨서는 안 된다"라는 뜻이다.

우리는 시간이라는 배를 타고 인생이라는 바다를 항해한다.

세월은 흐르는 물과 같고, 시간은 날아가는 화살처럼 빠르다. 시간은 일순간이라도 쉬지 않고 달려가는 무한한 운동이다.

나의 젊음, 나의 시간이 늘 있으리라고 생각하지 말자. 특히 사랑하는 사람과 같이 하는 시간은 언제까지나 있는 것이 아니다. 시간의 소중함을 깨닫는 것처럼 중요한 인생의 자각(自覺)이 없듯이, 얻기 어려운 것이 시간이요 낭비하기 쉬운 것이 시간이다. 돈의 낭비보다 시간의 낭비가 더 나쁘다. 왜냐? 돈은 없다가도 열심히 벌면 또 생긴다.

그러나 한 번 가버린 시간은 영원히 돌아오지 않는다. 우리는 잃어버린 시간을 다시 찾을 수가 없다. 오늘은 두 번 있는 것이 아니다. 그런고로 옛사람은 '석시여금(惜時如金)'이라고 하였다. 시간 아끼기를 금과 같이 하라는 것이다.

"시간은 황금이다(Time is money)."

"시간은 황금보다 더 중요하다(Time is more than money)."

"시간으로 황금은 살 수 있어도 돈으로 시간은 살 수 없다."

"낭비 중에 가장 나쁜 것이 시간 낭비다."

시간의 본질과 속성

이처럼 소중한 시간은 언제부터 시작되었고, 또 언제까지 존속할 것인가. 그리고 인간은 왜 시간을 소유할 수 없고 자유자재로 관리할 수가 없는 것일까. 이러한 생각들은 누구나 한 번 쯤은 가져보았을 것이다.

시간은 오로지 하나님에게만 속해 있다. 우리는 저마다 공간의 한 부분만을 점유할 뿐이다. 시간을 점유한 사람은 존재하지 않는다. 시간은 통과의 대상이고 공간은 점유의 대상이다. 하나님은 시간을 소유하지만 인간은 시간을 소유하지 못한다. 시간은 우리 손에 미치지 않는 곳에 있다.

"시간은 창세 이전에도 하나님과 함께 존재했고, 앞으로도 영원히 하나님은 시간과 함께 창조를 계속하신다. 창조는 옛적에 단 한 번 일어난 행위가 아니다. 우주만물을 존재하게 하는 행위, 즉 창조는 끊임없이 계속되고 있다. 지금 이 순간이 있는 것은 하나님이 현존하시기 때문이다. 개개의 순간은 또 하나의 창조 행위다. 시간은 지속적인 쇄신이자 부단한 창조와 뜻이 같은 말이다. 시간은 하늘보다 더 장엄하고 경외(敬畏)롭다. 시간이 창조의 과정이라면 공간의 사물들은 창조의 결과물들이다. 공간을 바라보면 창조의 사물들이 보이고 시간을 직관하면 창조의 과정이 들린다."

—Abraham Joshua Heschel의 「안식」에서

"전지전능하신 신의 말씀은 아직 다 끝나지 않았고 하나님의 의지는 아직 다 계시되지 않았다. 신은 인간의 두뇌로는 상상할 수 없는 영원의 시간을 통해 창조하고 있고 앞으로도 창조의 역사는 계속될 것이다. 과거는 다만 신이 창조한 극히 일부만을 우리에게 보여주었을 뿐이다. 우리는 그 원천을 거의 모르고 있고, 그 궁극적인 목적을 전혀 모르고 있다. 시간과 지식 온갖 계시는 그 한계를 더욱 넓힐 뿐이다. 백 년 이백 년 시간이 흐름에 따라 그것은 우리가 극히 일부밖에 이해할 수 없는 자신의 법칙을 모색하면서 우리가 모르는 운명의 높은 곳으로 올라가는 것이다. 주세페 마치니(Giuseppe Mazzini)."

— 레프 톨스토이의 「인생이란 무엇인가」에서

"영원은 머무름이고 시간은 흐름이다. 영원은 과거 현재 미래에 항상 머물러 있는 것이고, 시간은 머물러 있지 않고 지나가는 것이다. 과거란 항상 미래에 의해 밀려나고, 미래는 항상 과거를 뒤쫓는다. 과거와 미래

는 항상 영원한 현재 안에서 창조되고 흐르는 것이다. 하나님이 천지를 창조하시기 이전에는 아무것도 만드시지 않으셨다. 시간도 하나님이 창조하셨다. 그러므로 창조 이전에는 시간이 없었다. 하나님은 시간에 앞서 시간을 초월하여 계시다. 하나님은 태초에 이 세계를 시간 안에서 창조하시지 않으시고 시간도 함께 동시적으로 창조하셨다.

사람의 세월은 가고 오면서 모든 순간이 다 와서 지나가버려 그것으로 끝이 난다. 그러나 하나님의 세월은 흘러가지 않고 오는 시간이 가는 시간을 밀어내지 않아 항상 머물러 있고 영원무궁하다. 과거는 '이미 없고' 미래는 '아직 없는 것'이다. 하나님은 항상 현재이신 영원의 탁월성으로 모든 과거의 시간 전에도 계셨다."

—성 어거스틴의 「고백록」(St. Augustine´s Confessions)에서

위에서 세 사람이 시간을 바라보는 시각은 차이가 있다. 특히 "창조 이전에 시간이 있었는가? 아니면 시간은 하나님이 창조한 것인가?" 즉 하나님은 시간과 함께 하시는 것인가 아니면 시간을 초월하는 것인가? 등 시간의 본질과 속성은 쉽지 않은 문제다. 그래서 하나님은 너무 깊은 신비를 꼬치꼬치 파고드는 사람들을 위해 지옥을 만들고 계셨다는 말이 나온 것 같다.

그러나 시간은 인간 내면의 세계에서 기대와 직관과 기억이라는 형태로 미래, 현재, 과거로 파악하고 있는 것이 보통 시간에 대한 인식이다. 그래서 독일의 철학자이며 수학자인 라이프니치(Leibniz, 1646~1716)도 "현재는 과거를 등에 지고 미래를 잉태한다"라고 말한 것 같다.

우리가 시간에 대한 인식을 "시간은 흘러가는 것이 아니라 다가오는 것, 미래는 기다리는 것이 아니라 창조해가는 것, 현재는 주어진 것이

아니라 지배하는 것"이라고 인식할 때 시간에 대한 긍정적인 가치를 부여할 수 있는 것이다.

현재라는 시간

시간 중에서 가장 중요한 시간은 현재라는 시간이다. 러시아의 문호 톨스토이가 쓴 단편소설 「세 가지의 의문」에는, 어느 임금님이 다음과 같은 의문에 부딪히는 내용이 나온다.

① 이 세상에서 제일 중요한 때가 언제인가?

② 이 세상에서 제일 중요한 사람이 누구인가?

③ 이 세상에서 제일 중요한 일이 무엇인가?

그런데 그 임금님은 이 물음에 대한 답을 시골에서 밭을 갈고 있는 한 현인(賢人)에게서 얻었다.

이 세상에서 제일 중요한 때는 현재이고, 이 세상에서 제일 중요한 사람은 당신이 지금 만나고 있는 사람이며, 이 세상에서 제일 중요한 일은 현재 당신이 하고 있는 일이다. 이 말은 인생의 깊은 지혜가 담겨 있는 말이다.

과거는 문자 그대로 지나가버린 시간이다. 나의 기억에 존재할 뿐 나의 시간이 아니다. 그리고 기억은 휘발성이 있어 그냥 놔두면 조금씩 망각되어 간다. 그래서 철학자 아리스토텔레스는 그의 명저 『니코마코스 윤리학』에서 신(神)도 과거는 변혁시킬 수 없다고 했다.

미래는 예측 불가능한 미지의 세계다. 물론 우리는 미래를 계획하고 설계해가며 살아가지만, 미래의 시간은 나의 희망과 기대 속에 존재할 뿐이다. 결국 미래는 꿈과 믿음의 문제다. 미래는 하나님의 절대 권한에 속하는 영역이기에 인간이 미래를 예단하여 지배할 수 없다.

오직 현재만이 우리가 관리할 수 있고 활용할 수 있는 유일한 시간이다. 하나님께서 우리에게 현재만을 허락하셨기에 오늘 이 시간이 내 인생의 극치라는 것을 알아야 한다. 현재를 소중히 알고, 현재 만나고 있는 사람들에게 사랑을 베풀고 최선을 다해야 한다. 이것이 또한 하나님의 뜻이다.

우리는 인사치레로 종종 '언제 한 번'이라는 말을 자주 사용한다.

"언제 한 번 저녁식사나 하시지요."

"언제 한 번 만납시다."

"언제 한 번 찾아뵙겠습니다."

"언제 한 번 모시겠습니다."

그러나 '언제 한 번'이란 시간은 존재하지 않고 오지도 않는다. 따라서 사랑과 진심이 담긴 인사라면 '언제 한 번'이라는 말은 하지 말아야 한다. 사랑과 진실은 미루는 것이 아니기 때문이다.

오늘, 사랑하는 사람은 항상 내 곁에 있어주지 않는다

영국의 사상가 토머스 칼라일(Thomas Carlyle, 1795~1881)의 시 가운데 오늘의 중요성을 강조한 「오늘」이라는 시가 있다.

Today

—Thomas Carlyle(1795~1881)

So here hath been dawning
Another blue day;
Think, wilt thou let it

Slip useless away?

Out of Eternity
This new day was born;
Into Eternity,
At night, will return,

Behold it afore-time
No eye ever did
So soon it for ever
From all eyes is hid

Here hath been dawning
another blue day
Think, wilt thou let it
Slip useless away?

오 늘

자 오늘도 또 한 번
파란 날이 새었다.
생각하라 내 어찌 이 날을
헛되이 보낼 것인가

영원으로부터
이 새 날은 생겨나
영원 속으로
밤에는 돌아간다.

이 날을 미리
본 눈 없었고
어느 새 영원히
모든 눈으로부터 사라진다.

자 오늘도 또 한 번
파란 날이 새었다.
생각하라 네 어찌 이 날을
헛되이 보낼 것인가?

오늘이 내 인생의 마지막 날이라고 생각하며 살자. 그러면 우리는 진지해질 수밖에 없고, 성실해질 수밖에 없고, 엄숙해질 수밖에 없다.

또한 사랑하는 사람은 항상 내 곁에 있어주지 않는다. 떠나간 사람을 생각하고 슬퍼하고 후회한들 무슨 소용이 있겠는가.

"권태의 시간은 허무한 시간이요, 안일의 시간은 병든 시간이요, 무기력의 시간은 맥 빠진 시간이요, 나태의 시간은 죽은 시간이다. 또한 활동의 시간은 살아 있는 시간이요, 창조의 시간은 보람 있는 시간이요, 성취의 시간은 흐뭇한 시간이요, 독서의 시간은 정신을 풍성하게 하는 시간이요, 대화의 시간은 우정을 돈독하게 하는 시간이요, 기도의 시간은 영혼을 정화시키는 시간이요, 합창의 시간은 마음을 하나로 만드는 시간이요, 근로의 시간은 보람을 느끼게 하는 시간이요, 수련의 시간은 인격을 강건케 하는 시간이요, 사색의 시간은 정신을 상쾌하게 하는 시간이요, 사랑의 시간은 행복한 시간이다."

어제는 이미 과거 속으로 사라진 날이요, 미래는 아직 오지 않은 날이다. 지금 내가 살고 있는 날은 오늘이다. 지금 내가 쓸 수 있고 활용할 수 있는 날은 오늘뿐이다. 그러므로 오늘을 사랑하고, 오늘 하는 일에 정성을 쏟고, 오늘 만나는 사람을 따듯하게 대해야 한다.

오늘은 영원 속에 오늘이다. 오늘처럼 중요한 날은 없고 오늘처럼 소중한 시간은 없다. 때문에 오늘을 사랑해야 한다. 이미 가버린 과거에 연연하여 애착하지 말고, 아직 오지 않은 미래를 공연히 걱정해서는 안 된다.

인간의 일생은 오늘의 연속이다. 오늘이 30번 모여 한 달이 되고, 오늘이 365번이 모여 한 해가 되고, 오늘이 3만 여 번 모여 우리의 일생이 되는 것이다. 우리는 시간의 창조적 활용자가 되어야 한다.

인생을 사랑하는 자는 시간을 사랑하고, 인생을 낭비하는 자는 시간을 낭비한다. 오늘을 사랑하여라. 오늘을 감사하여라. 오늘을 열심히 살아라. 아침에 일어나면 높은 하늘을 우러러보고 밝은 태양을 바라보고 신선한 공기를 마시며 감사해야 한다.

그리고 "오늘 하루를 건강의 하루, 활동의 하루, 환희의 하루, 발전의 하루, 성취의 하루, 보람의 하루가 되게 하소서"라고 기쁨의 기도를 드리고 오늘의 첫 걸음을 힘차게 내디뎌야 한다.

서양의 어느 철학자는 이렇게 말했다.

"오늘을 네 인생의 첫 날이라고 생각하고 살아라. 오늘이 네 인생의 마지막 날이라고 생각하고 살아라."

오늘이 내 인생의 최초의 날이라고 할 때, 우리는 큰 희망과 설레는 감격과 뜨거운 정성을 가지고 오늘을 열심히 살 수밖에 없다. 또한 오늘이 내 인생의 최후의 날이라고 생각할 때, 나는 내가 하는 모든 일에 심혈을 쏟고 정혼을 기울이지 않을 수 없다.

최초의 날처럼 중요한 날이 없고 최후의 날처럼 뜻 깊은 날이 없다. 오늘은 누구를 도와주고 누구에게 기쁨을 줄까를 계획하면서 하루를 시작하자. 오늘은 하늘이 나에게 주신 고마운 날이다.

태양은 나에게 밝은 빛과 따듯한 볕을 주고, 맑은 공기와 시원한 바람을 주고, 땅은 풍성한 오곡백과를 주고, 초원은 싱싱한 풀냄새를 주고, 부모는 깊은 사랑을 주고, 처자는 정다운 미소를 주고, 친구는 힘찬 격려의 말을 준다. 그래서 오늘은 두 개의 미래보다 나으며 열 개의 어제보다 소중한 날이다.

오늘은 젊은이들에게는 봄을 뜻하고 기성세대에게는 기회와 수확을 뜻한다.

지금 하십시오

할 일이 생각나거든
지금 하십시오.
오늘은 하늘이 맑지만
내일은 구름이 보일지도 모릅니다.
어제는 이미 당신의 것이 아니니
지금 하십시오.

친절한 말 한 마디가 생각나거든
지금 하십시오.
내일은 당신의 것이 아닐지도 모릅니다.
사랑하는 사람이 언제나
당신의 곁에 있지는 않습니다.
사랑의 말이 있다면 지금 하십시오.

불러야 할 노래가 있다면
지금 부르십시오.
당신의 해가 저물면
노래 부르기에 너무 늦습니다.
당신의 노래를 지금 부르십시오.
—작자 미상

Chapter 3

◆

고난_ 하나님이 보내준 선물

고난의

쓴 맛을 보지 못한 사람은

환희의

감미로운 맛을 모른다.

후회

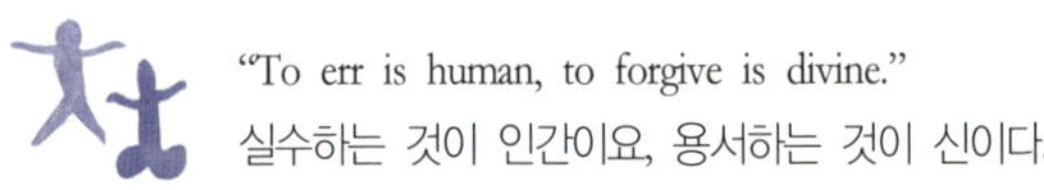

"To err is human, to forgive is divine."
실수하는 것이 인간이요, 용서하는 것이 신이다.

세상 사람들은 살면서 수많은 잘못을 저지른다. 성인군자 또한 잘못을 저지른다. 인간의 신이 아니기 때문이다. 전지(全知), 전능(全能), 전애(全愛), 전의(全義)의 존재가 신이라면 인간은 그 경지에 도저히 도달할 수 없는 존재다.

신은 창조자이고 인간은 피조물이다. 신은 완전무결하나 인간은 신과 같이 완전무결할 수가 없다. 그래서 영국의 시인 알렉산더 포프(Pope Alexander, 1688~1744)는 "실수하는 것이 인간이요, 용서하는 것이 신(To err is human, to forgive is divine)"이라고 했다.

그러나 인간에게는 자기가 소속된 집단이나 개개인의 이해관계를 뛰어넘어 인간 고유의 심성에 깊이 자리 잡고 있는 덕성이 있다. 그 속에서 나오는 확신과 정의로운 행동은 인간만이 가지고 있는 특성이다. 자기

과오에 대한 지속적이고 진심어린 반성과 속죄가 바로 후회이며, 이것이 따를 때 자기 발전은 물론 정의로운 사회가 확립되어가는 것이다.

나는 아내와 함께 부부의 연을 맺고 살아오면서 많은 잘못을 했다. 특히 그 중에서도 내 가슴을 아프게 하는 세 가지 잘못이 있다. 지금도 그때의 잘못을 진심으로 후회하고 있으며, 아내에게 참회하는 심정으로 내 자신을 질책하고 있다.

청국장

아내가 건강했던 40대의 어느 날이었다. 저녁을 나와 함께 먹기 위해 학교에서 일찍 돌아와 내 퇴근시간을 맞춰 청국장을 끓여놓고 기다리고 있었다. 그런데 퇴근 후 현관문을 열고 안으로 들어서자 큼큼한 냄새가 코를 찔렀다. 아내가 끓여놓은 청국장 냄새였다.

간단하게 세수를 하고 식탁에 앉자 아내는 신이 나서 끓여 놓았던 청국장을 식탁 위에 올려놓으며 몸에 좋으니 많이 먹으라고 했다.

그런데 나는 청국장을 좋아하지 않았다. 김치찌개나 된장찌개는 좋아했지만 청국장은 맛 이전에 냄새가 비위에 거슬려 먹지 않았다. 우리나라의 많은 사람들이 즐겨먹는 음식이지만 웬일인지 김포 사람 대다수는 그 냄새를 싫어해 잘 먹지 않는다.

나는 결국 참지 못하고 "아이쿠! 이 냄새…"하며 얼굴을 찌푸렸다. 그 순간 온순하고 착하기만 하던 아내의 얼굴이 표범처럼 변하며 나를 뚫어지게 쳐다보더니, 이내 식탁 위에 청국장 그릇을 싱크대 세척기 안에 쏟아버리며 아무 말 않고 방으로 들어가 버렸다.

아내가 그렇게 무서웠던 적은 처음이었다. 그렇게 온순하고 착하기만 하던 아내에게 그런 무서운 면이 있다는 것을 처음 알았다. 나는 미안한 마음에 어찌할 바를 몰라 살며시 집을 나와 가까이에 있는 친구 철재공장으로 피해 있다가 밤 12시가 다 되어 집으로 돌아왔다.

혹여나 아내가 잠에서 깰까 봐 조심조심 방문을 열고 아내의 발채 아래서 이불 한 자락을 간신히 덮고 베개도 없이 새우잠이 들었다. 그런데 이른 아침 깨어보니 따듯한 이불 아래 내 몸이 있었다. 내가 잠든 사이 아내가 덮어준 이불이었다.

아내와 눈이 마주치는 순간 미안하고 부끄러워 얼굴을 들 수가 없었다. 그러나 아내는 어제 저녁에 아무 일도 없었다는 듯 내색도 하지 않았다. 그 후로도 아내는 청국장 사건에 대해 내게는 물론 누구에게도 일체의 말을 하지 않았다. 그런데 10년이 훨씬 넘어 둘째 조카며느리 윤경이 엄마에게 그때의 일을 이야기했다고 한다. 그래서 조카며느리는 자기 남편 윤경이 아빠도 청국장을 싫어한다는 이야기를 했다고 한다.

그때 그 순간 얼마나 서운하고 내가 미웠을까. 학교 수업의 피곤함을 다 잊고 나를 위해 정성들여 끓였던 청국장인데…. 하지만 아내는 화나는 것을 억지로 참아가며 불필요하고 비생산적인 논쟁을 자재했던 것이다. 이 점이 보통 여자와 다른 아내의 성품이었다.

지금도 그때를 생각하면 떠나간 아내에게 미안하고 죄인과 같은 심정으로 참회의 눈물을 흘리곤 한다. 조금만 더 아내의 마음을 배려했더라면 "맛은 있는데…, 이 맛이 익숙지 못해 많이는 못 먹겠어. 앞으로 익숙해지면 잘 먹을 수 있을 거야. 고마워요"라고 말하면서 수저 한두 숟갈이라도 뜨는 척했다면 아내의 가슴을 그렇게 아프게 하지는 않았을 것이다.

아내에 대한 배려가 없었던 것이다. 작은 배려가 아내를 기쁘게 하고 행복하게 한다는 사실을 망각한 행동이었다.

인간은 각자 모습과 성격이 모두 다르지만 서로가 어울려 살아가는 힘은 서로가 서로를 이해하고 배려하기 때문이 아니던가. 그래서 배려는 곧 사랑이요 행복의 조건이며, 세상이 아름다운 것도 배려가 있기 때문이다. 아내를 위한 작은 배려조차도 못하는 내가 과연 남을 배려할 수 있으며, 남편의 자격이 있는지 후회가 막급하다.

이제 아내가 떠나 간 지금 아무리 뉘우치고 후회한들 무슨 소용이 있겠는가? 지금도 청국장을 좋아하지 않지만 만약 아내가 다시 살아 돌아와 끓여준다면, 아니 아내의 손으로 만든 음식이라면 그 어떤 것도 편식하지 않고 맛있게 먹을 것이다.

기다림(미네르바의 부엉이)

나는 미네르바의 부엉이 교훈을 잘 알면서도 어리석게도 아내의 건강이 회복되기를 기다릴 줄 몰랐다. 아내의 병이 늦게 낫는 것이 아니라 내 마음이 조급했던 것이다.

부엉이는 올림포스 12신 중 한 명인 지혜의 여신 미네르바가 좋아한 새로, 미네르바의 심부름을 잘해주었다. 부엉이는 먹이 사냥을 하거나 주인의 심부름을 하자면 어둠이 오기를 기다렸다가 밤이 되면 나래를 펴기 시작한다. 이는 때가 올 때까지 인내를 가지고 기다려야 한다는 교훈을 인간에게 주고 있다.

이 그리스 로마 신화(The Age of Fable)는 동서양의 고전문학을 광범위하게 언급해 독자들로 하여금 고전문학에 친숙케 하고 교양을 높여 정신문화의 함양을 시도하고 있다.

토머스 불빈치(Thomas Bulfinch, 1796~1867)가 지은 『그리스 로마 신화』는 어디까지나 신화이기에 실재(Fact)와 허구(Fiction) 사이의 간격이 존재한다. 하지만 그 안에 있는 각 분야의 교양과 지식 그리고 생활의 지혜로서 그 거리를 충분히 좁혀주고 있다.

그런데 이 『그리스 로마 신화』를 읽다 보면 같은 신(神)인데도 그리스 명칭과 로마 명칭이 달라 혼동하기 쉽다. 하지만 몇 번 되풀이해 읽으면 흥미를 갖게 되고 친숙해져 자연스럽게 구별할 수 있다.

예컨대 올림포스 12신 중의 주신인 제우스(Zeus)는 주피터(Jupiter), 제우스의 아내 헤라(Hera)는 주노(Juno), 군신(軍神) 아레스(Ares)는 마르스(Mars), 빛과 문학과 음악의 신 아폴론(Apollon)은 아폴로(Apollo), 행운의 신 헤르메스(Hermes)는 머큐리(Mercury), 미의 여신 아프로디테(Aphrodite)는 비너스(Venus), 지혜의 신이며 아테네의 수호신 아테나(Athena)는 미네르바(Minerva)로 그리스 이름과 로마 이름이 달리 불린다.

또한 그리스 로마 신화에는 새들에 대한 이야기가 종종 등장한다. 신들의 제왕인 제우스가 총애했던 독수리, 제우스의 아내 헤라가 좋아했던 공작, 미의 여신 비너스가 좋아했던 백조와 비둘기 그리고 지혜의 여신 미네르바는 부엉이(올빼미)를 좋아했다.

우리는 모든 일에 조급해하고 초조해하며 마음의 여유를 갖지 못한다. 그러나 모든 일에는 조건이 성숙되어야 하고 때가 있는 법이다. 너무 조급해 하지 말고, 나의 할 바를 다해가며 기다릴 줄을 알아야 한다.

"모든 죄들이 파생되어 나오는 두 가지 원인이 있다. 그것은 조급함과 태만함이다. 아담과 하와는 조급함 때문에 낙원에서 추방되었고 태만함 때문에 돌아가지 못했다"는 프란츠 카프카의 「꿈같은 삶의 기록」처럼 로마도 하루아침에 이루어진 것이 아니다.

또한 프랑스의 작가 스탕달(Stendhal)의 「적과 흑(Le Rouge et le Noir)」과 「파르므의 수도원(La Chartreuse de Parme)」 작품이 독자들의 사랑을

받기까지 무려 1백 년이 걸렸다. 아무리 많은 땀을 뿌리고, 소중한 그 무엇을 투자하였을지라도 인내와 기다림 없이는 아무것도 이룰 수 없다.

산다는 것은 기다림과 여행하는 것이며, 산다는 것은 무언가를 끝없이 기다리는 것이 아니었던가. 때로는 그 기다림이 기쁨을 주기도 하고 고통을 주기도 하지만, 우리 인간은 죽기 전까지 계속되는 기다림 속에 살아야 한다. 그래서 산다는 것은 기다림을 만나는 일이며, 죽는 날까지 기다림과 여행을 하는 것이 아니겠는가.

그럼에도 내 마음이 조급했던 것은 아내가 빨리 병상에서 회복하기를 바라서였다. 그래서일까? 아내는 퇴원 후 순조롭게 건강을 회복해가고 있었다. 힘들지만 혼자서 침대를 잡고 설 수도 있었고, 또 터진 내 바짓단을 꿰매주기도 했다. 또한 2002년 6월 한국의 월드컵 4강 신화도 함께 TV를 보며 즐길 수도 있었다.

그러던 아내가 8월 달에 들어서면서부터 식사도 잘 못하고 체력도 급격히 떨어졌다. 특히 피 속의 알부민 수치(Albumin 3.2g/dℓ 이상이 정상)가 2.5g/dℓ 이하로 떨어져 몸은 붓고 정신까지 몽롱해져 갔다. 1주일에 1회 이상 주사로 공급을 하였지만 그때 뿐 계속 몸에서 새어나갔다.

그 당시는 알부민 구하기도 쉽지 않았다. 한미약품 임성기 회장이 주선해주어 동신제약으로부터 원가로 직접 공급을 받을 수 있었다. 1996년 아내가 신장이식 수술을 받았을 때도 임 회장의 도움으로 신장 제공을 수월하게 받았다.

아무리 친구라지만 아내의 병 치료에 임 회장의 도움은 너무나 컸으며, 아내가 떠난 지금도 내 기억 속에 아내의 기억이 살아 있는 한 임 회장의 고마움은 결코 잊을 수 없다.

나는 내 다정한 친구인 한미약품(주) 임 회장에 대하여 독자들을 위해

간략하게 소개하고 싶다. 인생 살아가는데 많은 도움이 될 것이다.

임 회장은 목표가 확실하고, 그 목표에 매진하면서 성실하게 걸어가는 기업인이다. 한눈을 팔거나 경쟁자를 의식하지 않는다. 이솝우화에 나오는 거북이 스타일이다. 토끼가 낮잠을 자거나 자기보다 몇 배 빨리 달릴 수 있는 능력이 있느냐 없느냐는 그리 중요한 문제가 되지 않는다. 오직 산정에 펄럭이고 있는 깃발만이 보일 뿐이다.

50여 년 전 창신동의 조그만 '임성기약국'으로 시작한 청년 임성기는 오직 목표만을 향해 달려갔으며, 성실을 실천해 오늘의 국내 굴지의 제약회사 신화를 일궈냈다.

나는 이 친구를 보면 중국 북송(北宋)의 유명한 학자요 정치가인 사마광(司馬光)의 저서 『자치통감(資治通鑑)』과 『중용(中庸)』에 나오는 '성자물지종시(誠者物之終始) 불성무불(不誠無物)'이란 말이 떠오른다.

사마광이 20년에 걸쳐 쓴 294권이나 되는 엄청난 분량의 이 책은 정치를 하는 사람에게 거울이 되는 내용으로, 다음과 같은 이야기가 나온다.

사마광의 제자인 유안세(劉安世)가 스승에게, "스승님, 한문자 수 만자 중에서 제일 중요한 글자가 무엇입니까? 우리가 일생동안 살아가면서 생활의 좌우명(座右銘)으로 삼을 만한 글자 하나만 골라주십시오"라고 말하자, 스승인 사마광은 주저 없이 "그것은 성(誠)자다"라고 대답했다.

여기서 말한 성이란, 허망(虛妄)한 말과 허망한 행동을 하지 않는 것, 즉 참되고 진실하고 정직한 것을 말한다. 우주의 원리도, 인간이 살아가는 도리도 모두가 성실의 원리에 따라 운행되는 것을 이른다.

또한 『중용(中庸)』에는 "성실은 만물의 끝이면서 시작이며, 성실이 없으면 되는 일이 하나도 없다"라는 말이 있다. 이 성실이야말로 인생의 대본이요 도덕의 근간이다. 그래서 "성실은 하늘의 길이요, 성실을 실천하는 것이 사람의 길이다(誠者天之道也 誠之者人之道也)"라고 했다.

임 회장은 이러한 성실을 근간으로 오늘의 한미약품을 이루었으며, 현재도 연 967억 원에 달하는 연구 개발비를 투자해가며 미래의 글로벌(Global) 시장을 향해 성장을 지속하고 있다. 미래를 향한 한미약품의 개발비 투자는 국내 제약회사 중 제1위다.

나는 태풍 '루사'를 지금도 원망하고 있다

2002년 8월 30일부터 9월 1일에 걸쳐 제15호 태풍 '루사(Rusa)'가 우리나라를 휩쓸고 지나갔다. 태풍 피해액도 5조 1479억 원에 달했다. 강릉에는 시간당 강수량 최고 100.5㎜, 1일 강수량 870.5㎜의 장대비가 쏟아졌다. 강릉은 연평균 강수량 1401㎜에 비하면 하루에 62%가 내린 셈이다. 얼마나 지독한 폭우였던가를 짐작할 수 있다.

태풍과 허리케인은 근본적으로 같은 기상 현상이다. 다만 태풍은 북서태평양, 허리케인은 동태평양과 서대서양에서 일어나는 열대 폭풍우를 일컬을 뿐이다. 인도양에서는 '사이클론', 오세아니아 지역에서는 '윌리윌리'라고도 부른다. 태풍과 허리케인은 여름에서 가을에 이르는 6월부터 11월 사이 언제든지 일어나 대륙을 강타하여 우리에게 많은 재해를 안겨주고 있다.

그런데 이 태풍 루사가 내 유년의 추억과 아내와의 소중한 추억을 앗아가 버렸다. 우리 고향집 옆에 있는 수백 년 묵은 아름드리 커다란 회나무를 쓰러트렸다. 어렸을 때는 물론이고 학창시절에도 나무 그늘 아래서 책도 읽고 친구들과 놀며 시간을 보냈던 장소, 또 어떤 친구는 나무 위로 높이 올라가 나뭇가지를 타고 다니며 위험하게 타잔놀이를 하다가 떨어져서 다치기도 했던 그 나무였다.

또한 그 회나무는 우리가 결혼하기 전 1967년 초여름 아내가 처음 부모님께 인사차 우리 집에 왔을 때도 그 나무 그늘에 앉아 한적한 시골의 정취를 한껏 느껴가며 사랑의 이야기를 나누었던 나무였다.

봄이면 나뭇잎이 울창하게 하늘을 덮고, 나무 위에 둥지를 튼 꾀꼬리의 아름다운 목소리가 울려 퍼졌고, 꾀꼬리 부부가 새끼를 위해 쉴 새 없이 먹이를 나르곤 했다. 또 초여름 밤이면 개구리들이 합창으로 울어대면서 시골의 정취를 느끼게 해주었던 나무였다. 이렇듯 낭만과 추억이 깃든 회나무가 태풍 루사에 의해 송두리째 뽑혔다. 우리 모두의 쉼터였던 그 자리가 지금은 덤불만 무성히 자라고 있다.

두 번째의 원망은 아내의 몸 상태가 좋지 않아 8월 30일 앰뷸런스(Ambulance)에 실려 다시 입원을 하게 되었다. 그때 억수같이 쏟아지는 빗속에서 차를 타는 동안 나는 물론 환자도 온몸이 흠뻑 젖었다. 우산을 받쳤지만 소용없었다. 쇠약한 아내는 감기까지 들어 많은 고생을 했다.

이렇게 아내는 다시 입원을 하여 장기간 치료에 열중했지만 쉽게 회복되지도 않고, 특히 골다공증이 심해 툭하면 고관절이나 갈비뼈에 금이 가서 고생을 하게 되었다.

순조롭게 회복되던 아내가 왜 갑자기 상태가 나빠졌을까?

그 해 6월 어느 날, 한방병원을 운영하는 후배를 만났다. 내가 극진히 사랑하는 후배로, 그 또한 나를 따르고 아내의 건강에 대해 많은 관심을 가지고 걱정을 해주고 있었다.

후배는 나를 보자마자 그의 병원에 유능한 한의사가 있어 많은 환자를 침으로 고쳐주었고, 걷지도 못하던 일본에서 온 환자는 1주일도 안되어 침을 맞고 잘 걸어 다닌다고 했다. 진심으로 아내를 치유해주고 싶었던 후배의 호의가 고마웠다.

나도 하루 빨리 아내의 병을 고쳐야겠다는 조급함에 한림대 성심병원의 재활치료가 없는 날이면 빠짐없이 일주일에 2~3회 승용차로 데리고 가서 침을 맞혔다. 조급함 때문에 판단을 그르친 것이다. 아무리 건강한 사람이라도 침을 계속 맞으면 지친다는 것을 몰랐던 것이다.

더구나 환자 중에 최고로 허약한 아내를 평촌에서 영동교 건너에 있는 한방병원까지 왕복 80㎞가 되는 거리를 데리고 다녔다는 것이 아내에게는 큰 무리였다. 아내의 상태가 나빠진 것은 반드시 그 때문이라고 단언할 수는 없지만, 아내는 급격히 체력이 떨어지고 식사도 잘 못하고 열이 나서 재입원을 하게 된 것이다. 그리고 그 후로 7년간을 걷지도 못하고 움직이지도 못하며 투병을 하다가 많은 고생 끝에 주님의 부름을 받게 된 것이다.

피와 눈물과 땀

아내의 투병기간 중 내 잘못에 대한 많은 후회는 하고 있지만, 아내의 병이 완쾌될 것이라는 희망을 한 번도 포기해 본 적이 없다. 또한 병든 아내가 내게 부담이 된다는 생각을 단 한 순간도 해본 적이 없을 뿐더러 함께 살아주는 것만으로도 아내에게 감사했다.

아내의 병이 완쾌되는 것이 내 생애의 가장 큰 목표요, 위대하고 소중한 일이라고 생각했다. 지금 와서 돌이켜보면 내가 하는 본업은 오직 아내의 건강 회복을 위하는 일이었고, 그 외의 다른 일들은 모두가 부업에 지나지 않았다.

그러나 아내의 회복, 즉 수술 후 사후관리를 너무 쉽게 생각했다. 순차적으로 서서히 신중하게 대처해 가면서 백 번 연습하고 천 번 갈고 닦는

'백련천마(百鍊千磨)'의 정성으로 피와 눈물과 땀을 쏟아야 했었다.

"세상에서 위대한 모든 일은 피와 눈물과 땀의 산물이다." 이는 1940년 5월 13일 영국의 윈스턴 처칠이 체임벌린(Neville Chamberlain)의 뒤를 이어 수상이 된 후 처음 하원에서 한 연설문에 나오는 명언이다.

피는 용기의 상징이고 눈물은 감성의 상징이고 땀은 근면의 상징이다. 피를 흘려야 할 때 안 흘리면 자유가 없는 노예가 된다.

과거 페루시아의 왕비는 "아테네 사람들이 어떤 사람들이기에 위대한 페루시아 제국의 군을 무찌를 수 있었느냐"고 물었다. 이에 한 원로가 "그들은 노예도 신하도 아닌 자유인"이라고 답했다. 이 자유인들은 자신의 자유뿐 아니라 우리의 자유를 지키기 위해서도 소중한 목숨을 기꺼이 바쳤다.

눈물을 흘려야 할 때 눈물을 흘리지 않으면 동물로 전락된다. 그리고 땀을 흘릴 때 흘리지 않으면 빈곤의 수렁에 빠지게 된다. 많은 사람들이 물질적 빈곤에서는 벗어났을지 모르지만 지식과 문화 및 도덕적 불감증과 같은 정신적 빈곤에서는 아직 벗어나지 못한 게 오늘의 현실이다.

옛말에 '일미칠근(一米七斤)'이라는 말이 있다. 쌀 한 톨이 우리 밥상에 오르기까지는 농부가 흘린 일곱 근의 땀이 있어야 한다는 뜻이다. 농부들이 논을 갈고 물을 대고 씨를 뿌리고 김을 매고 거름을 주고 농약을 치고 잡초를 뽑고 추수하여 방아를 찧고 포대에 담아 운반해야 하는 농부의 땀이다. 농부의 손이 백 번 가야 쌀 한 톨이 만들어지는 것이다.

이처럼 농부는 한 톨의 쌀을 생산하기 위해 자신의 피와 땀과 정성을 쏟는다. 하물며 한 인간을 죽음으로부터 소생시키려면 얼마만한 피와 땀과 정성이 필요하겠는가.

나는 윈스턴 처칠의 연설문에 있는 이 문구를 항시 마음에 새기며,

아내의 치유를 위해 피와 눈물과 땀을 아끼지 않겠다고 몇 번씩이나 다짐하며 최선을 다했지만 그래도 부족했던 것 같다. '내 인생의 밭에 아내의 건강 회복이란 곡식의 결실을 위해 과연 얼마나 많은 피와 눈물과 땀을 쏟았는가?'를 반문해 보지만 돌아보면 후회만이 남아 있다.

춥고 더운 날을 가리지 않고 아내를 휠체어에 태워 운동시키고 병원으로 재활치료를 받으러 다니는 것은 아내 본인은 물론 운동 시키는 사람도 애처롭고 수고롭고 번거로운 일임에 틀림없다. 조금만 잘못 다루어도 아내는 "아야, 아야…"하며 괴로워한다. 하지만 아내가 일어나 걷기도 하고 뛰기도 하는 것을 상상해 보라. 얼마나 환희가 넘치고 보람된 일인가.

호수 위에 평화롭게 떠 있는 백조도 수면 아래 있는 물갈퀴는 우리 눈에 보이지 않지만 쉬지 않고 끊임없이 움직이고 있다. 그래야 물 위에 뜰 수 있고 움직일 수 있다. 이처럼 정상적으로 운행되는 것에도 우리 눈에 보이지는 않지만 그 속에는 모두가 땀과 노력이 깃들어 있다.

그렇다. 고통 없이 이루어지는 것은 이 세상에 단 하나도 없다. 인간의 몸속에 있는 3대 액체인 피와 눈물과 땀을 얼마나 많이 흘리느냐에 따라 그 운명이 결정된다. 이는 개인이나 민족, 국가도 마찬가지다.

오직 성실만이 미래에 대한 투자임을 잘 알면서도 지난 일에 연연하고 있다. 그 일이 무의미한 것인 줄 알면서도 "너는 아내가 살아 있을 때 아내를 위해 무엇을 했느냐?"고 자문을 해본다. 특히 세 가지 후회가 머리에 떠오를 때면 자다가도 벌떡 일어나 자책감으로 식은땀을 흘리며 괴로워하고 있다.

고난의 참뜻

참 항구에 있는 배는 안전하지만
그것이
배를 만든 이유는 아니다.

불로불사(不老不死)가 인간의 소망이라면 생로병사(生老病死)는 인간의 숙명이다. 때문에 생로병사에는 반드시 고난이 따르게 마련이다.

하지만 아내는 13년간의 투병 기간에 너무나 심한 고난을 겪었다. 아내가 소천하기 20여일 전 입원 중에 병세가 갑자기 악화되어 중환자실로 옮겨진 뒤 목을 뚫고 폐까지 인공 산소 호흡기를 연결하여 치료하게 되었다. 이때 아내를 중환자실에 인계하면서 네 가지를 부탁했다.

왼쪽으로 눕히지 말 것과 왼손은 마비가 되어 손가락이 안 펴지니 손가락을 무리하게 펴지 말고 가볍게 주물러만 주는 물리치료를 해줄 것, 그리고 궁둥이 꼬리뼈 밑 상처 부위에 다시 상처가 나면 아물기가 어려우니 기저귀를 갈아줄 때 주의해 닦아주기를 부탁했다.

그리고 마지막으로 골다공증이 심하니 주의해서 다루어 줄 것과 함께 움직일 때 팔을 잡아당겨 움직이지 말 것 등 네 가지 주의 사항을 담당 전문의와 책임 간호사에게 메모에 적어 반드시 지켜달라고 부탁했다.

전문의와 간호사들은 걱정하지 말라고 나를 안심시켰다. 그러던 어느 날 낮 면회시간을 이용해 아내에게 가보니 엄지손가락이 붓고 시퍼렇게 멍이 들어 있었다. 그리고 호흡기가 부착되어 말도 못 하는데 만지면 고통스러워 어쩔 줄 몰라 했다.

그런데 더욱 더 놀라운 것은 3일 후 면회 때 일어났다. 아내의 왼쪽 팔이 침대 난간 밑으로 매달려 있는데 팔목이 부러져 건들거리고 있었던 것이다. 깜짝 놀라 고통스러워하는 팔목을 침대 위에 올려놓고 담당 전문의와 간호사를 불러 응급조치를 취했지만, 그 때까지도 그들은 아내의 팔목이 골절된 것도 모르고 있었던 것이다. 나와의 약속을 어기고 조심성 없이 무리하게 다루었던 것이다. 지금도 고통스러워하던 그때의 아내가 생각날 때면 자다가도 식은땀을 흘리곤 한다.

그런데 하나님은 투병하기에도 힘든 아내에게 이토록 어려운 고난을 겪도록 하는 것일까. 도대체 그 고난이 무엇이기에 힘든 시련의 길을 가도록 한 것일까. 천도(天道)는 언제나 선인(善人)편에 선다고 했지만, 이것은 하늘에 대한 허망한 기대에 지나지 않는다고 사마천(司馬遷)은 『사기(史記)』에서 말했다.

"보라! 백이숙제(伯夷叔齊)는 인(仁)을 쌓고 고결하게 살았지만 굶어 죽고(餓死) 말았다. 공자가 가상 사랑한 안연(顔淵)도 영양실조로 요절(夭折)했다. 그러나 도둑의 대표인 도척은 살인을 하고 온갖 악을 범했지만 편안하게 장수했다. 그래도 천도는 선인을 돕고 악인을 벌한다고 할 수 있겠느냐"며 천도에 대하여 회의를 가졌다.

예레미야도 "여호와여 내가 주와 변론할 때에는 주께서 의로우시니이다. 그러나 내가 주께 질문 하옵나니 악한 자의 길이 형통하며 반역한 자가 다 안락함은 무슨 까닭이나이까?"(렘 12 : 1)라고 항의하였다. 또 욥의 친구 엘리바스는 "이 세상의 고통당하는 것은 죄값"이라는 인과응보(因果應報)의 견해를 폈다(욥 4 : 7-8).

힌두교에서도 '갈마리'라고 하는 교리를 사용하여 "전생의 죄값으로 이 세상에서 고난을 받는다"는 인과응보론(因果應報論)을 편다.

불교에서는 열반(涅槃)이라는 교리를 가르치는데, 촛불을 끄듯이 욕망을 완전히 종식시키면 인간의 모든 고통이 사라진다고 한다.

그리고 회교에서는 고난을 알라신이 정해준 철저한 '운명론'으로 가르친다. "신이 너를 그렇게 만들어주었으니 불평하지 말고 그대로 받으라"는 숙명론을 가르친다.

한편 현대 에피큐러스(Epicurus) 학파에서는 향락주의로 고난을 처리한다. "현재의 고통을 잊을 수만 있다면 무슨 수를 써서라도 망각해버리자. 술을 마시든지, 쾌락에 빠지든지, 무엇을 하든지 잊어버리고 넘어가면 그것이 가장 지혜로운 삶이다"라는 식으로 사람들을 생각하게 한다.

하나님 말씀이 우리에게 가르쳐주시는 중요한 교훈은 고난의 수수께끼는 고난의 정체(正體)가 규명되는데 의미가 있는 게 아니라 고난을 통하여 섭리하시는 하나님을 바라보는데 의미가 있다는 것이다. 즉 우리를 괴롭히는 고난 자체의 문제를 보지 말고, 고난을 가지고 우리를 다루시는 하나님의 뜻이 무엇인가를 보아야 한다는 것이다.

하나님이 그의 자녀들을 고난의 풀무 속으로 통과하게 하시는 이유가 무엇인가? 그 분은 고난을 완전히 제거하실 수 있는 능력을 가지고 계시면서 왜 능력을 사용하지 않는 것인가?

다음은 「로빈슨 크루소」에 나오는 로빈슨과 철부지 아이 프라이데이와의 대화다. 프라이데이가 로빈슨에게 물었다.

"하나님은 전능하시다고 하셨죠?"

"암, 그렇고말고."

"그렇다면 어째서 그렇게 능력이 많고 힘이 많으신 하나님께서 마귀를 없애버리고 고통과 죄를 없애버리지 않으셨을까요?"

이 질문에 로빈슨이 한참 생각하다가 말했다.

"너, 참 지혜로운 말을 하는구나. 그렇지만 내가 하나 묻겠는데…, 왜 하나님은 날마다 악을 행하면서 하나님을 불쾌하게 하는 인간을 전부 없애버리지 않고 기다리실까?"

깊은 의미를 발견할 수 있는 대화 내용이다. 고난은 흔히 변장하고 찾아오는 하나님의 축복이라고 한다. 인간이 마음대로 고난에 대하여 판단하지 못하도록 만드신 하나님의 섭리인 것 같다.

고통은 당하는 자 외에는 아무도 참여할 수 없는 별개의 영역이다. 그래서 "마음의 고통은 자기가 알고 마음의 즐거움도 타인이 참여하지 못한다"고 성경에 기록하고 있다(잠 14 : 10). 욥도 자신의 고통에 대해서 판단하는 자들을 향하여 "너희는 다 번뇌케 하는 안위자"라고 했다(욥 16 : 2). 남을 위로한다고 찾아와서는 가슴을 더 아프게 하는 경우가 많다.

하나님께서는 모든 고난을 성도들의 유익을 위해 선용하신다는 것이다. 우리를 깨닫게 하기 위해 선용하시고, 우리들의 인격을 형성시키기 위해 연단하신다. 때로는 우리가 원하는 것을 주지 않으시고, 우리가 원하는 아름다운 꽃길을 택하여 가는 것을 못 가게 하신다.

『실낙원』의 작가 존 밀턴은 40세에 맹인이 되었고 아내를 잃었다. 그때 그가 쓴 글이 있다. "오, 주님! 이런 고통을 통하여 내 영혼이 수그러짐은 나의 창조자를 섬기기 위함이나이다. 고난은 하나님을 섬길 수 있는 인격을 위해서 필요한 것입니다."

고난은 문제가 아니라 계획이며 훈련과 축복이다. 하나님의 비밀한 계획을 밝은 눈을 뜨고 하나님을 바라보며, 고통 속에서도 하나님을 찬양하며 범사에 감사하는 하나님의 자녀가 되어야 한다.

● 헬렌 켈러

생후 19개월 만에 열병으로 소경과 농아가 된 헬렌 켈러(Helen Keller, 1880~1869. 미국의 여류문필가 사회사업가)는 불행한 사람이었을까? 물론 그가 엄청난 장애에 그의 인생을 굴복하고 평범한 세상을 살았다면 그는 불행한 사람이었을 것이다. 그러나 그는 굳은 의지와 노력으로 암흑의 세계에서 자신을 해방시킴으로서 인류에게 위대한 가능성을 보여주었다. 그리고 인류를 위하여 많은 공적을 남겼다.

이러한 위대한 업적과 힘 뒤에는 설리번 선생의 희생적인 사랑이 있었다는 것도 온 인류에게 알렸다. 그래서 자비의 성녀, 빛의 천사 20세기 기적의 사람으로 불리는 그녀가 남긴 빛은 인류의 위대한 역사와 더불어 영원히 꺼지지 않고 빛날 것이다.

만일 그가 장애가 없는 평범한 아이들처럼 건강한 몸으로 성장했다면 역경을 딛고 일어서서 인류에 대한 봉사를 했거나 빛의 천사가 될 수 없었을 것이다. 그의 장애는 하나님께서 선택해주신 축복이었던 것이다.

● 영화 〈우리 생애의 최고 해(The Best Years of Our Lives)〉

은혜라는 말은 기쁨이라는 말과 그 어원이 같다. 신령한 기쁨, 곧 하나님과 바른 관계에서 오는 넘치는 기쁨을 뜻한다. 이 이야기는 은혜에 대한 실화로, 세계 제2차 대전에 참전했다 귀향한 세 명의 병사를 주제로

한 윌리엄 와일러가 제작·감독한 영화다.

주인공 호머(해롤드 러셀)라는 해군 병사는 전쟁에서 두 손을 잃고 불구가 되어 “나는 이제 아무런 쓸모가 없는 인간이구나”라며 참담한 좌절에 빠졌다. 그리고 그의 가족과 약혼녀 월마(케시 오르넬)마저도 만나기를 피한다. 그런 가운데 그는 차츰 그가 택할 진실이 있음을 깨닫기 시작했다. 잃은 것보다 얻은 것이 더 많다는 것도 알게 된다.

의사가 그에게 의수를 만들어주었다. 그것으로 글을 쓰고 타이프도 치기 시작한다. 그의 약혼녀가 그를 진실로 사랑한다는 것을 알고 그녀와 결혼도 한다. 그의 이야기가 영화가 되어 그가 직접 불구자의 모습으로 출연하게 된다. 그는 정성을 다해 연기를 했다. 그 해 이 영화는 아카데미 남우주연상, 여우조연상, 작품상, 감독상, 음악상, 각본상, 편집상 등 7개 부문을 수상했으며, 그는 아카데미 주연상을 받았다.

해롤드 러셀은 그 상금을 상이용사를 위하여 기부했다. 어떤 기자가 찾아와 그에게 “당신의 신체적인 조건이 당신을 절망케 하지 않았습니까?”라는 질문에 “아닙니다. 나의 육체적인 장애는 나에게 가장 큰 축복이 되었습니다”라고 대답한다.

언제나 잃어버린 것을 계산할 것이 아니라 남아 있는 것을 생각하고 하나님께 감사하며, 남은 것을 사용할 때 잃은 것의 열 배를 보상받게 된다. 잃어버린 것에만 눈을 돌릴 때 그곳에는 오직 절망과 좌절 밖에 없다. 그러나 잃은 것을 넘어 가진 것을 세어보면 더 많은 가능성이 언제나 기다리고 있다.

● **덴마크의 동화작가 안데르센**(Hans Christian Andersen, 1805~1875)

안데르센은 매우 가난한 집안에서 태어나 초등학교도 제때 다니지 못했다. 그는 역경 속에서도 다락방에 누워 행복한 사색을 즐겼다. 그런 그가 동화작가로 명성을 얻었을 때 이렇게 말했다.

"생각해보니 나의 역경은 정말 축복이었다. 가난했기에 「성냥팔이 소녀」를 쓸 수 있었고, 못생겼다고 놀림 받았기에 「미운 오리 새끼」를 쓸 수 있었다. 사람은 누구나 역경을 겪는다. 하지만 역경에 굴복하면 불행에 마주치고, 역경을 딛고 일어서면 행복의 광장에 들어서게 된다."

또 산악인들은 누구나 "한 번도 넘어지지 않고 정상에 오른 사람은 아무도 없다"고 말한다. 사람은 넘어졌을 때 진면목이 나타난다. 그러나 넘어지는 순간 한 번에 무너져버리는 사람이 있는가 하면 툭툭 털고 일어나 새롭게 도전하는 사람이 있다.

우리는 고난당하고 있는 사람들을 볼 때 죄 때문이라고 정죄해버리며 불행과 죄를 직결시킨다. 남의 고난에 대하여 이해심이 없고 자기는 예외시한다. 그러나 위기가 바로 창조의 기회이고 실패에서 새로운 기회가 오는 것처럼, 고난에도 새로운 기회의 약속이 있다. 기회는 성공에서 오기보다 실패로 오는 경우가 훨씬 더 많다.

경험이 풍부하고 능숙한 선장은 폭풍우를 만났을 때 무모하게 저항하지도 않지만 절망하지도 않는다. 확고한 승산을 가지고 최후의 순간까지 활로를 열어 가는데 전력을 다할 뿐이다. 이것이 인생의 고난을 돌파하는 최선의 방법이다. 항구에 있는 배는 안전하다. 그러나 그것은 배를 만든 이유가 아니다.

이처럼 고난은 우리에게 고통을 안겨주기도 하지만 사람을 더욱 강하게 만들고 자신의 존재가치를 깨닫게 하기도 한다. 고난은 불행이 아니다. 고난에 굴복해 자포자기했을 때 불행은 초래된다. 그것을 극복할 의지만 있다면 도리어 성공의 열쇠가 될 수도 있는 것이다.

어머니 사랑(母性)

창 모든 것은 시간과 환경이 변함에 따라 변한다.
그러나 아무리 시간과 환경이 바뀌어도
변하지 않는 것이 있다.
그것은 자식을 생각하는 어머니의 마음이다.

1968년 11월 23일 아내가 세브란스 병원에서 첫딸 현경이를 낳고 눈도 아직 뜨지 못하는 갓난아기에게 처음으로 젖을 물리고 내려다보며 흐뭇해하는 표정이 지금도 눈에 선하다. 그 기억은 살아오면서 한 번도 잊은 적이 없다. 산후라 얼굴의 부기도 빠지지 않았지만 그렇게 평온하고 아름다울 수가 없었다.

내 평생 아내가 가장 아름답고 사랑스러웠던 때가 바로 그 순간이었던 것 같다. 나약하고 온순하기만 하던 아내는 그때부터 강인해졌고, 더욱 성숙해졌으며 용감하고 지혜로워졌다.

그런가 하면 2004년 3월 20일 막내 기봉이의 결혼식 날에는 아내가 한없이 안쓰러웠다. 몸을 움직일 수 없어 아들의 결혼식에 참석하지 못했다. 엄마를 대신해 35살의 큰딸 현경이가 손님을 영접하고 식장의 화촉도 점화했으며, 폐백은 나 혼자 받았다. 내 마음도 아팠지만 보는 사람들 모두가 숙연해 하는 것 같았다.

막내 기봉이의 결혼식 날 집에 누워 있는 엄마의 마음은 어땠을까. 무사히 결혼식을 마쳤다는 연락을 전화로 받았지만 마음은 온종일 식장에 있었을 것이다. 집에 돌아와 폐백에서 남은 음식을 보여주고 함께 먹었지만, 기봉이와 며느리는 신혼여행을 떠나고 없으니 신랑 신부의 예복 입은 모습이 너무도 보고 싶었을 것이다.

대문호(文豪) 셰익스피어는 "여성은 약하다. 그러나 모성은 강하다"라고 했다. 이 말은 결코 빈 말이 아니다. 여성은 모성이 될 때 위대해진다. 자식을 키우고, 지키고, 가르쳐야 한다는 투철한 사명감과 강한 책임감이 어머니를 부지런하게 만들고 지혜롭게 만들고 용감하게 만드는 것이다.

모성은 여성의 완성이라고 했다. 여성은 어머니가 될 때 비로소 완전한 인간이 되는 것이다. 자식을 품에 안고 사랑스럽고 인자한 눈으로 지켜보는 어머니처럼 세상에 아름답고 존귀한 존재는 없다.

그런 어머니가 우리 아이들 곁을 떠났다. 그래서 아이들은 어머니가 생각날 때면 소중히 간직한 어머니의 유품을 때때로 펼쳐보며 어머니의 사랑을 못 잊어 하고 있다.

아내가 세상을 떠난 후 어느 날이었다. 막내 기봉이가 엄마가 없는 빈방에 펼쳐진 병풍을 바라보면서 훌쩍훌쩍 눈물 흘리는 것을 보았다. 그 모습을 지켜보는 아비의 마음도 아내에 대한 그리움이 더해져 미어졌다. 그 병풍은 33년 전 아내가 기봉이 백일을 기념하기 위해 고산(孤山) 윤선도(尹善道)의 시 「오우가(五友歌)」를 붓글씨로 써서 6쪽짜리 병풍을 만든 것이었다. 그런데 글 마지막에 쓰인 '을묘년 십이월 이십구일 기봉이의 탄생 백일기념에 건강과 행운을 기원하며'라고 써 놓은 것을 보고

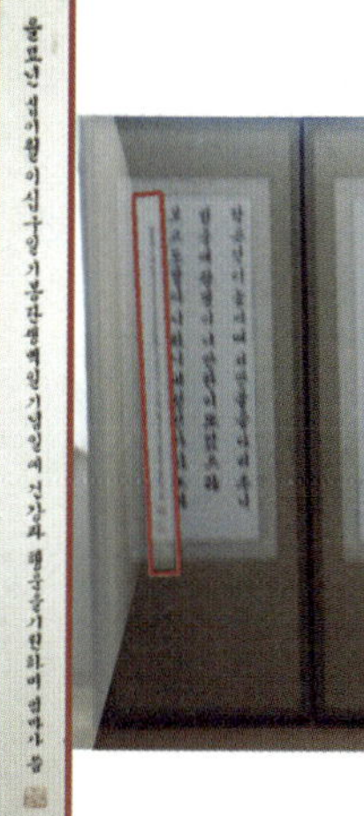

아들 백일기념 때 엄마가 쓴 붓글씨 병풍

큰딸 현경 유치원 입학을 축하하며

안녕하십니까

지난 십일월 십삼일 저의 여식 현경이의 혼례식을 여러 어르신과 친지 여러분의 보살핌 속에 잘 마쳤습니다. 주말이고 우중이라 더더욱 많은 어려움이 있음에도 불구하고 왕림해 주셔서 격려와 축하를 베풀어 주신 은혜 무어라 감사의 말씀을 드려야 할지 모르겠습니다.

예식장에선 총망중에 제대로 예의도 못 갖춘점 죄송스럽게 생각합니다.

직접 찾아 뵙지 못하고 짧은 글월로 인사 드리게 됨을 송구스럽게 생각하며 아무쪼록 건강하시고 뜻하시는 일이 모두 성취되시길 빕니다. 안녕히 계십시오.

일천구백구십삼년 십일월 이십일

이종찬. 김정희 올림

떠난 어머니의 사랑을 느끼며 가슴이 복받쳤던 것 같다.

또 어머니가 생각날 때면 큰딸 현경이 결혼이 끝난 뒤 내빈에게 손수 붓으로 써서 보낸 감사 인사장과 기봉이가 군에 갔을 때 엄마가 보낸 연하장에 그린 목단꽃을 보기도 한다.

그 그림 밑에는 "나의 기쁨 기봉아. 항상 주님 은혜 충만히 받고 새해 더욱 건강하고 근무 충실하며 모든 사람의 모범이 되고 꼭 필요한 사람이 되기를 기도한다"는 글이 씌어져 있어 생전에 어머니의 사랑이 더욱 그리워지는 것 같았다.

이처럼 모성에는 깊은 영성(靈性)이 있고, 더 나아가서는 고귀한 신성(神性)이 있다. 이 모성이란 말 속에는 따듯한 것, 진실한 것, 눈물겨운 것, 포근한 것, 순수한 것, 안기고 싶은 것, 의지하고 싶은 것, 고마운 것, 아름다운 것, 정성스러운 것 등 모든 위대한 진(眞)·선(善)·미(美)와 덕(德)이 모두 내포되어 있다.

그래서 마음 중에서 가장 정성스러운 마음은 어머니의 마음이요, 덕

중에서 가장 뛰어난 덕은 어머니의 덕이요, 고마운 분 중에서 가장 고마운 분은 어머니이다. 그리고 심성(心性) 중에서 가장 위대한 심성은 모성(母性)이라고 했다.

인내와 정성과 지혜의 세 가지 덕을 지니고 가정을 건실하게 지키는 아내와 어머니에게 우리는 항상 감사하는 마음을 가져야 한다. 생모(生母)의 인내와 양모(養母)의 정성과 교모(敎母)의 지혜가 하나가 되어 한 사람의 훌륭한 인간을 만든 그 뒤에는 훌륭한 어머니가 있었기 때문이다.

도덕정치인 왕도정치를 주장한 중국 전국시대의 유교사상가 맹자의 뒤에는 자식을 바로 키우기 위하여 세 번이나 이사한 위대한 맹모(孟母)가 있었으며, 불세출의 영웅 나폴레옹의 배후에는 지혜와 용기를 겸비한 뛰어난 어머니 루티치아가 있었다. 나폴레옹은 "오늘의 나를 만든 것은 나의 어머니다"라며 칭송하고 어머니에 대해 깊은 감사를 드렸다.

그리고 1909년 10월 26일 오전 9시, 만주 하얼빈 역에서 이토 히로부미(伊藤博文)를 쏘아 죽인 애국열사(愛國烈士) 안중근 의사에게는 강한 어머니 조 마리아 여사가 있었다.

"옳은 일을 하고 받는 형이니 비겁하게 삶을 구하지 말고 떳떳하게 죽는 것이 어미에 대한 효도다. 너의 죽음은 너 한 사람의 죽음이 아니고 한국인 전체의 공분(公憤)을 짊어지고 있다"라고 쓴 편지와 함께 아들이 죽으면 입을 명주로 만든 수의(壽衣)를 수감 중인 아들에게 보낸 훌륭한 어머니였다.

중국에서 가장 뛰어난 어머니를 들라면 주(周)나라 문왕(文王)의 어머니 태임(太任)을 든다. 태임(太任)은 태교(胎敎)를 강조한 현모(賢母)요, 자모(慈母)였다. 아기는 모태에 있을 때 성품이 형성된다는 것이다. 그래서 문왕의 어머니 태임은 모태에 있을 때부터 교육을 강조했다.

또 조선조의 위대한 학자 율곡 선생의 뒤에는 지덕을 겸비한 탁월한 어머니 신사임당의 사랑과 교육이 있었다. 율곡의 어머니는 태임을 스승으로 삼고 태임처럼 훌륭한 어머니가 되려고 노력했다. 그래서 자기의 호를 사임당(師任堂)이라고 하였다.

우리 네 자녀들도 자애로운 어머니를 만나 건강하고 활달하고 좋은 성품을 갖고 훌륭하게 성장했다. 그리고 출가한 후 모범 가정을 이루고 아이를 잘 키우며 살고 있다. 또한 우리 아이들처럼 부모에 대한 효성이 지극한 자녀들도 드물 것이다.

우리는 어머니의 사랑을 먹고 자랐고. 어머니의 정성을 먹고 컸으며, 어머니의 지혜를 먹고 성장했다는 것을 알아야 한다. 우리가 이 자리에 있는 것도 우리들의 어머니의 덕이다. 우리는 어머니의 은혜를 잠시라도 잊어서는 안 된다.

최근 영국문화원에서 '가장 아름다운 단어가 무엇인가?'라는 설문조사가 있었다. 그런데 그 설문조사 결과 'Mother(어머니)'라는 단어가 1위였고, 두 번째가 'passion(열정)', 세 번째가 'Smile(미소)', 네 번째가 'Love(사랑)', 그리고 다섯 번째 단어가 'Eternity(영원)'이었다. 아마도 우리 한국 사람들에게도 "제일 아름다운 단어가 무엇이냐?"고 질문했다면 역시 어머니를 들었을 것이다.

왜 전 세계적으로 어머니가 가장 소중한 단어가 되었을까?

어머니라는 말 속에서는 두려움으로부터 그리고 불안으로부터 나를 가장 잘 보호해준다는 뜻이 담겨 있기 때문이다. 어머니 안에 있으면 두려움이 사라진다. 어머니 안에서 사랑을 배우고 미소를 배우고 영원함을 배우게 된다. 그리고 어머니 안에서 정열이 얼마나 소중한 것인지를 배우게 된다. 그렇지만 어머니는 항상 우리 곁에 계시지 않는다는 사실을 알아야 한다.

하나님은 자기의 대리 역할을 시키기 위하여 가정에 어머니를 보내셨다고 한다. 하나님의 넓은 사랑을 어머니가 대신한다는 뜻이다. 이스라엘의 지혜서 탈무드에 나오는 말이다.

이러한 깊은 뜻을 헤아리기 전에 어머니하면 직감적으로 떠오르는 것이 있다. 어머니는 나의 고향이다. 그리고 내 고향은 어머니다. 이것이 내 머릿속에 변치 않는 생각이다.

그래서 부모님이 오래 전에 세상을 떠나시고 안 계시지만 고향에는 언제나 어머니가 살아 계시다고 믿는다. 그 이유는 어머니의 사랑과 희생이 담긴 추억들이 내가 자란 고향에 그대로 남아 있기 때문이다.

어릴 때 내가 체해서 배가 아파 고통스러워하면 어머니는 무릎에 눕혀 놓고 "내 손은 약손이다. 내 손은…" 이라고 주문처럼 외면서 배를 쓸어주시면 언제 그랬느냐는 듯 편안하게 잠이 들곤 했다.

또 넘어져서 무릎에 난 상처의 딱지가 떨어질 때쯤이면 내가 아파할까 봐 떨리는 손으로 애처롭게 떼어주시던 기억이나 젖니가 흔들려 뽑을 때 다른 사람이 뽑으려 하면 무서워도 어머니가 실로 이를 붙들어 매고 뽑으면 안심이 되곤 했었다.

내가 초등학교 일학년 때 학교에서 돌아오니 마루에서 일을 하시던 어머니는 나를 반기며 입에 넣고 녹여가며 잡수시던 눈깔사탕을 꺼내 내 입에 넣어주시며 먹으라고 하시기에 어머니는 사탕을 좋아하시지 않는 줄만 알고 철없이 받아먹던 기억, 노는 데 정신이 팔려 저녁 늦게까지 뛰어다니면 어머니는 둥글래 밥상에 저녁식사를 차려놓고 나를 불러들여 손발을 닦아주신 후 온 식구들과 함께 제비 새끼들처럼 모여앉아 저녁을 먹던 어린 시절…, 방학 때 집에 내려와 내 방에서 정신없이 책을 읽고 있노라면 배고파 할까봐 옥수수와 감자를 쪄다 주시던 정성어린 어머니의 손길 등 헤아릴 수 없이 많은 어머니의 정성이 향수 속에 담겨 있다. 그래서 나의 고향은 곧 어머니이고, 어머니는 영원히 고향에 살아 계시다.

천사가 하늘로 가져간 가장 아름다운 선물 어머니 사랑

영국의 시인 존 밀턴(John Milton, 1608~1674)의 장편 서사시 「실낙원(Paradise Lost)」은 구약성경을 소재로 아담과 하와의 타락과 낙원 추방을 묘사하여 인간의 원죄를 주제로 하는 작품이지만 수많은 천사들과 천사가 신을 반역하여 지옥에 떨어진 사탄들이 등장한다.

그러나 대체로 천사라고 하면 성경에 나오는 대천사장 미카엘(Michael, 다니엘 10 : 13, 12 : 1, 유다 1 : 9, 계 12 : 7, 외경 에녹서 20장)과 치유의 천사 라파엘(Raphael, 구약성서 외경 토비트서, 왕하 5 : 1-14,)과 고지(告知)의 천사 가브리엘(Gabriel, 다니엘 8 : 16, 눅 1 : 26-36) 그리고 천사가 타락하여 사탄으로 전락한 루시퍼(Lucifer, 이사야 14 : 12, 눅 10 : 18) 등 4대 천사로 기억된다. 나는 이 천사들 중에서 가브리엘을 제일 좋아한다.

아름다운 날 천사 가브리엘이 하늘에서 세상으로 산책을 오게 되었다. 그는 자연과 예술의 다양한 광경을 보며 이리저리 돌아다녔다. 그리고 해질 무렵이 되어서 금빛 날개를 다듬으며 말했다.

"나는 빛의 세계로 돌아가야 한다. 여기 왔던 기념으로 무엇을 좀 가져갈까?"

시골의 어느 집을 지나가다 열린 문안에 장미꽃과 함께 어린이용 작은 침대 위에 누워 있는 아기의 미소를 보고 그는 '저 아기의 미소와

저 꽃은 아름답다. 저것을 가져가야겠다'라고 생각할 때, 소중한 아기에게 잘 자라고 입 맞추며 사랑을 영원한 샘물처럼 쏟아 붓는 한 헌신적인 어머니를 그는 요람 저쪽에서 보았다. 천사는 말하였다.

"아! 저 어머니의 사랑이야 말로 내가 세상에서 본 모든 것 중에서 가장 아름다운 것이다. 저것도 가져가야겠다."

천사는 이 세 가지 보물을 가지고 하늘로 날아갔다. 그러나 놀랍게도 아름다운 장미는 이미 시들어버렸고, 아기의 미소는 찡그림으로 변해 있었지만 어머니의 사랑만이 그 본래의 아름다움과 향기를 지니고 있었다. 그래서 그는 시든 장미와 사라진 아기의 미소를 버렸다.

천사 가브리엘이 하늘 문을 통과하는데 그가 무엇을 가져왔는가를 보기 위해서 모여든 하늘의 천사들이 환영했다. 그가 말했다.

"이것이 내가 지상에서 하늘까지 오는데 그 아름다움과 향기를 보존한 유일한 것입니다. 세상에서 가장 아름답고 향기로운 것은 어머니의 사랑입니다."

아낌없이 주는 나무(The Giving Tree)

천사 가브리엘의 이야기처럼 변함없는 어머니의 사랑은 그 무엇과도 비교되지 않는다. 이렇게 어머니의 사랑은 헤아릴 수 없이 무한하다. 그렇다면 어머니의 사랑을 어떻게 하면 헤아릴 수 있을까.

셸 실버스타인(Shel Silverstein, 1932~ , 미국의 작가, 시인)의 동화 「아낌없이 주는 나무」에서 조금이나마 헤아릴 수 있지 않을까.

옛날 한 그루의 사과나무가 있었다. 그 나무에게는 사랑하는 소년이 있었다. 더울 때는 시원한 그늘을 마련해주어 그 소년은 나무 그늘 속에서 가지를 그네삼아 시간 가는 줄 모르고 놀았다. 또 열매가 맺으면 맛있는 과일을 주었다. 소년은 그 과일을 먹으면서 커갔다.

소년이 어른이 되어 돈이 필요하게 되자, 그는 나무에게 '나무를 잘라 팔게 해달라고…' 부탁했다. 그러자 나무는 선뜻 허락하고 자기의 몸통을 잘라 팔게 했다. 그는 나무의 고마움을 모르고 그 돈으로 사업을 하다가 실패하고 늙어서 다시 나무에게로 돌아왔다.

그런데 그루터기만 남아 있는 나무는 그를 반기며 나무 그루터기에 앉아 쉬게 했다. 나무는 그가 그루터기에 앉아 쉬는 모습을 보고 한없이 행복해 했다.

이와 같이 어머니의 사랑은 아무 조건 없이 희생해가며 베푸는 「아낌없이 주는 나무」의 사랑과 비교해 보는 것이 어떨까.

아마 어머니를 사랑하지 않는 사람은 세상 그 누구도 사랑하지 못한다. 어머니의 위대함을 아는 사람만이 훌륭한 교육자가 될 수 있고 헌신봉사하며 사회에 기여할 수 있다.

"어머니를 사랑하는 사람은 남으로부터 미움을 받지 않고, 어머니를 공경하는 사람은 남으로부터 업신여김을 받지 않는다"고 중국 송(宋)나라 때 주희(朱熹)의 가르침을 받아 유자징(劉子澄)이 지은 훈육서 『소학(小學)』에도 적혀 있다.

그런가 하면 송강(松江) 정철(鄭澈)은 "어버이 살아실제 섬기기란 다 하여라/ 지나간 후면 애닯다 어이하리/ 평생에 고쳐 못할 일은 이 뿐인가 하노라"는 시조를 통해 어버이 살아계실 때 효도를 다하라는 교훈을 주고 있다.

이 세상에 어머니 없이 태어난 사람이 어디 있겠는가. 우리가 태어나 처음 대한 것이 어머니의 미소이며 처음 배운 것이 어머니의 사랑과 '엄마'라는 단어다. 이처럼 어머니와의 관계는 세상 모든 사람과의 관계의 출발이다.

어머니는 우리에게 세상 어떤 곳에서도 얻을 수 없는 평안과 안식과 기쁨과 용서를 주는 분이다. 비록 죽음과 같은 고통이 우리에게 다가올지라도 어머니가 우리의 손을 잡아주면 평안하고 두려움이 없어진다.

마치 여덟 살의 나이로서 프랑스 부르봉 왕조의 마지막 왕이 되었던 루이 17세가 1795년 감옥에서 죽을 때 어머니 마리 앙투아네트(Marie Antoinett, 1755~1793. 루이 16세 왕비)가 비록 사치와 향락으로 국민의 지탄을 받아 프랑스 혁명의 원인이 되었지만, 그에게는 소중하고 사랑하는 어머니였기에 먼저 간 어머니의 목소리를 상상해 들으며 아무 고통 없이 눈을 감은 것도 이 때문이었다.

우리가 세상에 태어나던 날부터 어머니의 희망은 자식뿐이다. 무슨 이유일까? 아무 이유가 없다. 오직 자식이라는 이유가 전부다. 마크 트웨인의 「톰 소여의 모험」 중에 이런 말이 나온다.

"우리가 손으로 만질 수 있건 없건 또 눈에 보이고 안 보이고를 막론하고, 모든 것은 시간과 환경이 변함에 따라 변한다. 그러나 아무리 시간과 환경이 바뀌어도 변하지 않는 것이 있다. 그것은 자식을 생각하는 어머니의 사랑이다."

작은 배려가 세상을 바꾼다

참 남에게 베풀 줄 모르는 사람은
타인이 베풀어주는 배려를 받을 자격이 없다.
He that has no charity deserves no mercy.

"세상에는 두 부류의 사람만이 있지요./ 단지 두 부류의 사람뿐 더는 없어요./ 죄인과 성자? 아니에요./ (…) /부자와 빈자도 아니에요./ (…) /겸손한 사람과 교만한 사람? 아니에요./ (…) /행복한 사람과 불행한 사람? 아니에요./ (…) /내가 말하는 세상 사람의 두 부류란/ 짐을 들어주는 사람과 남에게 기대는 사람이랍니다./ 어딜 가든지 보게 되지요./ 그런데 참 이상한 것은 내 눈에는/ 기대는 사람이 스무 명이라면/ 짐을 들어주는 사람은 한 사람뿐이지요./ 그럼 당신은 어느 쪽인가요?/ 무거운 짐을 지고/ 힘겹게 가는 이의 짐을 들어주는 사람인가요?/ 아니면 남에게 당신 몫의 짐을 지우고/ 근심걱정 끼치는 사람인가요?"

위의 시는 미국의 여류시인이며 작가인 E. W. 윌콕스(Ella Wheeler

Wilcox, 1850~1919)의 「당신은 어느 쪽인가요?」의 작품의 일부이다. 윌콕스는 이 시를 통해 남의 짐을 들어주는 사람은 배려하는 사람으로 사랑이 많은 사람이라고 했다. 또한 배려심이 많은 사람은 세상을 아름답게 하고 또 살맛나게 하는 사람이다.

그러면서 "무거운 짐을 지고/ 힘겹게 가는 이의 짐을 들어주는 사람인가요?/ 아니면 남에게 당신 몫의 짐을 지우고/ 근심걱정 끼치는 사람인가요?"라고 묻고 있다. 그렇다면 난 아내에게 어떤 부류의 사람이었을까?

2004년 어느 여름날, 아침부터 섭씨 30℃가 넘는 무더위가 시작되었다. 나는 11시 아내의 재활치료 예약 시간에 맞추어 병원으로 갔다. 무더위 속에 빈 몸으로 걷기도 힘든데 인도 위로 휠체어를 밀고 가는 것은 쉬운 일이 아니었다. 너무 더워 숨이 막힐 정도였다.

아내도 온몸이 땀으로 흠뻑 젖어 있었다. 간병인 아줌마가 양산을 받쳐 아내에게 햇볕을 가려주었지만 날씨가 너무나 더워 소용이 없었다. 20분 정도를 갔을 때 아내가 나를 쳐다보며 말했다.

"당신 나 때문에 고생이 너무 많아. 내가 나으면 보답할게."

"고생이라니. 내가 좋아서 하는 건데. 이 보다 더 더운 날에도 테니스도 치고 골프도 했어. 하지만 좋아서 하는 데는 힘이 하나도 들지 않는 거야. 그리고 덕분에 나 운동도 많이 돼…."

아내는 내 말이 자기를 위로하기 위해 하는 말인 줄 알고 더는 말을 하지 않았다. 그리고는 양산으로 햇볕을 가려주던 간병인 아줌마를 향해 자신은 이제 되었으니 아줌마 자신을 위해 쓰라고 했다. 이렇듯 서로가 어려운 상황임에도 상대를 배려하면 수고로움은 반감되고 즐거움과 행복은 배로 넘친다.

아마도 남을 배려하는 따뜻한 마음은 아내보다 더한 사람은 많지 않을 것이다. 그렇다고 아내가 남을 위하여 크고 많은 일을, 그리고 남의 눈에 띄는 일을 찾아서 한 것은 아니다. 남의 눈에 띄고 안 띄고는 그리 중요하지 않다. 어디서든지 주변 사람들에게 친절과 진실이라는 그의 내면에 숨어 있는 성품에 따라 크고 작은 것을 가리지 않고 사랑을 베풀었다.

자녀들을 키우는 자애로운 어머니로서, 학생들을 가르치는 근엄하고 인자한 스승으로서, 한 마을에 살고 있는 마음씨 좋은 이웃집 아주머니로서, 조카들에게는 항상 웃음과 믿음을 주는 작은엄마와 외숙모, 고모로서, 형수님들과 계수씨들에게는 겸손과 솔선수범을 함으로서 우애가 깊은 동서(同壻)가 되었고, 직장에서는 신망과 우정이 돈독한 동료로서 자신의 위치에 맞게 처신하고 행동하면서 항상 남을 배려하는 마음이 앞섰다. 그리고 어디서나 화합과 화평을 유지했다.

자유와 평화는 인간의 가장 소중한 가치다. 그 중 평화는 투쟁과 정복에서 오는 것이 아니라 포용과 이해 그리고 남을 배려하는 마음에서 시작된다. 사람과 사람이 신뢰하고 생명과 생명이 아름답게 공존하는 평화로운 사회가 이상적인 사회이다. 진정한 봉사는 겸손한 마음에서 시작되고, 그 리더는 봉사하는 사람이며, 남의 종이 되는 것이 리더의 기본이다.

말은 하나님이 주신 축복이자 재앙

이 세상에는 자기 자신만을 만족시키고 자신의 욕구에 따라 살아가는 사람이 대다수다. 어느 때는 아내 운동 겸 쇼핑하러 또는 머리를 자르기 위해 미장원에 다닐 때마다 많은 사람들이 아내가 전보다 많이 좋아졌다고 인사도 하고 위로를 건넨다.

길 가던 어느 부부는 휠체어에 앉은 아내와 그것을 밀고 있는 우리 부부를 보고 "저런 부부도 있는데 우리는 너무 행복해서 싸우나 봐. 앞으로는 싸우지 맙시다" 하고 화해를 다짐하며 지나가는 사람도 있었다.

그런가 하면 어떤 동창생은 "학창 시절에 공부도 잘하고 자존심도 강했는데"라며, 내가 창피해 할까 봐 피했다고 한다. 나를 몰라도 한참 모르는 행동이다. 무엇이 창피하단 말인가. 병든 아내를 위해 휠체어에 태우고 다니는 것이 전혀 부끄러운 행동은 아닌 것이다. 양심에 반하여 도덕적으로 비난 받을만한 행동을 할 때 창피한 것이다.

또 어떤 때는 아내의 운동을 위해 산책을 할 때 길가에서 투정부리는 어린애 엄마가 휠체어 탄 아내를 가리키며, "너 울면 저 아줌마가 잡아가"하며 애한테 겁을 준다. 혐오의 대상으로 말을 함부로 하는 것이다. 그 말을 듣고 아내의 표정이 굳어진다. 하루를 즐겁게 보내려는 소망이 그 순간 물거품이 된 것이다. 아무런 생각도 없이 뱉어낸 이러한 말은 상대방을 조금도 생각하지 않는 배려가 없는 말이다.

남을 전혀 이해하지 못 하는 것, 즉 자기 세계 속에 갇혀 있는 자폐증 환자처럼 자기 밖에 모르는 인간을 '아스퍼거 신드롬(Asperger Syndrome)'이라 한다. 이와는 반대로 자신에게 한없이 관대하고 남에게는 무자비할 정도로 인색한 것, 내가 주는 것은 비싼 것이고 남에게서 받는 것은 공짜라고 생각하는 것을 사회적으로 확대시켜 '사스퍼거(Social Asperger)'라고 한다.

남을 이해하지 못하는 아스퍼거는 이기적인 성격과 다르다. 이기적인 사람은 남의 입장을 알면서도 자기 욕심 때문에 이기적인 행동을 하지만, 아스퍼거는 아예 남의 입장이 다를 수도 있다는 것을 이해하지 못한다. 때문에 이기적인 사람이 아스퍼거 보다는 낫다. 이기적인 사람은 개

선의 여지가 있기 때문이다.

이처럼 남의 마음을 전혀 배려하지 않고 함부로 뱉어난 말이나 막말을 억제하지 못하면, 다른 사람들과 함께 설 수 없는 사람으로 낙인찍힌다. 물론 막말을 안 하는 나라는 없겠지만, 특히 우리나라는 막말이 양적으로 많고 질적으로 잔인한 것 같다. 이러한 막말로 인해 나라는 물론 개인에게 상처를 주는 것이다.

2차 대전 후 일본 총리인 요시다 시게루(吉田茂)가 '바가야로 (ばかやろう : 멍청한 놈)'라는 막말을 한 것이 빌미가 되어 국회가 해산까지 되었다. 이 사건이 말해주듯이 국회에서의 막말은 국민 앞에 막말이기 때문에 파장이 커나갈 수밖에 없다.

또 영국 하원에서도 국정 답변을 하던 한 장관이 반대당 의원으로부터 "듣자하니, 장관은 수의사(獸醫師)라면서요?"라는 질문을 받았다. 이 말은 '짐승이나 상대하는 자가 국정을 논한다'라는 뜻의 막말을 포장한 말로 상대방에게는 모욕적인 말이다.

이에 장관은 "의원님의 말씀대로 저는 수의사였습니다. 한데 의원님 안색이 좋지 않아 보이십니다. 원하시면 제가 보아드리겠습니다"라고 했다. 이 역시 질문한 의원을 개나 돼지로 격하시킨 말이나 겉으로 전혀 나타나지 않는 포장된 막말이다.

아프리카의 어느 부족은 너무 웃자라 불편하거나 쓸모없게 된 나무가 있을 경우 톱으로 잘라버리는 게 아니라 부락민들이 모여 그 나무를 향해 크게 소리 지른다.

"넌 살 가치가 없어. 난 널 사랑하지 않아. 차라리 죽어 버려!"

이렇게 상처 주는 말을 계속하면 정말 나무가 시들시들 말라 죽어버린다고 한다. 과학적으로 얼마나 입증할 수 있는지는 모르지만 말 한 마디가 생명을 좌우할 수 있을 만큼 중요하다는 뜻일 게다.

우리 속담처럼 "가는 말이 고와야 오는 말도 곱다"고 했다. 그러나 내 입을 떠난 말은 쏜 화살과 같아서 누군가의 가슴에 꽂힌다. 어떤 때는 비수가 되어 심한 상처를 주기도 하고, 또 어떤 때는 말 한 마디에 힘입어 넘어졌던 사람이 다시 용기를 갖고 일어서기도 한다.

지금 내가 하는 말은 허공에서 사라지는 것이 아니라 누군가의 가슴 속에서 영원히 생명을 갖는다. 그래서 롱펠로우(H. W. Longfellow)도 「화살과 노래」라는 시에서 다음과 같이 노래했다.

The Arrow and the Song

—H. W. Longfellow

I shot an arrow into the air
It fell to earth, I know not where;
For, so swiftly it flew, the sight
Could not follow it in its flight.

I breathed a song into the air,
I fell to earth, I knew not where;
For who has sight so keen ansd strong
That it can follow the flight of song?

Long, long afterward, in an oak
I found the arrow, still unbroken;
And the song ,from beginning to end,
I found agin in the heart of a. friend.

화살과 노래

나는 하늘을 향해 화살을 쏘았네
어딘지 모르지만 땅에 떨어졌네
너무도 빨리 날아가 버려
눈으로 화살을 따라갈 수 없었네.

나는 하늘을 향해 노래를 불렀네
어딘지 모르지만 땅에 떨어졌네
제 아무러 날쌘 눈을 가졌다 한들
누가 날아가는 노래를 볼 수 있을까?

아주 아주 오랜 후, 참나무에서
부러지지 않고 박혀 있는 그 화살을 찾았네
처음부터 끝까지 남아 있는 나의 노래도
한 친구의 가슴 속에서 다시 찾았네.

이처럼 우리들이 함부로 쏜 말의 화살은 지금 그 누구의 가슴에 박혀 있고, 막말은 그 누구의 가슴에 남아 있을 것이다. 때문에 말을 조심해야 한다. 상대방에 상처를 주는 말은 해서는 안 된다. 특히 인격적으로 모열감을 일으키는 말은 삼가야 한다.

그래서 영국의 철학자 홉스(Thomas Hobbes, 1588~1679)는 "언어는 신이 주신 축복이자 재앙"이라고 했다. 인간만이 언어가 있고 문자가 있어 인류의 문명은 발전되었고 역사의 수레바퀴도 앞으로 나아가고 있다.

언어와 문자가 없는 동물들의 생활은 원시시대부터 현재까지 달라진 점이 없다. 언어는 하나님이 인간에게 주신 축복임에 틀림없다. 하지만 생각 없이 한 작은 말 한 마디가 남에게 상처를 주고 갈등과 원한을 사서 돌이킬 수 없는 재앙으로 이어지는 예가 무수히 많다. 『역경(易經)』에도 "난리가 일어나는 단서는 사람의 말에 있다 했다. 그러므로 말을 항상 조심해야 한다(亂之所生也 則言語 以爲階)"고 상소했다.

다른 사람에게는 전혀 관심이 없고 자신에게 무엇이 필요한지 자신에게 무엇이 유익한지만을 생각하는 사람들은 아이러니하게도 오히려 비참한 삶을 살아간다. 이들은 아무리 많은 이익을 챙겨도 결코 만족감을 얻지 못하기 때문이다.

하나님이 주시는 큰 기쁨과 하나님이 주시는 놀라운 은혜를 경험하고 싶다면 남이 나를 위해 무엇을 해줄까 계산하지 말고 내가 남을 위해 무엇을 해줄까를 고민해야 한다.

내 것을 나눌 줄 모르고 베풀며 사는 방법을 깨닫지 못하는 한 우리는 결코 진정한 만족감을 얻을 수 없다. 우리는 받는 법이 아니라 주는 법을 배워야 한다. 나 자신만을 위하는 생각으로 가득 차 있을 때는 우리를 찾아오는 것은 절망과 낙심뿐이다.

사랑한다는 것은 배려하는 것이다

나는 아내의 치유를 위하는 일이라면 그 무엇도 감내할 수 있다. 아내를 치유하겠다는 소망은 그 어떤 대가를 치루더라도 포기할 수 없다.

아내는 어떤 상황에서도 나에게 항상 미안해하고 고마워했다. 아프다고 투정하면서도 얼굴에는 언제나 감사하는 마음으로 가득 차 있다. 이것이 바로 배려이고 사랑이다.

누구나 마음으로부터 새어나오는 욕심의 감정을 차단하고, 나에게 주어진 삶과 나에게 주어진 일에 만족하고, 나 아닌 다른 사람들에게 관심을 가져주고 따듯한 배려의 말과 손길을 건넨다면 행복은 줄을 지어 따라온다. 노래하는 마음, 시를 쓰는 마음으로 하는 말은 누군가의 가슴속에서 영원히 보석처럼 빛난다.

이처럼 남에게 많은 가치를 안겨줄수록 내게 돌아오는 가치도 늘어난다. 남을 위하는 마음, 즉 배려는 궁극적으로 자기 자신을 위하는 것이다. 사랑은 곧 배려하는 것이고, 배려는 자기 자신을 사랑하는 것이다.

성경에는 "내 계명은 곧 내가 너희를 사랑하는 것같이 너희도 서로 사랑하라."(요 15 : 12), "주는 것이 받는 것보다 복이 있다."(행 20 : 35), "남에게 대접을 받고자하는 대로 남을 대접하라."(마 7 : 12), "누구든지 자기를 높이는 자는 낮아지고 자기를 낮추는 자는 높아지리라"(마 23 : 12)고 했다.

또 유대교 토라에는 "여호와는 각 사람의 방법대로 각 사람이 하는 행동의 결과에 따라서 나누어 주신다"고 했으며, 불경에는 "선을 행하는 지혜로운 사람, 은혜를 베푸는 도덕적인 사람, 이들은 이생과 저 생에서 행복할 것이다"고 했다. 그리고 힌두교 속담에는 "베푸는 사람은 모든 것을 갖게 된다. 모든 것을 혼자 끌어안고 있는 사람은 아무것도 가지지 못한다"고 했으며, 코란은 "사람의 진정한 부(富)는 이 세상에서 그가 베푸는 선이다"라고 했다.

그리고 「정글북」의 작가 러디어드 키플링(Kipling Rudyard, 1865~1936)은 아들에게 보낸 편지에서 "인생의 비밀은 단 한 가지, 네가 세상을 대하는 것과 똑 같은 방식으로 세상도 너를 대한다"고 했다. 내가 최상의 것을 세상에 주면 최상의 것이 내게 돌아온다.

사랑 또한 그렇다. 내가 진정한 사랑을 베풀 때 풍성한 사랑이 내게 돌아온다. 이것이 사랑의 원칙이다.

그러나 이러한 사랑에는 베푸는 사람의 진심이 담겨야 한다. 진심을 담기 위해서는 자기라는 그릇부터 비워놓아야 한다. 『명심보감』에서는 "평소에 남을 배려하면 후일 내게는 더 좋은 것이 돌아온다(凡事留人情後來互相見)"고 했다. 또 "무위대자(慾爲大者) 당위인역(當爲人役)"이라고 했다. 즉 큰 사람이 되려고 한다면 남을 섬기라고 한 것이다.

세상은 주고받는 것이다. 받은 다음에야 주려고 하면 기다리는 사람은 없다. 그래서 우리가 다 함께 하는 세상이 배려다. 잠시 말을 삼키고 남의 얘기를 들어주는 것도 배려다.

자신을 비평하는 비평가는 없다. 하지만 자신에게 솔직해져야 마음이 편해지고 행복을 받아들이는 준비가 되는 것이다. 행복의 첫 번째 조건이 자신에게 솔직한 것이기 때문이다. 행복이란 추구해야 할 목표가 아니고, 삶의 과정에서 언제나 찾아낼 수 있는 것이다.

세상 이치 또한 시험 문제를 푸는 것과 같다. 상대방의 관점에서 보려고 노력하면 풀리지 않는 일은 없다. 시험 문제 출제자의 의도를 파악하려면 출제자의 관점에서 문제를 보는 것이 필요하다. 마찬가지로 솔직한 자신의 문을 열고 상대를 이해하려는 마음이 배려의 기본자세다.

● **논어**(論語)

우리나라 경영자들의 대표적인 필독서(必讀書)인 『논어』는 인간과학을 집대성한 유교(儒教) 성전(聖典)이다. 논어의 중심 사상은 인(仁)으로, 이 인은 어진마음이나 깨닫는다는 뜻이 있다. 깨닫는다는 말에는 아는 것을 실천하여 끊임없이 개선해 나간다는 의미가 내포되어 있다.

"말하고자 하는 바를 먼저 실행하라. 그런 다음 말하라"는 것처럼 논어는 실천과학이다. 영국의 철학자 프란시스 베이컨(Francis Bacon, 1561~1626)은 "아는 것이 힘이다(Knowledge is power)"라고 했지만, 아는 것만으로는 부족하다. 아는 것을 실천해야 힘이 되는 것이다.

인(仁)이라는 글자는 사람 인(人) 변에 두 이(二)가 결합된 한자다. 사람이 둘만 모여도 서로를 위해 해야 할 것이 있고, 이것은 곧 상대방의 입장에서 생각하는 마음씨라는 것이다. 그렇게 '남을 위하는 마음'이 바로 인이다. 논어는 나의 삶을 잘 살아가며 남과 조화를 이루고, 결국 좋은 세상을 만들어가는 지혜를 전해주는 것이다.

그래서 논어에는 배려의 정신이 깔려 있다. 배려는 소통의 기본이고, 소통은 상대방이 원하는 것을 주는 것이다. 사람들은 배려와 소통이 이루어질 때 아주 사소한 일에도 감동을 받는다.

● 바바하리다스의 물동이

바바하리다스의 『산다는 것과 죽는다는 것』에는 배려에 대한 이야기가 나온다. 앞을 못 보는 사람이 캄캄한 밤에 물동이를 머리에 이고, 한 손에는 등불을 들고 길을 걷고 있을 때 그와 마주친 사람이 "당신은 참 어리석군요. 앞을 보지도 못하면서 이 어두운 밤에 왜 등불을 들고 다닙니까?"라고 묻자, "당신이 나와 부딪히지 않게 하려고요. 이 등불은 나를 위한 것이 아니라 당신을 위한 것입니다"라고 대답했다.

● 진실한 리더

한밤중 어떤 단체에 예기치 않은 문제가 발생해 다음날 아침 6시에 긴급회의를 소집하기로 했다. 아침 회의실에 모인 회원은 모두 일곱 사람이었다. 여섯 사람의 회동이었는데 아무도 부르지 않은 한 사람이 더 온 것이다. 회장은 누가 불청객인지 알 수 없어 말했다.

"여기에 나오지 말아야 할 사람은 당장 되돌아가시오."

그러자 가장 유능하고 그 회의에 꼭 필요한 리더 격인 사람이 나가버렸다. 그는 잘못 알고 나온 일곱 번째 사람에게 굴욕감을 주지 않기 위해 자신이 나가버린 것이다.

리더는 스스로가 뛰어나다는 점을 굳이 입증할 필요가 없다. 출중한 부하들에게 능력을 마음껏 펼칠 수 있도록 기회만 만들어주면 된다. 유능한 부하들과 일한다는 것 자체가 뛰어난 리더라는 것을 입증한 것이다.

입맛까지 파악해 두었다가 상대방이 원하는 것을 헤아려 주문해준다면 얘기가 달라진다. 사람들은 사소하거나 아주 작은 일에 감동을 받는다. 작은 것이지만 그 안에 커다란 마음이 들어 있기 때문이다.

● 마크 트웨인

「톰 소여의 모험(The Adventures of Tom Sawer)」을 쓴 마크 트웨인(Mark Twain, 1835~1910)의 어린 소년 시절의 얘기다. 마크는 로라 호킨스라는 소녀를 좋아했다. 하루는 로라가 선생님 책상 밑에 있는 책을 보고 호기심으로 책을 꺼내 보다 그만 책장을 찢고 말았다.

선생님께 혼날 생각에 겁이 질려 고민하고 있는 로라에게 마크는 걱정 말라고 안심을 시켰다. 그리고 선생님이 들어오자 큰소리로 "선생님 제가 실수로 선생님의 책을 찢고 말았습니다. 죄송합니다. 벌을 달게 받겠습니다."

선생님은 아끼던 책이 망가진 것에 화가 나 회초리로 마크를 호되게 때렸다. 그러나 로라는 그 후로 마크를 좋아했고, 둘은 두터운 우정이 싹터 가까운 친구가 되었다.

● **초(楚)나라 장왕(莊王)**

중국 춘추전국시대의 초나라 장왕은 전쟁에 큰 공을 세운 장수들을 초청하여 초성에서 연회를 베풀었다. 그때 갑자기 강한 바람이 불어와 연회석 촛불이 꺼져버렸다. 그런데 이 어둠을 틈타 장왕의 애첩 애희에게 누군가가 입을 맞췄다. 애희는 장수가 쓴 투구에 표시를 해놓고 왕에게 일러바쳤다.

그러나 왕은 장수들의 투구들을 모두 벗겨 한 곳에 모은 후 촛불을 켜도록 했다. 그리고 "자, 모두들 즐겁게 노시오"하며 연회를 계속했다. 이렇게 해서 애희의 기지는 효과를 보지 못했고 입을 맞췄던 장수는 위기를 면했다.

그 후 장왕이 진나라와의 싸움에서 적군에게 포위되어 위급한 상황에 놓였다. 이때 말 탄 장수가 고슴도치처럼 화살에 맞으며 장왕을 구출했다. 장왕은 죽음을 두려워하지 않고 자기를 구출해 준 장수에게 고맙다는 말을 했다. 그러자 그 장수는 "제가 초성에서 애희에게 못된 짓을 했습니다. 그날 밤 폐하의 너그러운 마음에 감복하여 목숨을 바칠 것을 맹세했습니다." 그리고는 얼굴에 가득히 미소를 띠우며 눈을 감았다.

결국 초나라 장왕은 진(晉)나라를 패퇴시키고 춘추오패(春秋五覇)로 군림하게 되었다. 이와 같이 장왕의 작은 배려가 세상을 바꾸게 한 것이다.

● **미우라 아야코(三浦綾子)의 「내가 세상에 남긴 것」**

"일생을 마친 다음에 남는 것은 우리가 모은 것이 아니라 남에게 준 것이다. 악착스럽게 모은 돈이나 재산은 그 누구의 마음에도 남지 않지만 남몰래 하는 적선(積善), 진실한 충고, 따듯한 격려의 말 등은 언제까지나 남는다. 많은 사람이 '나는 남보다 시간이, 재산이 여유가 없다'고 말한다.

하지만 세상에는 나보다 더 어렵고 힘들게 살아가는 사람들이 훨씬 더 많다. 지위나 재산, 명예가 있어야 꼭 무언가를 남길 수 있는 것은 아니다. 내 도움이 필요한 주변의 이웃을 한 번 더 돌아보는 마음, 따듯한 마음만 있으면 우리 삶을 더욱 풍요로워진다."

—미우라 아야코의 「속 빙점(續氷点)」에서

세상을 아름답게 하는 배려

배려는 나를 넘어서는 도약대요, 세상과 조화를 이루는 연결고리다. 세상을 이끌어 온 원동력은 힘이 아니라 배려다. 인류가 살아남기 위해 무리를 지었고 사회라는 것을 만들었다. 이 사회의 한 일원인 사람과 사람 간의 관계를 어어 주는 고리가 바로 배려다.

이처럼 인간 세상은 배려에서 출발하며, 예의범절이나 법질서와 제도 같은 모든 것이 서로를 위한 배려에서 나온 것이다. 이런 사소한 배려들이 모여 세상을 아름답게 만들어가고 있다.

배려는 우리 일상생활에서 날마다 즐기는 자연스러운 것이다. 어떻게 보면 배려와 경쟁은 이율배반적인 것 같지만, 우리의 삶을 지탱시켜 주는 게임의 기본 룰이다.

마치 배려가 인내하고 포용하는 인(仁)의 정신이라면 경쟁은 배척하고 판단하는 의(義)의 정신이 들어 있다. 하지만 이 둘은 언제나 공존하여 조화를 이룬다. 사람은 능력이 아니라 남에게 베푸는 배려로 자신을 지킨다.

배려는 내가 받기 전에 상대가 원하는 것을 먼저 주는 것이다. 사소하지만 위대한 힘이 있고, 자연스럽고 즐거운 것이다. 그래서 세상이 아름다운 것이다. 배려는 선택이 아닌 공존의 원칙이다. 행복과 즐거움과 성공의 제일 조건은 모두 배려에서 시작된다.

나는 이 순간에도 내가 살아온 과거를 돌이켜보며 내 자신에게 네 가지 질문을 던져본다. '나는 참으로 용기를 잃지 않고 살았던가?', '나는 참으로 성실하게 살았던가?', '나는 참으로 올바른 판단을 해가며 살았던가?', '나는 참으로 남을 배려하며 살았던가?'

이 물음 중 가장 부족했던 것이 헌신 봉사하며 남을 배려하는 삶이었다. 이제라도 부족했던 남을 배려하는 삶을 실천하며 살아갈 것이다. 사랑한다는 것은 상대방을 배려하는 것이기 때문이다.

가장 소중한 가치, 인간의 생명

세상 사람들을 의식하고 사는 사람들은
진정한 자기의 인생을 사는 것이 아니다.
세상 사람들의 대리 인생을 사는 것이다.

아내의 병세가 심각할 때 많은 이들이 병문안을 와 위로를 해주었다. 고맙고 감사한 마음으로 가슴속에 간직하고 있다. 그런데 어떤 사람은 나를 위로하기 위해 "이제 할 도리를 다했으니 그만 포기하는 것이 어떠냐?"는 식으로 이야기 한다.

물론 환자의 고생도 심하고, 환자를 돌보는 내 처지가 옆에서 보기에 딱해서 하는 말이다. 나는 그런 말을 들을 때마다 실망하며 그 사람을 다시 한 번 쳐다보게 된다. '할 도리'란 도대체 어디에 기준을 두고 한 말인지 이해가 가지 않기 때문이다.

그리고 아내를 포기하고 안하고는 함부로 할 말도 아닐뿐더러, 그것은 전적으로 내 가치관과 신앙에 관한 문제이다. 그런 말을 아무런 생각 없이 어드바이스 하는 것은 상대의 마음을 살피지 못한 지나친 행동이다.

내가 할 도리를 다했다는 것은 어불성설이다. 내게는 세상 체면을 의식한 말로밖에 들리지 않는다. 이 세상에서 가장 사랑하는 아내를 완치시켜 살려내는 것, 그리하여 남은 생을 오래도록 함께 할 수 있도록 가치 있는 삶을 사는 것이 내가 할 진정한 도리다.

사람은 각자 가지고 있는 인생관과 세계관이 다르다. 어떠한 가치관을 가지느냐가 다 다르기 때문이다. 그러나 세상 사람들을 의식하고 사는 사람들은 진정한 자기의 인생을 사는 것이 아니다. 세상 사람들의 대리 인생을 살 뿐이다.

가치 중 가장 소중한 가치는 하나님이 주신 인간의 생명이기에 자신의 삶을 살아야 한다. 그런데 아직 병상에 누워 있는 아내를 앞에 놓고 있는데 어떻게 할 도리를 다했단 말인가?

인간이 산다는 것을 가치를 추구하는 것이다

인간이 소중하게 생각하고 좋다고 느끼는 것을 가치(영 : Value, 독 : Wert, 프 : Valeur)라고 한다. 그리고 이 '가치란 무엇이냐'를 연구하는 철학의 한 부문이 '가치론'이요 '가치철학'이다. 가치란 인간의 욕구와 관심을 충족시켜주는 것이요, 가치는 보편타당성(普遍妥當性)을 갖는다. 따라서 가치는 흥미의 대상이 되기도 한다.

건강은 신체적 가치요, 이재(利財)는 경제적 가치요, 쾌락은 감각적 가치요, 진(眞)은 학문적 가치요, 선(善)은 도덕적 가치요, 미(美)는 예술적 가치요, 성(聖)은 종교적 가치인 것이다.

이러한 가치를 금액으로 표시하는 것이 가격(價格)이다. 그러나 금액으로 표시할 수 있는 경제적 가치보다는 금액으로 표시할 수 없는 정신적 가치가 훨씬 더 숭고한 가치이다.

인간은 저마다 자기 나름의 가치관과 가치체계를 가지고 그 가치관에 따라서 행동하고 생활한다. 산다는 것은 가치를 추구하는 것이요, 생의 목적은 가치창조(價值創造)에 있다. 가치관과 인생관의 근본 문제는 무엇을 최고의 가치로 보느냐이다. 잘못된 가치관은 인생을 불행하게 만들지만 올바른 가치관은 인간을 행복하게 만든다.

윤식이와 윤정이가 어렸을 때 엄마가 "너희들 장래에 무엇이 될래?" 하고 물었을 때 두 아이는 모두 의사가 되겠다고 했다. 그러나 의사가 되려는 그 이유는 완전히 달랐다. 윤식이는 "돈을 벌기 위하서"라고 했고, 윤정이는 "엄마가 아프니 엄마를 치료해주고, 또 아픈 다른 사람들도 치료해주기 위해서"라고 했다. 똑같은 직업을 희망함에도 사명감과 긍지를 가진 사람과 그렇지 못한 사람과의 가치관은 이렇게 다르다.

이러한 가치관의 변천은 '물건에 대한 가치의 단계'에서 '신체적 가치의 단계'로, 그리고 '정신적 가치의 단계'로 변천해 왔다. 정신적 가치의 중요 항목으로는 지혜, 용기, 사랑, 정의, 성실, 근면, 신용, 인내, 겸손, 애국심, 책임, 협동, 정직, 절제, 침착 등의 덕목을 들 수 있다.

그런데 인간은 물건에 대한 가치나 신체적 가치보다 정신적 가치가 더 중요하다는 것을 깨닫게 되었다. 물건과 신체적 가치가 외적 가치관이라고 한다면, 정신적 가치는 내적 가치관이다. 이러한 인간의 가치관은 외적 가치에서 내적 가치로 발전해 왔으며, 그 마지막 단계는 '인격적 가치 단계'라고 할 수 있다.

정신적 가치의 근본과 원천이 되는 인격이야말로 가치 중에서 가장 으뜸가는 가치다. 인격은 가치 중의 가치요, 소중한 것 중에서 가장 소중한 것으로 인간의 가치관의 결론이다.

● 임마누엘 칸트의 인격주의

임마누엘 칸트(Immanuel Kant, 1724~1804)는 도덕의 입법자로서의 인격은 '목적 그 자체'라고 하여 여기에 최고의 가치를 두고, 일체의 다른 가치는 그것을 규준(規準)으로 하여 재었다.

그리고 "너의 인격 및 모든 타인의 인격에서 인간성을 항상 동시에 목적으로 취급하고, 결코 단순히 수단으로 취급하지 않도록 행동하라"는 유명한 도덕 법칙을 제창하였다. 즉 임마누엘 칸트는 가치를 수단 가치(상대적 가치)와 목적 가치(절대적 가치)로 분류했다. 그는 이 세상에 두 가지 가치만 있을 뿐이라고 했다.

수단 가치는 그 자체가 가치가 있는 것이 아니고, 인간의 생활에 수단으로 쓰이기 때문에 비로소 가치가 있다는 것이다. 즉 집이나 옷, 자동차, 가구, 금, 은, 보석 등은 우리가 생활을 하는데 필요해서 가치가 인정되는 것이다. 이러한 수단 가치는 대용할 수 있고 교환할 수 있으며 매매할 수도 있다. 그래서 수단 가치를 상대적 가치라고도 한다. 수단적 가치는 화폐로 가격을 환산할 수 있다.

목적 가치는 그 자체가 목적으로서 가치가 있는 것이다. 목적 가치를 갖는 것은 인간의 인격밖에 없다. 목적 가치인 인격은 유일무이한 개성을 갖는 생명체이기 때문에 딴 것과 대용할 수 없고 대치할 수 없으며 교환할 수 없고 매매할 수도 없다. 인격은 돈으로 환산할 수도 없지만, 가격 대신에 품위와 존엄성을 갖는다.

인격은 절대적이고 무조건적인 가치다. 품위와 존엄성이 있기에 존경의 대상이 된다. 그러나 물건이 아무리 비싸고 귀한 것이라 할지라도 물건을 보고 존경하는 사람은 없다. 그러기에 우리는 인격을 물건과 같이 단순한 수단으로 다루어서는 안 된다.

러시아의 철학자 솔로비요프(Soloviyov, 1853~1900)는 인격의 특이한 감정으로 수치(羞恥, Shame)와 연민(憐憫, Pity)과 경건(敬虔, Piety)의 세 가지 감정을 들었다.

이것이 인간과 동물의 차이점이다. 동물은 쾌락은 느끼지만 부끄러움을 모른다. 동물은 본능과 충동과 감성적 욕구대로 살기 때문이다.

그러나 가치 중의 으뜸이 되고, 가치관의 결론인 인격도 인간의 생명이 전제되어야 한다. 인간의 생명이 없다면 인격이 무슨 의미가 있겠는가? 그러므로 무엇보다 소중한 것이 인간의 생명이고 인간의 존엄성이다.

인간의 생명은 다른 것과 대용할 수도 없고 대치할 수도 없으며 교환할 수도 매매할 수도 없다. 그러기에 인간의 생명은 누구도 경시할 수 없다. 인간의 존엄성이야 말로 우리가 존중해야 할 가장 소중한 가치인 것이다.

인간은 누구나 주님의 부름을 받을 때까지 삶의 의지가 있기에 아내를 포기하라는 말은 하나님 외에 그 누구도 말할 권리가 없다. 삶의 의지는 하나님이 주신 인간의 본성이다.

● 삶의 의지

"조금 전 나는 다른 사람들을 따라 죽음의 수용소라 불리는 아우슈비츠를 돌아보았고, 그 공간을 가득 채운 가공할 야만의 기술과 그것들이 가져온 죽음들의 끔찍함을 질리도록 목격하고 나오는 길이다. 사람의 머리칼로 만든 카펫, 지하실 속에 있는 아사감방과 생체실험의 현장이었던 수용소 병원, 집단 교수대와 총살의 벽, 한 줌의 독가스로 수천 명의 목숨을 앗아간 그 유명한 가스실과 화장터까지 눈자위가 붉어진 사람들을 따라 그 죽음의 공장을 걷는 동안에도 나는 줄곧 이 죽음의 공장을 거쳐 간 한 소년의 이야기를 애써 생각해내려 했다."

2002년 노벨문학상 수상작가인 헝가리 태생 임레 케르테스의 소설 「운명」에 나오는 내용의 한 구절이다.

소설의 주인공인 15살짜리 소년은 아우슈비츠라는 곳이 지옥의 이름이 아니라 이 지구의 어느 곳엔가 있었던 마을 이름이라고 생각하며 안도감을 느꼈다고 했다.

그리고 수용소의 현실을 당연한 것으로 받아들이며 하루하루 억압된 질서에 순응하며 목숨을 부지하는 일에 몰두한다. 그리고 그렇게 살아남은 소년이 고향으로 돌아온 뒤 이렇게 말했다.

"아우슈비츠의 굴뚝에서조차도 고통 속에 잠시 쉬는 시간에 행복과 비슷한 무엇이 있었다."

600만 명의 유대인을 죽인 나치를 '절대 악', '사악한 나치'라고 단정 지을 때 과연 몇 사람이 이에 이의를 달겠는가? 그러나 이 소년이 느꼈던 '수용소의 행복'이란 우리가 생각하는 행복의 뜻과는 다를 것이다.

이 소년이 보인 그의 운명에 대한 순응, 그곳을 거쳐 간 사람들이 사용했던 초라한 숟갈과 식기, 칫솔과 가재도구, 또한 그와 같은 상황 속에서도 적어 놓은 시와 악보들을 보고 눈물겹게 느껴지는 것은 무엇을 의미하는가? 바로 '생의 의지'이다.

우리 인간에게는 완전한 행복도 없지만 그렇다고 완전한 불행도 없다. 또한 인간의 생의 의지라는 것은 인간 스스로의 자유로운 선택에 의하여 결정되는 것이 아니라는 점을 우리는 알아야 한다.

급박한 세상에서 모든 것이 감금될지라도 내적 자유를 누가 금지시킬 수 있겠는가? 그에게 수용소는 참상의 장소이면서도 행복의 장소였다.

그는 운명에 갇히지 않고 운명에서 자신의 자유를 찾으려 했다.

역사상 승리의 월계관을 쓴 인물들 모두가 그랬다. 자기의 운명을 저주하거나 비관하거나 부정하거나 포기하지 않고 자기의 운명을 긍정하고 사랑하고 감사하는 사람들이었다.

최근 우리 사회에는 "생존이냐 죽음이냐? 또는 선이냐 악이냐?"라는 흑백의 이분법만이 존재하는 것 같다. 그러나 어느 곳에서든지 우리가 선택해야 할 인간의 진실이 있다. 죽음 앞에서도 살아남으려는 의지야말로 주님께서 원하시는 새로운 창조라 할 수 있다.

참된 선행은 보상을 바라지 않는다

참된 선행이란 보상이나 대가를 바라지 않는다.
삼륜청정(三輪淸淨)의 보시(布施)가 그것이다.
"내가 베푼 은혜가 아무리 커도 기억하지 못하는 건망증을 주시고, 내가 입은 은혜가 아무리 적은 것이라도 잊지 않는 기억력을 주시옵소서."

러시아의 이런 전설이 있다.

아름다운 궁전이 있는데 착한 일을 한 사람에게만 열쇠가 주어져 그 궁전에 들어갈 수 있다고 한다.

한 소녀가 꼭 들어가고 싶어서 머리를 예쁘게 빗고 아름답고 깨끗한 옷으로 단장했다. 그러나 궁전 문지기는 그것 가지고는 안 되니 매일 아침 다른 사람을 도우라고 일러주었다.

소녀는 길거리로 나아가 도와줄 사람을 열심히 찾아다녔다. 그러다가 길거리에서 늙은 거지를 만나 주머니에 있던 돈을 전부 주었다. 그러나 문지기는 열쇠를 주지 않았다.

소녀가 실망한 채 집으로 돌아오는데 짐을 잔뜩 짊어진 할머니가 언덕을 오르느라고 애쓰는 것을 보았다. 소녀는 할머니를 열심히 도왔다.

그리고 문지기에게로 달려갔으나 또 거절당했다.

소녀는 크게 실망해 모든 것을 포기한 채 집으로 돌아가기 위해 숲을 지나갈 때였다. 숲 속에서 가냘픈 신음소리를 들려왔다. 강아지 한 마리가 밀렵꾼이 쳐놓은 덫에 걸려 죽어가고 있었다.

소녀는 불쌍한 강아지 생각에 자기 자신을 다 잊어버린 채 강한 덫을 손과 발로 온 힘을 다해 벌려서 강아지를 살려냈다. 소녀의 손과 발은 찢어져 피가 흘렀지만, 자신의 치마를 찢어 강아지 상처를 싸매주고 집으로 데리고 와 먹이를 주었다.

이때 궁전 문지기가 나타나서 궁전으로 들어가는 열쇠를 주었다.

"나는 열쇠를 얻으려고 강아지를 살려준 것이 아닌데요."

소녀의 놀란 말에 문지기는 차분하게 소녀에게 말하였다.

"이 열쇠는 자기 자신과 모든 것을 잊어버리고 남을 돕는 사람에게만 주어지는 것이란다."

이 이야기처럼 무엇을 원하거나 바라면서 남을 돕는 행동은 보상이 주어지지 않는다. 착한 일이란 아무 대가나 보상을 바라지 않고 마음으로부터 우러나와 남을 돕는 것이다.

불경에도 삼륜청정(三輪淸淨)의 보시(布施)라는 말이 있다. 베풂의 세 가지를 말한다. "먼저 베푸는 사람이 내가 너에게 베푸니 내게 감사해야 한다는 맑지 못한 마음으로 보시해서는 안 되고, 보시를 주고받는 자 사이에 어떠한 조건도 개재되어서노 안 되며, 나에게 필요 없는 금품을 베풀어서도 안 된다"는 말이다.

아내는 평생을 살아가며 남에게 베풀기를 좋아했다. 내가 보너스를 받아 크게 마음먹고 사준 오버코트도 조카가 예쁘다고 하면 입으라고 벗어 주고, 일본 친구가 가져 온 전기밥솥도 둘째누님 밥솥이 낡았다고 하자 우리 집 밥솥도 낡아서 새로 사야 할 형편인데도 주어버렸다. 또 어렵게 장만한 밍크오버를 몸이 불편한 사촌 올케가 병원 다닐 때 입으라고 선물해버렸다.

이처럼 아내는 나보다도 더 물질에 대한 욕심이 없다. 약혼식을 하고 아내와 함께 고향집에 내려갔을 때였다. 형님이 아내에게 "내 아우는 이재 관념이 전혀 없으니 제수씨가 잘 챙겨줘야 할 것"이라고 했다.

그러나 아내는 나보다 더 물질에 대한 욕심이 없다. 또 아내의 간병인이 "이 집에는 무엇이 생기면 남 주기에 바쁜데 이상하게도 가난하게 살지 않고 있다. 숨겨둔 도깨비 방망이라도 있는지 모르겠다"며 입버릇처럼 말한다.

아내는 제자들이나 이웃이나 친척 누구에게 베풀어도 자랑하거나 생색내는 법이 전혀 없다. 베푸는 데 더 큰 행복감을 느끼는 것 같다.

"내가 베푼 은혜가 아무리 커도 기억하지 못하는 건망증을 주시고, 내가 입은 은혜가 아무리 적은 것이라도 잊지 않는 기억력을 주시옵소서."

이 구절은 이해인 수녀의 시집 『작은 위로』에 나오는 구절이다. 이해인 수녀의 기도의 응답을 주님께서 아내에게 주신 것 같다.

Chapter 4

◆

이별_ 세상에서 가장 슬픈 말

아름다운 이별은 없습니다.

다만

아름답게 사랑한 후에는 좋은 추억이 남습니다.

소중한 추억을 남겨준 사랑에 감사합니다.

돌아오라 부름 받은 아내

누구나 죽는다는 것을 기억하자(Memento Mori.).
삶은 죽음의 서곡(序曲)이다.
인생은 죽음의 통로를 향한 순례 여행이며
죽음이란 고달픈 세상에서 탈출하는 출애굽이다.
죽기가 싫으면 태어나지 않으면 된다.

이 세상에는 그 누구도 피해갈 수 없는 확실한 사실이 있다. '누구나 언젠가는 죽는다는 사실'이다. 그러나 '언제 어디서 어떻게 죽느냐'하는 것은 아무도 모른다.

인간은 빈부귀천(貧富貴賤)을 떠나 누구나 장생불사(長生不死)를 꿈꾸지만, 누구도 죽음에서 벗어나거나 비켜갈 수는 없다. 나는 죽음이라는 필연적인 만남을 피할 수 없다는 것을 잘 알고 있었다. 하지만 아내의 죽음이 설마 이렇게 빨리 눈앞에 현실로 다가올 줄은 생각지 못했다.

그리고 그날 이후로 스스로를 위로했다.

"슬프고 허망하고 모든 것이 끝장이라고 생각되는 죽음…. 우리는 죽음 때문에 슬퍼하지만, 그 죽음이 없다고 과연 우리 인생은 행복할까?"

아내는 13년간을 병상에서 투병했으며, 입원 중 몇 번 죽음의 고비를 넘기고 퇴원했다. 그 때마다 아내가 죽음에서 완전히 해방된 줄 알고 좋아했다. 하지만 지금 생각해보니 그 환희도 한 순간에 불과했다.

죽을 고비에서 어렵게 해방된 사람들은 그 고비를 넘길 때마다 환호하고 안도하겠지만, 누구도 죽음을 몸 밖 저 먼 곳으로 쫓아낼 수는 없다. 오히려 죽음의 몇 고비를 넘겨도 죽음은 여전히 우리 안에서 그림자처럼 끈질기게 삶과 함께 존재한다.

우리는 이 세상에 태어날 때 죽음을 안고 태어난다. 우리는 흙이니 흙으로 돌아간다(창세기 3 : 19). 우리의 존재 속에는 이미 죽음이 잉태되어 있다. 그래서 철학자 하이데거(Heidegger 1889~1976)도 "인간은 죽음에의 존재(Sein zum Tode)"라고 했다.

옛날 중국 하(夏)나라의 시조이며 성군이었던 우(禹) 임금님이 배를 타고 갈 때 배가 전복될 뻔했다. 사람들은 모두 놀라 공포에 떨었지만 우 임금님만은 조금도 두려워하지 않고 "'생기야(生寄也), 사귀야(死歸也)"라고 태연자약하게 말했다.

인간이 이 세상에서 산다는 것은 잠시 몸을 맡기는 것이요, 죽는다는 것은 자기의 본향으로 돌아간다는 뜻이다. 따듯한 정을 나누며 행복한 여로를 함께 걷다가도 갈림길에 다다르면 쓸쓸히 헤어져야 하는 것이 인생이다.

이처럼 모든 인간사는 시작 속에 이미 종말이 숨어 있다. '시작이 먼저냐, 종말이 먼저냐'는 각자의 시각에 따라 판단을 달리하지만, 나는 종말이 먼저라고 생각한다. 우리의 시작은 이미 예정된 종말을 향해 다가가는 첫 걸음일 뿐이다. 인간 자체가 유한의 존재이기 때문이다.

시간은 쉬지 않고 과거로 흘러가 내가 가지고 있는 한정된 미래는 점점 짧아지고, 미래 속에 있는 기대 역시 하나 둘 소멸해간다. 오직 늘어나는 것은 과거의 시간과 추억들뿐이다. 이렇듯 나의 미래는 점점 짧아지고 과거는 점점 길어져 가다가 모든 미래가 과거로 전부 소진되어 없어질 때 내 인생도 끝이 난다. 그리고 그 인생이 끝이 날 때 죽음도 함께 끝이 난다.

지금부터 거의 1300년 전에 중국에 가상(嘉祥)이란 유명한 고승이 있었다. 그 분은 임종 게(偈)에 이런 글을 남겼다.

"이(齒)가 있고 털(毛)이 있는 사람치고 생을 사랑하고 죽음을 두려워하지 않는 사람이 없다. 죽음은 생에 의해 온다. 내가 만약 태어나지 않았다면 무엇에 의해 죽음이 있으랴. 의당 그 처음 태어남을 보고, 드디어 죽음이 있음을 알지니라. 마땅히 생에 울고 죽음을 두려워하지 말지니라(含齒載毛者 無受生不怖死 死依生來 吾若不生 因何有死 宜見其初生知終死 應啼生勿怖)."

후세에 이 유게(遺偈)를 사불포론(死不怖論)이라 칭하고 있다. 죽기가 싫으면 태어나지 않으면 된다는 것이다.(『般若心經講義』, 前田龍· 田大錫 共譯)

그래서 우리는 죽음이라는 예고되고 명백한 사실에 대하여 공포와 절망만 할 것이 아니라 겸허하게 승복하고 미리 맞이할 준비를 해야 한다.

사람은 죽음에 직면하면서 불안과 두려움을 느끼지 않을 수 없다. 왜냐하면 죽음은 하나의 신비이기 때문이다.

아무리 사랑하는 사람이라도 대신 죽어줄 수 없고 함께 죽어 주지도 못한다. 죽음 앞에서는 그 누구도 속수무책으로 바라만 볼 뿐이다. 나는 나의 죽음을 죽어야 하고 너는 너의 죽음을 죽어야 한다. 홀로 태어나고 홀로 죽는 독생독사(獨生獨死)는 인간의 운명이다. 죽음의 길은 누구도 동행할 수 없다. 그래서 죽음은 인간의 가장 고독한 행동이고, 인간 실존

(實存)의 가장 숙연한 한계상황이다.

죽음을 경험해 본 사람은 아무도 없다. 죽은 후 천당과 지옥에 가 본 사람도 없다. 그러나 나는 천당이 있음을 믿는다. 사후의 문제는 지(知)의 문제가 아니고 믿음(信)의 영역이기 때문이다.

성경에서는 두려움의 반대말을 사랑이라고 한다. "온전한 사랑과 믿음은 두려움을 내어 쫓는다." 나에게도 죽음에 대한 두려움이 자리 잡고 있었지만, 사랑과 믿음으로 두려움의 지배를 받지 않고 죽음에 접근하고 있다. 우리가 알아야 할 진리가 있다.

세상에서 소유의 기쁨이 크면 클수록 죽음을 맞이할 때 닥쳐오는 두려움도 정비례하여 커진다. 알맞은 소유는 인간을 자유롭게 한다. 소유가 도를 넘으면 소유가 주인이 되고, 소유하는 자는 소유의 노예가 된다.

또한 우리는 원하는 것과 필요한 것을 구분할 줄 알아야 한다. 원하는 것을 어떻게 다 소유할 수 있겠는가? 죽음의 준비는 소유의 기쁨에서 벗어나는 것이다. 이 세상에 내 것이 하나도 없다는 것을 알아야 한다. 돈도 재물도 지식도 명예도 권세도 잠시 맡아서 관리할 뿐이다.

세상에서 누리는 부귀영화는 극히 제한적이고 한시적이며 헛된 것이다. 진짜 무한하고 영원한 영화는 하늘나라에 약속되어 있다. 이 땅에서 누리는 영화는 하늘나라에 약속된 것에 비하면 수천만 분의 일도 안 된다. 그저 하늘나라에 무한한 영화가 있다는 증거일 뿐이다. 그래서 세상에서 누리는 영화를 신학용어로 약속에 대한 분할성취(分割成就)라고 한다.

서양 속담에 죽을 때 입는 "수의(壽衣)에는 주머니가 없다"란 말이 있다. 죽음에 대해 많은 생각을 해보았지만, 아내가 주님으로부터 돌아오라는 부름을 받고 떠난 후부터 두려움이 아닌 사랑으로 죽음에 대하여 묵상하고 있다. 사람이 오래 산다고 다 행복한 것은 아니기 때문이다.

그리스 신화에 나오는 무녀(巫女) 시빌레는 태양의 신 아폴론의 사랑을 받아 어떤 소원이든 한 가지 들어주겠다는 약속을 받았다. 그녀는 한 움큼의 모래를 쥐고는 모래알 수만큼의 수명을 달라고 했다.

그렇지만 수명이 다할 때까지 젊음과 건강을 유지해 달라는 말은 하지 않았기에 나이가 드는 만큼 계속 늙어갔다. 늙어 갈수록 몸이 점점 줄어들어 마침내 병속에 담겨 동굴 천정에 매달린 채 아이들의 조롱거리가 되는 신세가 되었다. 이러한 경우에는 장수가 축복이 아니라 재앙인 것이다.

그럼, 사람은 언제까지 사는 것이 좋을까? 알렉산더 대왕이 인도에서 만난 어느 철학자에게 인간은 얼마 동안 사는 것이 좋으냐는 물음에 "죽는 것이 사는 것보다 낫다고 생각할 때까지"라고 답했다. 이 답이 가장 합리적이고 옳은 답일 것이다.

창세 이래 가장 오래 산 사람은 에녹의 아들이고, 노아의 할아버지인 무드셀라(창 5 : 21-29)로 969세를 살았다. 무드셀라가 그 긴 세월동안 행복하게 살았는지는 성경의 기록이 없다. 그러나 현대인의 한계수명은 의학상 대체로 125세라고 한다(春山茂雄의 『腦內革命』).

실제로도 현재까지 공식적으로 가장 오래 산 사람은 프랑스의 잔 칼망(Jeanne Calment, 1875~1997)으로 122년 164일을 살았다. 아무리 화려한 무대라도 공연시간은 한정되어 있는 것처럼, 아무리 복을 많이 받고 태어나 화려하게 사는 사람이라도 수명은 한정되어 있다.

아내의 소천

집에서 요양하던 아내가 2008년 10월 18일 갑자기 열이 38도에 가까워

급히 한양대에 입원시켰다. 아내는 면역력도 약해서 다른 병균의 전염이 쉬워 언제나 주의하지 않으면 안 되었다.

아내의 신장 이식 후부터 주치의를 맡아주신 한양대 강종명 교수는 열이 오르는 것을 경계했다. 그래서 열이 오르면 즉시 입원을 시켰다. 여러 가지 검사를 해보았으나 특별한 이상이 발견되지 않아 평소처럼 병실 복도를 오가며 휠체어 운동도 하고 재활치료도 했다.

그런데 10월 25일 저녁 9시 반경 병원에서 아내와 헤어져 집에 도착할 무렵 급하게 보호자를 호출했다. 황급히 병원에 도착해보니 낮에는 이상 없었던 아내의 체온이 39도가 넘고 호흡을 제대로 못했다. 더구나 산소포화량이 60%(100이면 양호한 상태)에도 못 미쳤다. 폐동맥이 막혀 산소와 이산화탄소의 소통이 어려웠던 것이다.

급히 중환자실로 옮겨 인공호흡기를 달고 치료해야 한다고 했다. 중환자실에 입원시키고 치료를 받았으나 급기야 2008년 12월 15일 17시 30분, 아내는 한양대학병원 중환자실에서 패혈증으로 죽음을 맞이한 것이다.

아내를 가장 사랑하는 남편이 지켜보는 앞에서 숨을 멈췄다. 그때 나는 콧물눈물이 뒤섞여 눈앞에 아무 것도 보이지가 않았다. 그 때만큼 내 존재가 초라하고 무능하게 생각된 적은 없었다.

단지 피곤하고 지친 아내의 영혼을 사랑과 관용과 평화의 장막으로 주님께서 따듯하게 감싸 달라고 기도만 했을 뿐이다. 정신을 차려 산소호흡기를 떼어주고, 체온을 느낄 수 없는 아내의 두 손을 모아 배 위에 편안하게 얹어놓았다.

아내는 그렇게 조용히 그리고 평화롭게 13년간의 힘든 투병생활을 끝내고 하나님의 품에 안겼다. 한 인간의 삶이 간단하고 깨끗하게 막을 내린 것이다. 아내는 부착된 산소 호흡기 때문에 말 한 마디도 남기지 못했지만, 아주 평온한 표정에서 내 가슴으로 전해오는 아내의 음성을 들었다.

인간이 가지고 있는 식별과 소통의 기능은 사람이 극한 상황에 처했을 때 말이 없이도 정확하고 빠르게 전달된다. 아니 그보다도 아내와는 오랜 기간 함께 살아오며 마음의 소리, 영혼의 소리를 서로 읽어가며 일체감을 가진 지음(知音)의 사랑을 나누어 왔기 때문일 것이다.

"당신! 내 죽음을 슬퍼하지 마세요. 눈물을 빨리 거두세요. 당신답지 않게 울기는 왜 울어요. 오히려 하나님 곁에 가는 내 죽음을 축하해 주세요. 행복했어요. 하늘나라에서 만날 때는 더욱 사랑할게요."

신앙은 사람의 죽음을 아름답고 은혜롭게 만든다. 어떤 사람에게는 죽음이 두려움에 대상이 되지만, 우리 믿음의 자녀들에게는 오히려 안식의 시작이다.

슬프고 허망하고 모든 것이 끝이라고 생각되는 죽음…, 죽고 사는 것은 사람의 의지와 노력으로 되는 것이 아니다. 나는 정성을 다 쏟아 아내의 수명을 연장하려 했다.

마치 고대 로마의 철학자 마르쿠스 아우렐리우스가 그의 『수상록(隨想錄)』에서 말한 것처럼, 오늘이 아내와 마지막 날이라 생각하며 매일 매일을 아내에게 사랑과 정성을 다 쏟아가며 간호했지만 천명(天命)을 거스를 수는 없었다.

영국의 사상가이자 시인인 토머스 칼라일(Thomas Carlyle, 1795~1881)은 「쿠이 보노」(Cui Bono, 라틴 어로 '무슨 소용이 있는가?')란 시에서 인생의 덧없음을 이렇게 노래했다.

Cui Bono

—Thomas Carlyle(1795~1881)

선영에 있는 아내의 묘

What is hope? A smiling rainbow
　　　　Children fallow through the wet;
T'is not here, still yonder, yonder
　　　　Never urchin found it yet.

What is Life? A thawing ice board,
　　　　On a sea with sunny shore;
Gay we sail; it melts beneath us;

　　　　We are sunk, and seen no more
　　　　What is Man? A foolish baby.
　　　　Vainly strives, and fights, and stets;
Demanding all, deserving nothing;
　　　　One small grave is what he gets.

무슨 소용이 있는가

희망이란 무엇일까? 미소 짓는 무지개
아이들이 빗속에서 따라가는 것.
눈앞에 있지 않고 자꾸 자꾸 멀어져 가서
그걸 잡는 개구쟁이는 없다.

삶이란 무엇일까? 녹고 있는 얼음장
햇볕 따스한 해변에 떠 있는 것.
신나게 타고 가지만 아래로부터 녹아들어
우리는 가라앉고, 보이지 않게 된다.

인간이란 무엇인가? 어리석은 아기
헛되이 노력하고 싸우고 안달하고
아무런 자격도 없이 모든 걸 원하지만
얻는 건 고작해야 작은 무덤하나.

토머스 칼라일은 '덧없이 스쳐가는 삶이 무슨 소용일까?'라고 노래했다. 희망은 무지개처럼 아름답고 늘 손에 잡힐 듯 가까이 있지만 막상 손을 뻗으면 멀어져만 간다. 아등바등 한세상을 살다 고작 차지하는 것은 작은 무덤 하나가 이 세상 삶의 전부다.

그러나 죽음이란 영원한 안식과 영생으로 가는 통로다. 아내는 죽은 것이 아니라 안식을 하고 있는 것이다. 사람과 사물의 지배와 고통과 번민과 같은 자신의 육적인 압제에서 벗어나 시간 속에 있는 영원한 자유와 평화라는 보물을 소유하고 있는 것이다.

마치 욥이 바라던 사후(死後)의 상태와 같이 사람이 조용히 누워있고, 악한 사람들에게 시달림을 받지 않으며, 피로의 지친 사람이 휴식을 하고 있는 것처럼 안식을 하고 있는 것이다. 투쟁이나 싸움이나 두려움이나 불신이 없는(욥 3 : 13, 17) 세상에 살고 있는 것이다.

일곱째 날에 하나님이 메누하(안식)를 창조함으로서 우주가 완성되었다고 했다. 성서적으로 메누하는 행복, 고요, 평화, 조화와 같은 것으로 후대에 이르러 내세에 있는 삶, 즉 영생과 동의어가 되었다.

하지만 메누하야말로 선한 삶의 요체(要諦)이고 죽음 후에 우리가 바라는 세상이다(Abraham Joshua Heschel의 The Sabbath). 그래서 안식에는 슬픔이나 괴로움이 있을 수 없다.

불교에서도 모든 욕망과 사리사욕이 사라져 번뇌가 없는 상태를 가리켜 해탈(解脫) 또는 열반(涅槃)이라고 한다. 해탈의 경지에서야 말로 더할 나위 없이 행복하다고 한다.

이처럼 죽음이란 고달픈 세상에서 탈출하는 출애굽이며, 인생은 죽음의 통로를 향한 순례 여행이다.

나는 아내와 순례 여행을 하면서 평탄한 길도 걷고 가파른 길도 걸어왔지만 우리는 행복했다. 그러나 함께 길을 걸을 수 있어도 길가 언덕 위에 떠 있는 구름은 보일 뿐 잡을 수는 없었다. 칼라일의 시에 나오는 무지개처럼 '언덕 위에 떠 있는 구름', 이것이 바로 내가 아내와 함께 이별 없이 누리고 싶은 '영원한 행복'이다.

이 세상에는 영원함이란 없다. 영원한 행복이야말로 우리가 잡을 수 없는 '언덕 위에 떠 있는 구름'이다. 인간과 모든 피조물은 공간만을 점유할 뿐이지 시간과는 무관하다. 시간은 하나님과 함께 하며 오직 하나님만이 소유한다.

만나면 반드시 헤어진다는 회자정리(會者定離)는 세상의 이치다. 사랑하는 사람, 남편, 아내, 자식 그리고 명예, 부귀영화 등은 영원히 움켜쥐고 싶지만 때가 되면 하나 둘 모두가 내 곁을 떠나간다. 불교의 만유무상(萬有無常), 제행무상(諸行無常)과 같은 이치다.

형태 있는 것은 반드시 소멸하기에 세상에서 태어난 것은 반드시 죽는다. 부모, 남편, 아내라 할지라도 막아주지 못하고 함께 가지 못하는 것이 죽음이다.

아내가 그립고 보고 싶다. 그러나 슬퍼하지는 말자

무상이란 생사와 흥망이 덧없음을 말한다. 부질없는 집착을 버리고 내 마음을 가볍게 비우는 것이 인생의 지혜다. 주님의 섭리에 순종하자. 떨어지는 꽃을 보고 가슴 아파한들 무슨 소용이 있겠는가. 꽃은 떨어져야 열매를 맺고, 열매 역시 자신이 죽음으로써 새 생명을 탄생시키는 것이다. 시인 이형기 님의 「낙화」에서처럼, "가야 할 때가 언제인가를 분명히 알고 떠나가는 이의 뒷모습은 얼마나 아름다운가."

우리는 저 세상을 향하여 사는 것이지 이 세상을 바라보며 사는 것이 아니다. 그러나 세상을 위해서 일은 해야 한다. 세상을 사는 동안 어느 한 순간도 소중하지 않은 것이 없다. 그래서 우리는 순간순간마다 최선을 다해야 한다.

그러면 세상에서 제일 소중한 것은 무엇일까? 아마 사랑하고 사랑을 받는 것일 게다. 인생에서 사랑하고 사랑받는 것이 중요할 뿐 나머지는 다 배경 음악에 불과할 뿐이다. 인생의 보람은 얼마나 오래 살았느냐에 달려 있는 것이 아니라, 얼마나 많이 사랑을 나누며 감격스러운 시간을 살았느냐로 가늠한다.

참나무가 3백 년 동안 서 있다가 잎도 못 피우고 썩은 통나무로 쓰러지기보다 하루만 피었다 지는 5월의 백합이 훨씬 더 아름답다.

나는 아내와 헤어져 있는 동안에도 함께 있을 때 느낄 수 없었던 더 가까운 친밀함을 체험하곤 한다. 헤어짐을 통해서도 풍성한 사랑의 열매를 맺을 수 있다고 느꼈다. 그래서 사랑의 주된 성분은 마주 바라보는 열정이 아니라 '서로의 이해'라고 믿는다. 이해의 깊이가 사랑의 척도다. 이해가 완벽할 때 사랑의 결실은 더해간다.

오늘도 아내가 그리워 선영 맨 앞줄에 누워있는 아내의 산소를 찾아가 풀벌레 소리, 새소리, 바람소리를 들으며 무덤과 그 주변의 잡초를 뽑는다. 특히 제비꽃은 번식력이 강해 뽑아 없애기가 쉽지 않다. 삼복더위의 땡볕이지만 더위는 내게 문제가 되지 않는다.

아내의 무덤 옆에 홀로 있는 내 모습은 쓸쓸하고 외롭게 보일지는 모른다. 그러나 아내와 말없는 대화를 나누고, 다시 만날 소망을 꿈꾸며 감사한 마음으로 살아가고 있다. 그 감사 속에는 위로의 힘이 있고, 기쁨의 능력도 있다. 그리고 남들을 사랑하는 기적을 일으킬 수가 있다. 이것이 감사의 원리이다.

순례의 길을 걸을 때 어떤 사람은 고독한 여행을 하고, 어떤 사람은 행복한 여행을 한다. 또 어떤 사람은 지루한 여행을 하는가 하면, 어떤 사람은 즐거운 여행을 한다. 누구와 함께 가느냐에 따라 행복과 불행이 결정된다. 나는 아내와 함께 행복한 여로를 동행하며 보낸 짧았던 지난 날들에 감사한다.

25세에 나를 만나 40년간을 희로애락(喜怒哀樂)을 함께 하며 걸어온 아내와의 추억들을 회상하는 것은 나에게 더없는 행복이다. 추억들을 더듬으며 그의 앞에서 이렇게 생각해본다.

자기 일에 최선을 다한 사람만이 행복한 죽음을 맞이할 수 있다

온종일 열심히 일한 사람만이 편안한 수면을 취할 수 있고, 자기 일에 최선을 다한 사람만이 안락한 잠을 이룰 수 있다. 또한 인생을 성실하게 열심히 산 사람만이 편안한 마음을 가지고 편안한 죽음을 맞이할 수 있다.

사람은 자기가 심은 것을 거두고, 인간은 노력한 만큼 보답을 받는다. 사람이 태어나 나의 사명과 책임을 다했다는 만족감과 자신감을 가질 때 주님께서 나를 축복하여 행복한 죽음을 허락하신다.

이렇게 아내는 최선을 다해 인생을 아름답게 살다 "돌아오라!"는 주님의 부름을 받고 다시는 돌아올 수 없는 길을 떠났다. 떠나던 그의 뒷모습은 처연(悽然)했지만 그 무엇보다 아름다웠다.

"여호와는 나의 목자이시니 내게 부족함이 없으리로다. 그가 나를 푸른 풀밭에 누이시며 쉴만한 물가로 인도하시는 도다."(시 23 : 1-2)

The Load is my shepherd, I shall not be in want. He makes me lie down in green pastures, he leads me beside quiet waters.(Psalm 23 : 1-2)

선의(仙衣)

겸손은 하나님의 은혜를 받는 그릇이다. 물이 높은 데서 낮은 데로 흘러내리는 것처럼 하나님의 은혜는 마음이 낮은 사람을 향해 흘러내린다. 또한 사람의 마음을 움직이고 감동시키는 것은 사람의 달변이 아니다. 그 말 속에 숨어있는 진실이다. 진실은 지극히 단순하고 소박하다. 그런데 단순하고 소박한 진실이 어렵고 복잡하게 느껴진다. 무엇 때문일까? 이것은 인간의 편견과 위선 그리고 이해의 부족과 교만 때문이다.

따듯한 사랑, 고마운 우정, 조건 없이 베풀어주는 친절, 남을 위한 자신의 희생, 이런 여인을 만난 사람이 있다면 이는 혼자만이 가슴에 묻어두기에는 너무나 아름답고 행복한 추억일 게다.

내가 만났던 그녀는 이 세상에 아름답게 태어나 아름답게 성장하여 아름다운 모습으로 나를 만났다.

그리고 최선을 다해 아름답게 살다 하늘로 돌아갔다. 그래서 이 세상을 떠나는 날 그녀의 뒷모습은 내 마음을 쓸쓸하게 만들었지만 그 어느 것보다 아름다웠다.

인간 세상에서의 더러움을 전혀 모르고 자라서 나를 만난 여인, 의심한다는 것 자체를 알지 못했다. 자신에게 호의를 보이는 사람은 무조건 믿고 따랐다.

인간은 누구나가 자기에게 서운하게 하거나 해롭게 한 상대자가 있다면 원망을 하거나 원한을 품을 법도 한데…. 그러나 그녀의 마음은 백지와 같아 마음의 여백만이 있을 뿐이다.

나는 처음 그녀가 겸손하고, 양보 잘하고, 남을 덮어주고, 칭찬해주고, 인정해주고, 남의 아픈 마음을 어루만져주고 치유해주고, 남이 하는 싫은 소리도 잘 들어주고, 감정도 잘 소화하기에 바보스럽게만 생각했다.

하루는 한양대 병원에 아내를 데리고 외래진료를 갔다. 신장 이식 수술을 하고 얼마 후의 일이다. 수납처에서 계산을 하며 지금껏 납부한 금액 중 몇 십만 원을 정산하여 환불을 받았다.

내가 잠깐 자리를 비운 사이에 아내가 이중으로 환불을 받은 것이다. 집으로 돌아오는 길, 차안에서 대화중 우리는 착오를 확인하게 되었다. 아내는 다시 돌아가서 반환하자고 한다. 나는 먼 길을 한참 왔는데 귀찮아서 다음 외래진료를 가는 날 반환하자고 했다.

그럼 "직원들이 일일 마감을 할 때 잔고 부족을 알게 되면 얼마나 걱정을 하겠느냐?"고 하며 빨리 돌아가서 정산하자고 한다. 아내의 고집으로 병원으로 가보니 종업원들의 쟁의가 벌어져 수납처는 물론 업무가 모두 마비되어 있었다. 우리는 업무가 재개될 때까지 2시간 이상을 기다렸다가 반환을 하고 밤늦게 집으로 돌아왔다.

'조탁부박(彫琢復朴)'이란 장자(莊子)의 말이 있다. 참 아름다움이란 새기고 쪼는 것보다 본디의 순박함으로 돌아가는 것이란 뜻이다.

"사람도 뒷모습이 충실한 사람이 제대로 된 사람이야. 뒷모습은 자신은 의식할 수 없기에 있는 그대로의 모습이 고스란히 드러나게 마련이

거든. 얼굴이나 말로는 속일 수 있어도 뒷모습은 속일 수 없지."

일본의 서예가이자 시인인 아이다 미쓰오(相田みつを. 1924-1991)가 그의 스승 다케이 데쓰오(武井哲應)에게 들어 마음에 새기고 새긴 말이다.

안 보이고 감추어진 것 같지만 뒷모습은 너무나 많은 진실을 담고 있고 또 드러낸다. 뒷등은 거짓말을 할 줄 모른다. 뒷모습이야말로 진짜 그 사람의 모습이다. 치장하고 덧칠하는 앞모습과 달리 뒷모습은 참되고 진실하고 정직하다. 이것이 나와 함께 40년간 살아온 아내의 참모습이다.

사람의 마음을 움직이고 감동시키는 것은 사람의 달변이 아니다. 그 말 속에 숨어 있는 진실이다. 진실은 지극히 단순하고 소박하다. 그런데 단순하고 소박한 진실이 어렵고 복잡하게 느껴만진다. 무엇 때문일까? 이것은 인간의 편견과 위선 그리고 이해의 부족과 교만 때문이다.

내 마음이 먼저 순수하고 깨끗하고 아름답고 상대방을 위하는 마음이 될 때 내 마음은 상대에게 다가간다. 그리고 향기로운 사람으로 우리들 기억에 오래 머물러 있는 사람은 화려한 옷에 진한 화장으로 치장한 얼굴이 아니라 소박한 모습에서 배어 나오는 친절한 마음씨를 가진 사람이다.

이 마음이 바로 성숙한 마음이요, 하나님이 원하시는 진실한 마음이다. 나중에야 뒤늦게 아내의 성숙한 마음을 깨달게 되었다. 겸손과 진실은 모든 시대, 모든 사회의 처세의 근본원리라고 한다.

그리고 겸손은 하나님의 은혜를 받는 그릇이라는 것도 알게 되었다. 사람이 겸손해질 때 하나님을 알 수 있다. 물이 높은 곳에서 낮은 데로 흘러내리는 것처럼 하나님의 은혜는 마음이 낮고 겸손한 사람을 향해 흘러내린다.

성숙한 마음을 가질 때 너와 나와의 벽은 허물어져 상대방으로부터 마음을 얻을 수 있다. 마음을 얻는 것이 재물을 얻는 것보다 낫다고 한다.

지혜 중에 가장 큰 지혜는 무엇인가? 상대방으로부터 마음을 얻는 지혜다.

지혜롭다는 것은 우선 고개를 숙일 줄 아는 것이다.

유대 속담에 "내가 없어도 태양은 뜨고 진다"고 했다. 즉 광활한 우주와 그 오묘한 섭리 속에 인간의 존재는 보잘 것 없이 작은 것이다. 한 치의 앞도 내다보지 못하는 것이 인간이다. 하지만 지혜의 문을 열면 앞이 환하게 밝혀져 인생의 난관을 헤쳐 나아가는 시야가 트인다. 지식은 사물을 알게 하지만 지혜는 먼저 내가 나를 알게 한다. 돌이켜보고 반성하면서 옛것이 선하면 택하고 악하면 버릴 줄 알게 된다. 지혜는 나를 분별하여 설 자리를 알게 한다. 지혜 있는 사람은 스스로 겸허하며 스스로 정직하다.

지혜의 소득은 금은보다 낫고 내가 가진 어떠한 귀중품도 그것에 비길 수가 없다.

예쁜 여자를 만나면 3년이 행복하고, 착한 여자를 만나면 30년이 행복하고, 지혜로운 여자를 만나면 3대가 행복하다고 한다.

나는 천사라는 말은 많이 들었지만 본적은 한 번도 없다. 인간 세상에도 천사가 있다면 바로 내 곁에 있는 성숙한 마음을 가진 아내일 것이다.

선녀의 몸으로 하늘에서 내려와 선녀탕에서 목욕을 하다가 선의(仙衣)를 나에게 빼앗겨 아이 넷을 낳아 기르며 40년을 이 땅에서 세상 사람들과 똑같이 고생을 하며 살았다.

내가 감춰둔 선의를 잃어버린 줄만 알고 살았으니 선녀도 어리석기는 세상 사람들과 마찬가지다. 하늘의 옷은 이음새가 없고 바느질 자국이 없어 '천의무봉(天衣無縫)'이라 한다. (前蜀, 牛嶠의 「靈怪錄」)

천의무봉은 옷에 바느질 자국이 없으니 자연 그대로 아름다운 옷을 뜻한다.

가장 자연스러운 것이 가장 예쁜 법이다. 내가 감춰둔 무봉(無縫)의 옷이 선의(仙衣)다. 이 옷을 돌려주었더니 갈아입고 미련 없이 하늘로 훨훨 날아 돌아갔다. 아주 아름다운 옷을 입고 아주 아름다운 모습으로 말이다.

그가 낳은 네 아이들은 다 커서 출가를 시켰고, 부모의 도움 없이도 제 앞가림을 해가며 살아가고 있으니 마음이 홀가분한 것 같았다. 다만 내가 선의(仙衣)를 40년 동안을 감춰두고 돌려주지 않은데 대한 원망은 있을지 모르지만….

그래서 나는 "당신의 옷을 내가 감춰두었노라"고 고백을 하고 사과를 했다. 그리고 고이 간직했던 선의를 내어주었다.

그러나 이제 와서 원망도 후회도 부질없는 일이다. 세상 사람들은 다 똑같은 것이니 남편이라고 예외일 수가 없다. 그래도 미안하게 생각하고 선의를 고분고분 돌려준 남편을 고맙게 생각해주었으면 좋겠다.

이제 와서 생각해보니 그가 남기고 간 깨끗한 언어, 깨끗한 양심, 깨끗한 사고, 진실된 행동은 영원히 이 땅의 사람들이 간직하고 실천해야 할 그녀의 선물인 것이다.

인생의 만남

인생의 만남은 아침이슬
풀잎에 초롱초롱 매달렸다
햇빛이 비치면 말없이 떠나간다.

인생의 만남은 한 때의 행복
영광과 환희가 잉태되지만
그리움으로 바뀌어 바람 따라 스러진다.

인생의 만남은 하늘에서 온 선녀
잃었던 선의(仙衣)를 찾아 입고
훨훨 하늘로 돌아간다.

끊어진 오작교를 맴돌던 그리움
창공을 지나 영혼으로 돌아오니
신실한 사랑으로 변해져 간다.

달구경
—꿈속에서 만난 아내

생이란 한 조각구름이 일어남이요
죽음이란 한 조각구름이 스러짐이라.
뜬 구름 자체가 본시 실체가 없나니
나고 죽고 오고 감이 모두 이와 같도다.
—서산대사(西山大師)의 게송(偈頌) 중에서

희미한 밤안개가 낀 호숫가를 아내와 함께 작은 배를 타고 노를 저어 간다. 가을이라 밤바람이 싸늘하다. 입고 있던 외투를 벗어 "춥죠?"라고 말하며 아내의 옷 위에 걸쳐주었다.

호수 저 편에는 초가을 갈대밭의 갈대꽃이 한창이다. 싸늘한 바람에 한들거리는 갈대밭은 마침 중천에 떠있는 달빛에 비취어 물비늘처럼 반짝인다. 또한 부드러운 가을밤의 달빛은 말라가는 갈대 잎도 빛나게 하고, 산산한 호숫가의 은빛 비늘과 조화를 이루어 고요하고 평화롭기만 하다.

단풍과 갈대는 다 같이 가을을 상징하건만 이글이글 타오르는 단풍을 보면 아름다워 마음의 충동을 일으킨다. 그러나 갈대를 보면 쓸쓸함 속에서도 차분하게 사색을 할 수 있는 여유를 갖게 된다.

꿈속 호숫가에서 아내와 달구경

그리고 물비늘처럼 햇살에 반사하는 갈대는 물의 이치를 알아서일까. 바람결에 순순히 고개를 숙인 갈대밭에 서면 내 마음은 편해진다.

우리는 갈대밭을 향해 노를 저어 갔다. 그리고 밤하늘에 떠있는 달을 가리키며 아내에게 "오늘 밤 달은 밝고 아름답지요. 호수도 아름답고…. 그래요, 달구경 마음껏 합시다." 아내는 아무 말 없이 배시시 웃기만 한다. 왜 그럴까? 이때 호수 위로 날아가는 기러기 떼들을 바라보다 그만 아쉽게도 꿈에서 깨어나고 말았다.

허망한 꿈이었다. 그토록 그리워 꿈속에서나마 보고파 아내를 기다려 왔다. 아내가 떠난 지 2년이 가깝도록 한 번도 나타나지 않다가 처음 만나 달구경을 한 것이다.

꿈에서 깨고 나니 장자(莊子)의 「나비의 꿈(胡蝶夢)」을 이해할 수 있을 것 같다. 장자는 꿈속에서 나비가 되어 훨훨 날아다니다 깨어보니 나 자신이 있더라는 것이다. 나비가 나의 꿈을 꾼 것인가. 내가 나비의 꿈을 꾼 것인가. 장자는 현실과 이상 그리고 차안(此岸)과 피안(彼岸)의 경계를 넘나들며 물아일체(物我一體)의 경지를 체험했던 것이다.

나 역시 아내가 내 꿈을 꾼 것인지, 내가 아내 꿈을 꾼 것인지, 또 꿈속의 달구경이 현실인지 꿈에서 깨어난 지금이 현실인지 한참 분별하기가 어려웠다. 그리고 왜 그토록 그리던 만남에서 아내는 말 한 마디를 하지 않았을까?

꿈은 역시 허망하다. 그래서 꿈의 허망함을 '남가일몽(南柯一夢)' 또는 '일장춘몽(一場春夢)'이란 말로 대신하는 것 같다.

당나라 때 이공좌가 지은 「남가태수전」이 있다. 순유분이란 사람이 술에 취해 남쪽으로 뻗은 나뭇가지 그늘 밑에서 낮잠이 든다. 꿈속에서 괴안국(槐安國)에 초대되어 왕녀와 결혼을 하고 남가군의 태수가 된다. 한껏 호강을 하다 문득 깨어보니 한 토막의 꿈이었던 것이다. 이것이 남가일몽이다.

또한 「적벽부(赤壁賦)」로 유명한 북송의 시인 동파(東坡) 소식(蘇軾)이 노년에 교외를 거닐고 있었다. 마침 그를 알아 본 한 노파가 "지난 날 부귀영화는 한낮 봄날의 꿈과 같구나!"라고 탄식조로 내뱉었다. 필봉을 휘두르던 소동파였건만 세월 앞에 비춰지는 인생의 참모습을 본 것이다. 송대의 「후청록(侯鯖錄)」에서 유래했다는 '일장춘몽'의 한 자락이다.

또한 우리나라에도 꿈에 대한 이야기가 있다. 1447년 어느 날 세종대왕의 셋째아들 안평대군은 꿈속에서 무릉도원(武陵桃源)을 봤다.

무릉도원은 평화롭고 조용한 이상향(理想鄕)을 의미하는 것으로 진나라 시인 도연명(陶淵明)의 「도화원가(桃花源歌)」에서 유래했다. 일설에 의하면 무릉도원은 중국 호남성(湖南省) 상덕(常德) 동정호(洞庭湖) 서쪽에 있다고 하나 확인할 길이 없다.

16세기 영국의 사상가 토머스 모어(Thomas More, 1477~1535)가 쓴 공상소설 「유토피아(Utopia)」와 같이 세상에서 가장 좋은 곳을 의미하지만 이 세상에 그런 곳은 어디에도 없다.

안평대군은 그 아스라한 기억 속 황홀경이 잊힐세라 화가 안견으로 하여금 그림을 그리게 했으니, 이것이 안평대군의 <몽유도원도(夢遊桃源圖)>이다.

이 모두는 찰나 같은 세상의 덧없는 인생을 비유한 것이다. 장구한 세월도 알고 보면 선잠 들어 밥이 뜸 드는 시간보다도 짧다는 얘기다.

꿈은 동양에서는 실존인식(實存認識)의 경향이 강한 것 같다. 그래서 꿈에서 깨달음을 얻는다. 즉 자신의 눈을 뜨게 하는 것이 꿈이다. 반면 서양에서는 실존추구(實存追求)의 경향이 강하다. 꿈은 자신의 이상이 담긴 실존적 목표의 대상이기도 하다. 그래서 인간은 꿈을 꾸며 상상력의 날개를 펴고 미래를 향한다.

몽중설화(夢中說話)란 말이 있듯이 확실치도 않고 믿을 수도 없는 것이 꿈이지만, 사람에게 꿈이 없다면 어떻게 될까? 추구하는 실존적 목표와 대상이 없어 허무할 것이다.

믿을 수도 없고 확실치도 않은 허무한 꿈속에도 뜻이 있다고 해몽(解夢)을 하는 사람들이 많다. 일본 사람들은 정초에 후지산(富士山, ふじ)과 매(鷹, たか)와 가지(茄子, なすび)의 꿈을 길몽으로 여긴다.

성경에서 요셉은 꿈을 꾸었다(창 37 : 5). 밭에서 곡식 단들이 절하는 꿈을 꾸었다. 이 땅에서 되어야 할 인물에 대한 꿈이었다. 하늘의 해와 달과 별들이 절하는 꿈을 꾸었다고 했다.

하늘의 꿈을 꾸어야 한다. 지도자가 되려면 하늘의 꿈과 땅의 꿈을 동시에 품고 있어야 한다. 이것이 균형 잡힌 인생이다. 꿈이 있는 사람은 환란과 슬픔 속에서도 무한한 가치와 감사의 조건을 발견한다. 그래서 꿈을 꾸는 사람은 고난을 피하지 않고 세상을 이기며 살아간다.

요셉은 바로 왕을 시중들다가 감옥에 들어온 술 맡은 관원장과 떡 굽는 관원장의 꿈을 풀어주었다. 요셉이 그들에게 이르되 "해석은 하나님께 있지 아니하나이까."(창 40 : 38)

이것이 계기가 되어 요셉은 바로의 궁궐로 입성하게 되었다. 그리고 애급에 팔려 와서 총리까지 되었다. 꿈을 이루는 사람은 예외 없이 성실한 사람들이다. 창세 이래로 요셉만큼 성실한 사람도 드물 것이다.

나는 아내의 꿈을 꾸었다. 소천 2주기 7일을 앞둔 날 밤이다.

달빛 아래 잔잔한 호숫가에서 배를 저어가며 달구경하는 꿈을 꾸었다. 갈대밭을 향해 노를 저어가며 아내와 대화를 나누려 했지만, 아내는 미소만 지울 뿐 묵묵부답이었다.

꿈속의 달과 잔잔한 호수 그리고 갈대밭은 무엇을 의미하는 것일까? "춥냐?"고 물어도, "달과 호수가 아름답지 않느냐?"고 물어도 왜 아내는 말 한 마디 대답이 없었을까?

천국은 말없이 사는 곳일까. 아마 천국에서는 모든 소통이 성령의 인도로 가능하여 이 세상처럼 언어가 필요치 않을 수도 있다. 그래서 아내는 천국에서 하던 대로 말이 없었던 것일 게다. 물론 아내가 이 세상에 있을 때도 우리는 말 한 마디 없이도 교감으로 거의 통했었다. 그러나 차분한 아내의 목소리만은 다시 한 번 듣고 싶었다.

아무리 허무하고 덧없는 꿈이지만 나에게는 소중하고, 한 순간이나마 그토록 그리던 아내를 만나보았다. 꿈을 깨운 기러기 떼들이 원망스럽다.

이렇게 꿈에서 깨어나니 잠은 멀리 달아나고 평화롭고 고요한 밤의 적막만이 흐른다. 황혼 빛에 비치는 내 모습을 바라보며 부질없는 추억의 그림 일기장을 한 장 한 장 넘겨보니 시끄러움은 고요함 속에서 자라나서 새로운 고요함을 낳고 조용히 스러진다.

끝은 또 다른 시작이요, 시작은 또 다른 끝인 셈이다. 세상일은 이렇게 천도를 따라 멈춤과 쉼이 없이 반복되지만 인생은 잠깐 왔다가 시간 속으로 사라지는 찰나(刹那)에 불과하다. 그래서 조선조의 고승 서산대사(西山大師)는 그의 게송(偈頌)에서 인생을 하나의 구름에 비유했다.

생야일편부운기(生也一片浮雲起) 사야일편부운멸(死也一片浮雲滅)
부운자체본무실(浮雲自體本無實) 생사거래역여연(生死去來亦如然)

생이란 한 조각구름이 일어남이요
죽음이란 한 조각구름이 스러짐이라.
뜬 구름 자체가 본시 실체가 없나니
나고 죽고 오고 감이 모두 이와 같도다.

운집무산(雲集霧散)란 말이 있다. 구름은 정처 없이 흐르며 천변만화(千變萬化)의 기기묘묘한 형상으로 살다가 어느 한 순간 종적을 감춘다. 인생과 조금도 다를 바가 없다. '뜬구름 인생'이란 표현이 여기에서 비롯됐다. 또한 안개는 자욱하게 끼었다가 한 자락 햇살에 흔적 없이 사라진다. 구름이나 안개나 모두 덧없는 인생과 같다.

로마의 철학자이며 정치가인 키케로(Cicero, BC 106~43)도 「국가론」의 마지막 부분에서 스키피오(Scipio Africanus, BC 236~184)의 꿈에 대해 이야기 한다.

은하수 높이에서 세상을 내려다보던 스키피오는 그 작은 크기에 놀란다. 거대한 로마제국은 그저 점 하나에 불과하다. 이를 통해 인간이 도달할 수 있는 명예와 권세의 덧없음을 깨닫게 된다.

그렇다. 명예와 권세 그리고 부귀영화도 우주의 시간 속으로 사라져가는 찰나에 불과한 것이다. 그러나 여름벌레가 얼음을 알지 못하듯 권력을 거머쥔 사람들은 그것이 결코 짧고 덧없음을 알지 못하고 끝없이 집착한다.

내 청춘도 영원하리라 생각했지만 모두가 추억일 뿐 아내마저 떠나고 난 지금 가슴에는 회한과 낙조의 쓸쓸함만이 깃들어 있다. 침묵 속에 참된 가치가 있고 고요함 속에 참 진리가 있음을 이제야 깨닫게 된다.

지난 세월의 급물살을 따라 떠내려 오듯 외나무다리 위 채움만을 위해 달려온 내 자신의 모든 것을 고요 속에 내려놓고, 내 영혼을 말씀과 하나 되게 해달라고 주님께 기도드린다.

꿈속에서

어디 가면 만날 수 있을까
어디에서 소식 들을 수 있을까.
눈 위에 있는 발자국 따라 찾아 헤매어도
끝은 보이지 않고.
달빛 가지에 쌓인 눈꽃들
걷다 지친 내 얼굴 스치어
소망 담은 꿈을 깨우네.

—2009. 1. 30.

꿈

꿈길밖에 길이 없어 꿈길로 가니
그 임은 나를 찾아 길 떠나셨네.
이 뒤엘랑 밤마다 어긋나는 꿈
같이 떠나 노중에서 만나를 지고

꿈길 따라 그 임을 만나러 가니
그 임은 나를 찾아 길 떠나셨네.
밤마다 어긋나는 꿈일 양이면
같이 떠나 노중에서 만나를 지고.
—黃眞伊 시, 김안서 역시

Chapter 5

◆

그대 그리움 시가 되어

함께 했던 세상의 모든 시간들,

즐겁고

힘들고 고달팠던 순간들

그게 바로 행복이었습니다.

그대 그리움 기도가 되어

함께 했던 세상의 모든 시간들
즐겁고 힘들고 고달팠던 순간들
그게 바로 행복이었습니다.

세상 짐 다 내려놓고
아름다운 추억만을 간직한 채
저 높은 곳을 향하여 그대 떠났습니다.

나 이제 아픈 가슴 달래고
흐르는 눈물 거두며
당신 위하여 찬송합니다.

훗날 빛과 사랑이 넘치는 그곳
영원과 시간도 함께하는 그곳에서
다시 만나기를 기도합니다.

그리움

당신이 떠난 것은 내가 미워서가 아닙니다.
헤어져 있으며 사랑을 확인하기 위함입니다.
밤하늘에 총총히 떠있는 별빛 쏟아져 내리고
달빛 교교히 찬바람 따라 창틈으로 적막하게 새어듭니다.
창 밖 귀뚜라미 울어대는 깊은 산 속에서
애달픈 소쩍새 울음소리 듣는 이 또 있을까요.

이별의 상처는 약이 없다는 것을
당신이 떠난 후 비로소 알았습니다.
'사랑한다'는 말보다 더 간절한 '보고 싶다'는 말
보고 싶다는 말보다 더 애절한 '그립다'는 말이랍니다.
그러나 그리움 속에는 다시 만남의 소망이
당신의 따듯한 말이
부드러운 미소가 담겨 있습니다.

가버린 날들에 대한 그리움에 덧없이 눈물 흘리고
돌이킬 수 없는 지나간 날들이기에
행복했던 과거는 안타깝고 슬프기만 합니다.
보고 싶음도, 그리움도 없는 당신 있는 곳
삶의 회의나 방황이란
실타래 매듭도 없는 그곳에서 비춰오는
빛을 따라 이렇게 살아갑니다.

당신 떠날 때

당신을 사랑하는 마음 하나 버리지 못해
나에겐 그리움이 있습니다.
외로움이 있습니다.
슬픔이 있습니다.
그리고 아픔도 있습니다.

누구와도 나눌 수 없는
누구에게도 맡길 수 없는
누구에게도 보일 수 없는
그리움, 외로움, 슬픔 그리고 아픔의 상처
오직 당신만이 치유해줄 수 있습니다.

아무리 세찬 바람일지라도
가지와 잎은 빼앗아 가지만 뿌리는 빼앗지 못합니다.
당신이 비록 소망과 행복은 빼앗아 갔지만
가슴 속에 사랑만은 빼앗지 못합니다.

이 몸이 늙고 시들어가도 서럽지 않은 것은
당신이 간 곳을 알고 있기 때문입니다.
이 세상 모든 것이 다 떠나갈지라도
영원히 내 곁에 함께 있는 것은
오직 당신을 향한 사랑뿐입니다.

당신 없는 이 세상
정열과 꿈과 희망은 보이지 않지만
내 영혼이 주름지지 않고 그윽한 향기 풍기는 것은
당신 다시 만날 날이 있기 때문입니다.

당신의 마음

당신의 마음은 아름답습니다.
비 개인 초여름 맑은 하늘 보면
당신은 더 아름답습니다.
당신의 마음속엔 일곱 색깔 고운 무지개가
떠 있기 때문입니다.
이 세상에 없는 예쁜 꽃들도
당신의 마음에선 피어납니다.

당신의 마음은 아름답습니다.
밤하늘을 바라보면
당신은 더욱 아름답습니다.
당신의 마음엔 셀리우스의 별이
빛나고 있기 때문입니다.
어둠도 시름도 한숨도 땀과 눈물도
당신의 마음속에서는 소망과 환희로 바뀝니다.

당신의 마음은 아름답습니다.
산 너머 먼 하늘을 바라보면 더 아름답습니다.
당신의 마음에는 고향이 있고
어릴 적 부르던 노래로 가득하기 때문입니다.
당신 마음 그늘에는
짐을 지고 가던 고향 아저씨들이 앉아 땀을 닦고 있습니다.

당신의 마음은 아름답습니다.

잔잔한 호수를 바라보면 더 아름답습니다.
험한 파도와 폭풍도 당신 마음에서는
잔잔한 호수로 변하기 때문입니다.
당신의 마음속 호수에는 봄기운이 감돌아
얼었던 강물도 녹고 굳었던 대지도 풀립니다.

당신의 마음은 아름답습니다.
고난과 역경이 닥칠 때면
당신은 더 아름답습니다.
당신의 마음엔 안식처가 있고
갈 곳을 향한 이정표가 있기 때문입니다.

당신의 마음은 아름답습니다.
목마른 사람들을 보면 더 아름답습니다.
당신의 마음속 옹달샘은
노루 사슴 그리고 새들도 와서
다정하게 먹습니다.

나의 큰 산

운명은 그림자와 같기에 우리를 언제라도 갈라놓습니다.
홀로 걷는 세상 생각하면 한숨만 나오는데
소중한 인연으로 만난 당신
소중한 인연으로 만난 우리
우리를 갈라놓았습니다.
보이지 않는 곳에서도 서로를 기억하고
우정보다는 사랑, 사랑보다는 진실이 더 중요하지요.

고맙다는 말보다 말없이 보내는 미소
아낌보다는 믿음의 소중함이 더 중요한
처음 행복을 가르쳐준 당신
첫 만남부터 영혼의 울림을 주고받았지요.
영혼의 교환 없이는 만남이 아니라 한 때 마주침,
내 부름에 대한 응답으로 상한 마음 이슬처럼 적시며
이리도 절절한 당신 다음에는 소리 내어 오십시오.
등불 밝히리다.
미리 단장하리다.
창가에 핀 철쭉꽃잎 따다 놓으리다.

적막한 세상 희뿌연 은하수 찬연하게 아로새겨지듯
당신은 나의 큰 산입니다.
가끔은 다른 이들이 나를 힘겹고 버겁게 하지만
당신은 포근히 다가와 최선을 다했지요.
세심한 고통에도 민감했고 늘 웃어주었지요.
작은 약속도 지켜주고 언제나 따스하기만 했지요
당신이 내 사랑이라니 참으로 행복합니다.

당신의 눈발자국

당신과 함께 앉았던 공원 벤치
눈이 내립니다.
보슬 보슬 내리던 눈이
함박눈 되어 쌓여 갑니다.

함박눈 멈추고
세상은 은빛으로 변하여
느티나무 고목도
하얗게 변했습니다.

어디론가 함께 갑니다.
당신 휠체어 발자국을 보려고 뒤돌아보니
내 발자국만 또렷합니다.
차라리 햇볕에 발자국이 녹았으면 좋겠습니다.

버스정류장

서산에 지는 해 주황색으로 물들어
저녁노을이 아름답습니다.
서산 너머로 금실 좋은 기러기 한 쌍
소리 내며 날아갑니다.
문득, 노을 빛 바다가 그리워
서산 너머로 날아갑니다.
저녁 해는 밀물 바다를 녹황색으로
썰물 갯벌을 주황색으로 물들입니다.

넓은 갯벌 갈대밭이 바람에 한들거리며
부드러운 금빛으로 물들여진 마을
고기잡이 어부들 하나씩
집을 찾아 돌아옵니다.

버스정류장에는 많은 사람들이
기다리고 또 반갑게 만나고 있습니다.
아내는 아기를 업고 남편을 기다리고
남편은 아기를 받아 안고 집으로 갑니다.

당신은 버스에서 내리지 않습니다.
한참 후에야 당신은
이미 내 가슴에 와 있음을 알고
미소를 띠며 눈물 훔칩니다.

당신을 사랑하는 까닭

내가 당신을 사랑하는 까닭은
다른 사람들은 나의 젊음을 사랑했지만
당신은 나의 늙음도 사랑하기 때문입니다.

내가 당신을 보고 싶어 하는 까닭은
다른 사람들은 나의 미소만을 사랑하지만
당신은 나의 눈물도 사랑하기 때문입니다.

내가 당신을 그리워하는 까닭은
다른 사람들은 건강한 나를 사랑하지만
당신은 병든 나도 사랑하기 때문입니다.

내가 당신을 못 잊어 하는 까닭은
다른 사람들은 나의 장점만을 사랑하지만
당신은 나의 허물도 감싸주었기 때문입니다.

내가 당신을 보고 싶어 하는 까닭은
다른 사람들은 이 세상에서만 만날 수 있지만
당신은 천국에서도 만날 수 있기 때문입니다.

그리운 고향
—아내 김정희

산 속의 아름다운 전원이요!
그곳은 천사들이 와서 노니는 곳
그 속에는 창조와 생명력이 넘치고
천진한 소녀가
매혹적인 젊은 연인의 꿈을 키우며
행복의 파랑새를 불러들인다
아! 꿈속에 나타나는 낯익은 동네
산딸기 따다 보니 꿈이 깨었네.

* 아내가 건강할 때 어린 시절 자라던 고향을 그리며 쓴 것 같다. 완결을 못하고 메모지에 있는 것을 그대로 옮겨 놓았다.

그리운 이름으로 산이 되신 님께

여기 남기고 가신 당신의 그리운 이름들이 있습니다.
떠나시는 뒷모습을 지켜볼 수밖에 없었던 엄마라는 이름 앞에 한없이 서성이며
아직도 믿기지 않는 현경, 상영, 상희, 기봉
한 여름 뙤약볕도 가슴 한 쪽 시렸을 내게는 삼촌 같은 이중찬 교수님!

가슴에 엉긴 말들 목 줄기 타고 치밀 때
차마 삼키지도 못하는 걸 보았습니다.
밤이 길다 했습니다.
나부끼는 깃발은 님의 손짓이요
산 위에 부는 바람은 님의 노래라 했습니다.
때로는 님의 무덤 앞에 잠이 든다 했습니다.
꿈속에서 보여주던 미소가 이리도 생생하다 했습니다.
아이들은 그 새 더 어른이 되어 아버지를 돌아본다 했습니다.

절망 같던, 그래서 차마 말할 수 없었던 그리움도
오늘만은 맘껏 불러봅니다.

허나, 이제 우리 좀 더 남은 길을 가야하기에 돌아섭니다.
날마다 새벽을 일으켜 기도하는 당신의 사랑을 기억하소서.
소망으로 누우며 아침에 깨어나는 당신의 사랑을 기억하소서.

다시 만나는 그 날까지 임이여! 편히 쉬소서.
—2010. 12. 15. 추도 2주기 시인 한미자

아내에게

죽음이 당신이나 혹은 나를 찾아와
지상에서의 우리의 사랑이
끝나는 그 날 그 순간까지
우리는 헤어지지 맙시다.

허물 많은 내 사랑
너그럽게 안아준 당신 때문에
꿈결같이 이어져 온,
군데군데 누더기처럼 기워진
나의 부족했던 사랑마저도
이별의 순간에는 어쩌면 용서되어

당신이나 내가
누구의 죽음을 먼저 대하더라도
우리는 눈물 속에
행복했던 우리의 사랑을 기억합시다.

설령 그대를 향한
나의 사랑이
사랑의 천국에 들기에는 부족하더라도
당신의 발에 입 맞추며 행복했던
내 사랑의 추억은
하나님이 꼭 알아주셨으면 합니다.
—정연복

| 글을 마치며 |

그대를 진정 사랑하였음에 행복하였노라

상선약수(上善若水)

삶이란 누구에게나 단 한 번이기에 매순간 새롭고 낯설 수밖에 없다. 그래서 모르고 사는 것이 인생이라고 한다. 그러나 성현들의 철학을 통해 삶의 지혜를 터득하고 자기 자신을 성찰해가며 살아가는 것이 또한 인생이다.

노자(老子)는 난세(亂世)의 철학자다. 그가 쓴 『도덕경』은 처세훈(處世訓)의 명저요, 지혜(智慧)의 교과서다. 난세를 슬기롭게 살고 밝은 지혜를 터득하기를 원하는 사람이라면 반드시 읽어보기를 권한다.

노자의 말 중에서 내가 가장 좋아하는 대목은 노자의 『道德經』 제8장에 나오는 '상선약수(上善若水)'라는 말이다. 약(若)은 같을 약 자로서 여(如) 자와 같은 뜻이다. 그러므로 상선여수(上善如水)라고 바꾸어 쓰는 경우도 있다.

덧없는 추억

노자에 의하면 선에는 상선(上善)과 중선(中善)과 하선(下善)이 있다. 선 중에서 가장 으뜸가는 상선은 물과 같다는 말이다.

2500여 년 전 그리스 철학의 시조 탈레스(Thales, BC 624~547)가 "만물의 근원은 물이다"라고 말한 것도 물에 대한 인류의 지혜가 담긴 말과 무관하지 않다.

물에는 우리가 배워야 할 네 가지 큰 덕(德)이 있다.

덕이란 어질고 착한 마음씨를 이름이니, 덕은 인격에서 풍기는 훈훈한 향기요, 인간이 가지는 최고의 재산이요 으뜸가는 보배다.

이 덕에서 풍겨 나오는 따듯하고 부드러운 기운이 덕기(德氣)요, 이 덕을 담는 그릇을 덕기(德器)다. 덕기는 인간을 감화시키는 힘이 있다. 향기로운 꽃에 벌과 나비가 많이 모여 들며, 아름다운 꽃이 피어 있거나 탐스런 과일이 달려 있는 나무 밑에는 어김없이 길이 나 있다. 사람들이 저절로 모여들기 때문이다.

아름답고 향기 나는 사람에게 사람이 따르고 모여드는 것도 같은 이치다. 그래서 공자는 일찍이 『논어(論語)』 「이인편(里仁篇)」에서 "덕이 있는 사람은 외롭거나 고독하지 않다. 덕이 있는 사람의 주위에는 반드시 많은 사람이 모여든다(德不孤 德必有隣)"고 말했다. 그래서 우리 인간은 덕을 담는 큰 덕기(德器)가 되어야 한다.

그럼, 물이 가진 네 가지 덕목은 무엇인가?

첫째는 변화무쌍하다는 점이다. 어떤 환경에도 적응한다. 물처럼 적응력과 변화력이 풍부한 것은 없다. 물은 수증기가 되고, 얼음이 되고, 비가 되고, 눈이 되고, 안개와 구름이 된다. 둥근 그릇에 담으면 둥근 그릇을 가득 채우고, 모난 그릇에 담으면 모난 그릇을 가득 채운다. 물은 합했다 떨어졌다하는 이, 합, 집, 산(離, 合, 集, 散)을 자유자재로 한다. 우리는 물과 같은 자유로운 적응력을 가져야한다.

둘째는 물은 만물을 이롭게 한다. 물이 없으면 모든 생명이 다 죽고 만다. 물은 곧 생명수다. 세상에 물처럼 고맙고 물처럼 소중한 것이 없다. 물은 생명의 원천이고 만물을 정화한다.

셋째로 물은 남과 싸우지 않는다. 물은 흘러가다가 앞을 가로막는 장애물이 있으면 옆으로 돌아간다. 높은 둑이 있으면 계속 고여 둑을 넘쳐서 흘러간다. 어떤 때는 땅 속으로 깊이 스며들어 목적지에 도달한다. 또한 물은 부쟁(不爭)의 덕(德)을 갖는다. 물은 위대한 힘을 지닌다. 불도 물한테 지고 만다. 강한 쇠붙이나 견고한 바위도 물속에 오래 있으면 녹이 슬거나 부서지고 만다. 아무리 강한 물건도 물한테는 패배한다. 물은 유(柔)하고 약(弱)하다. 그러나 아무리 강한 물건도 약한 물을 이길 수가 없다. 약한 것이 강한 것을 이긴다는 것은 참으로 신비로운 일이다.

그러므로 유제강(柔制强), 즉 유한 것이 강한 것을 제압한다고 노자는 역설적으로 표현했다.

끝으로 물은 낮은 곳으로 쉬지 않고 흘러간다. 인간은 남보다 높은 데로 올라가기 위하여 남을 짓밟고 일어선다. 그러나 물은 그와 반대로 불철주야 낮은 곳으로만 쉬지 않고 흐르기 때문에 큰 강이 되고, 마침내 망망대해에 도달한다. 산골짜기의 바위틈에서 솟아나는 작은 물방울이 낮은 곳으로 쉼 없이 흐르기 때문에 자기의 존재가 점점 커져서 마침내 큰 바다를 이룬다.

노자의 표현에 의하면 물은 겸손의 덕(謙遜之德)을 갖는다. 우리 인간도 물처럼 겸손해야 위대한 존재가 될 수 있다.

도덕경에 나오는 물의 덕에 관한 이야기는 우리에게 큰 교훈을 준다. 남과 다투지 않고, 만물을 이롭게 하고 깨끗이 씻어주면서 낮은 데로 쉬지 않고 흐르는 물은 참으로 놀라운 덕을 갖는다. 그래서 상선은 물과 같다. 우리는 물처럼 인생을 살아야 한다. 우리는 물에서 적응력과 부쟁(不爭)의 덕, 그리고 정화와 겸손의 지혜를 배워야 한다.

의복(倚伏)

세상을 살아오면서, 특히 13년간 아내의 병상을 지켜오면서 깊이 깨달은 것은 老子의 『도덕경』 제58장에 나오는 '의복(倚伏)'이란 단어다. 세상에 화(禍)를 좋아하고 복(福)을 싫어할 사람은 아무도 없다. 이것이 사람 살아가는 상식이다. 그러나 세상은 그렇게 단순하지만은 않다.

의복이란 뜻은 "화에는 복이 기대고 있고, 복에는 화가 숨어 있다(禍兮福之所倚, 福兮禍之所倚)"는 노자의 가르침을 요약한 단어다. 화와 복은 서로 얽히어 있음을 말하는 것으로 재앙은 나쁜 것, 복은 좋은 것이란 단순 논리로 알아서는 안 된다.

'새옹지마(塞翁之馬)'라는 중국의 고사가 있다. 즉 좋은 일이 있으면 나쁜 일도 있고, 나쁜 일이 있으면 좋은 일도 있다는 말이다.

북방 국경 근방에 점을 잘 치는 늙은이가 기르는 말이 도망쳐 오랑캐들이 사는 국경 너머로 가버렸다. 마을 사람들이 위로하고 동정하자 늙은이는 "이것이 또 무슨 복이 될는지 알겠소" 하고 조금도 낙심하지 않았다. 몇 달 후 뜻밖에도 도망갔던 말이 좋은 말을 데리고 돌아오자 마을 사람들이 이것을 축하하였다. 그러자 늙은이는 "그것이 또 무슨 화가 될는지 알겠소" 하고 조금도 기뻐하지 않았다.

그런데 늙은이의 아들이 그 말을 타다가 말에서 떨어져 다리가 부러지자, 마을 사람들이 아들이 절름발이가 된 데 대하여 위로했다. 그러자 늙은이는 "그것이 혹시 복이 될는지 누가 알겠소" 하고 태연한 표정이었다. 그런 지 1년이 지난 후 전쟁이 일어나 아들은 부러진 다리 때문에 징병을 피해 목숨을 유지했다는 이야기다.

원(元)나라 승려 희회기(熙晦機)는 이를 두고 「인간만사 새옹지마(人間萬事塞翁之馬)」라는 시를 지어 그 후로 새옹지마(塞翁之馬)라는 말이 세인들의 입에 자주 오르기도 했다.

기쁨과 슬픔은 맞물려 순환적으로 이어진다. 지금 내가 맞은 재앙과 기쁨이 꼭 슬픔과 즐거움만은 아니다. 항상 멀리 바라보며 생각해야 한다. 잘 나갈 때 더 조심하고 불우할 때에는 용기를 잃지 말아야 한다.

사람은 화(禍)와 복(福)을 만날 때 신중해야 한다. 복은 작은 데에서 생기고 화는 소홀함에서 나온다. 화와 복의 문은 따로 있는 것이 아니다. 화복은 내 자신이 부르는 것으로, 복은 자기에서 싹트고 화도 자기로부터 나온다.

중국에서 가장 오래 된 경전(經典)인 『상서(尙書=書經)』에도 "편안할 때 위태로움을 생각한다"는 거안사위(居安思危)라는 말이 있다. 언젠가는 병들거나 몸이 쇠약해질 때를 대비하여 건강할 때 건강도 지켜야 한다는 얘기도 된다.

『역경(易經)』에도 "군자는 편안하여도 위태로움을 잊지 않고, 존재하여도 멸망하는 것을 잊지 않으며, 다스림에도 어지러워짐을 잊지 않으니 이로써 몸과 나라를 지켜내는구나"(君子 安而不忘危 存而不忘亡 治而不忘亂 是而身安而國家 可保也)라고 갈파했다.

또한 물난리를 만난 송(宋)나라의 민공(閔公)이 노(魯)나라 장공(莊公)의 사신을 만난 자리에서 "모두가 내 잘못이오. 하늘을 공경하지 못했으니 이런 재난을 당하는구려"라고 자책한다.

이 얘기를 들은 노나라 사신 장문중(臧文仲)이 "송나라는 흥하겠구나. 우왕·탕왕은 스스로를 질책했기에 불처럼 일어났고, 걸왕·주왕은 남의 탓만 했기에 재처럼 스러졌지"라고 평했다는 얘기다.

지금 시련이 있다고 슬퍼할 일은 아니다. 성취와 승리의 기쁨도 영원하지 않다. "이것 또한 곧 지나간다.(Soon it shall also come to pass)." 이것이 세상의 이치다.

시련에 좌절하지 말고 승리에 도취하지 말라. 뜻을 얻었을 때 담담하게 행동하며, 실의에 빠졌을 때 태연하게 행동하라(得意淡然 失意泰然). 화와 복의 이치를 알면 인생의 희로애락을 대하는 자세가 달라진다. 여름이 덥다고 불평하는 사람은 하나만 알고 둘을 모르는 사람이다. 햇볕이 뜨거워야 곡식과 과일이 익지 않겠는가.

큰 지혜가 있는 사람은 영고성쇠(榮枯盛衰)를 알고 있으므로 얻었다 해서 기뻐하지 않고 잃었다 해서 근심하지 않는다. 그는 운명의 변화무상을 알고 있기 때문이다.

나무도 가을이 되어 잎이 떨어진 뒤라야 꽃피던 가지와 무성한 잎이 다 헛된 영화였음을 알고, 이십 세에 죽어도 역시 죽음이요 백세에 죽어도 역시 죽음이다. 어진 이와 성인도 역시 죽고 흉악한 자와 어리석은 자도 역시 죽는다.

자기완성

자신을 이겨내는 자만이 자기를 완성할 수 있다. 그러나 이 세상에서는 완성이란 것은 없다. 모두가 미완성이다. 완성은 저 세상에만 있는 것이다.

내 자신을 이겨내는 동력은 믿음과 소망과 사랑이다.

아내는 이 세상을 떠났지만, 그 순간부터 새로운 영생을 시작한 것이다. 나 역시 세상을 하직하는 날 영원 속에서 내게 환한 미소를 보내고 있는 사랑하는 아내를 만나 함께 영생을 누릴 것이다. 이것이 진정한 나 자신의 완성이다.

비록 세월이 흘러 내 몸이 쇠진할지라도 아내를 향한 사랑만은 변함이 없다. 지금 아내가 없는 세상이 쓸쓸하고 외롭지만 슬퍼하지 않는다. 아내를 사랑하고 있고 다시 만남의 소망과 믿음이 있기 때문이다.

두 달 전에 있었던 일이다. 산장(山莊)을 정리하던 중 무거운 돌을 옮기다 허리를 다쳤다. 통증은 계속되어 며칠을 고생했다. 산장에서 150미터 위쪽으로 떨어진 아내의 무덤에 난 잡초를 뽑다 피곤하여 봄볕이 따듯하게 비치는 아내의 무덤에 아픈 허리를 대고 누워 낮잠이 들었다.

한참을 자고 깨어나니 문수산 자락으로 해가 넘어가고 있었다. 아내와 작별을 하고 석양을 바라보며 산을 내려오는데 이상하게 허리 통증도 멎었고 발걸음도 가벼워졌다. 숲 속에서 지저귀는 새소리는 마치 천사들의 합창소리와도 같이 그 어느 때보다 아름답게 들린다.

그 후로 허리의 통증은 완전히 사라졌다. 이것이 믿음의 공명(共鳴)이요, 사랑의 힘이 아니겠는가! 사랑이야말로 유한이 꿈꾸는 무한이며 보이는 믿음이라 할 수 있다.

나는 아내와 함께 살아오면서 가장 중요한 세 가지를 알게 되었다. 아내를 만남으로 행복을 알게 되었고, 병든 아내를 돌보며 삶의 보람이 무엇인가를 알게 되었다. 그리고 아내의 소천을 계기로 인생의 참된 뜻을 깊이 성찰할 수 있었다. 천국에서 기다리는 아내에게 감사하며 또한 주님의 은혜에 감사드린다.

오늘 밤 따라 창 밖에서는 폭우가 쏟아지고 뇌성벽력(雷聲霹靂)이 요란하여 유리창이 깨질 것만 같다. 그러나 개의할 필요는 없다. 이 세상의 모든 것은 곧 지나간다.

2011년 7월 27일 01시 15분

碧松山莊에서

❑ 주 해설

1. 한국전쟁의 역사적 배경과 그 원인

① 명치유신 이후 급부상한 일본

일본은 1868년 무진전쟁(戊辰戰爭)에서 사쓰마번(隆摩藩)과 조슈번(長州藩) 그리고 천황의 연합군이 에도(江戶, 현재 東京)에 무혈 입성함으로써 친 막부 세력이 굴복하고 도쿠가와 막부(德川幕府)의 15대 쇼군(將軍)인 도쿠가와 요시노부(德川慶喜)가 정치의 중요 결정권을 천황에게 돌려주는 대정봉환(大政奉還)을 함으로써 1603년에 수립하여 265년간 유지해오던 도쿠가와 이에야스(德川家康)의 에도막부(江戶幕府)는 막을 내리고 새로운 명치시대로 치닫게 된다.

일본은 명치유신 직전만 해도 보잘 것 없는 나라였다. 산업은 농업이 고작이고 인재와 문화 역시 무엇 하나 내세울만한 것이 없었다. 그러나 1868년부터 개막된 명치유신(明治維新)을 통해 서구 문명을 과감하게 받아들여 경제적으로는 자본주의, 정치적으로는 입헌 군주정치, 사회적으로는 아시아 최초 근대적 통일국가를 수립하고 20~30여 년의 짧은 기간 동안 유럽을 모델로 한 각 분야에 근대적 개혁을 단행하게 된다.

명치유신으로 서구 문명을 받아들인 일본은 부국강병(富國强兵)을 구축하고, 더 나아가 청일전쟁과 노일전쟁에서 승리함으로써 아시아의 패권을 장악하고 열강 대열에 끼어들어 식민지 쟁탈에 몰두하게 된다.

② 일본의 아시아 패권 쟁취

• 청일전쟁

조선의 지배권을 둘러싸고 1894년 6월부터 1895년 4월 사이에 일본과 청나라가 벌인 전쟁으로 일본의 일방적인 승리로 끝났다. 일본은 미국의 중재로 시모노세키조약(下關條約)을 체결하여 승전 대가로 청나라 1년 예산의 2.5배에 해당하는 3억 6,000만 엔이라는 거액의 배상금과 중국의 영토인 라오뚱반도(遼東半島), 타이완(臺灣), 펑후섬(澎湖島)을 할양받기에 이른다. 더욱 더 중요한 것은 청일전쟁에서의 승리로 동양의 패권이 중국으로부터 일본으로 넘어가는 계기가 되었고, 중국은 제국주의 열강의 거센 침략을 받게 되었다.

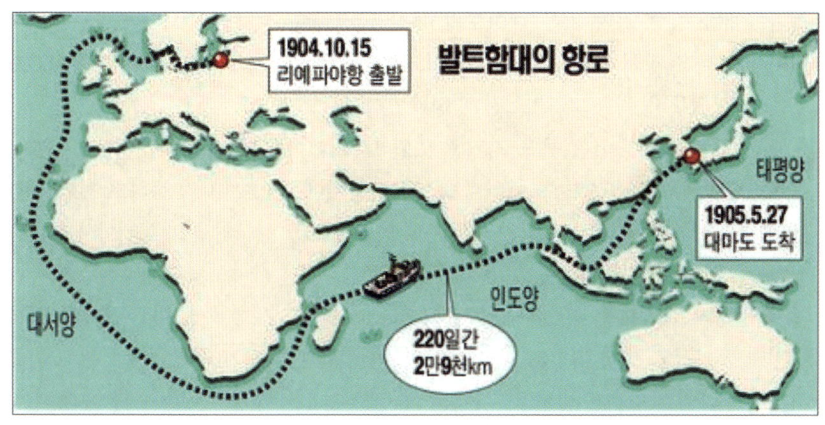

• 러일전쟁

1904년부터 1905년에 만주와 한반도에 대한 지배권을 놓고 러시아와 일본이 벌인 한판 승부였다. 전쟁은 일본의 승리로 끝났다. 1904년 2월 8일 일본 함대가 뤼순군항(旅順軍港)을 기습 공격함으로써 시작되었지만, 결정적인 승부는 1905년 5월 27, 28일 일본해 해전(東海海戰)에서 러시아의 발트함대가 비참하게 격파 당함으로써 전쟁은 일본의 승리로 끝났다.

러시아는 육전에서의 패배를 해전에서 만회하려고 Z. P 로제스트벤스키가 지휘하는 러시아의 최강 발트함대를 1904년 10월 15일 발틱 해의 리예파야 항에서 블라디보스토크 군항으로 이동시켜 전열을 정비한 후 동해에서 결판을 내려했다.

러시아의 발트함대는 어떠한 함대인가.

러시아의 표트르 대제(1672~1725)는 로마노프 왕조의 두 번째 왕인 알렉시스의 아들이었으나 서자인 까닭에 왕권을 계승하지 못하고 있다가 우여곡절 끝에 1694년에야 실질적인 통치를 시작한 후 왕권을 강화하고 근대화에 힘을 모아 온 다음 터키와 싸워 남방진출을 확보하고, 스웨덴을 물리쳐 발트(Baltic) 해로 진출하여 창설한 세계 최강의 함대다. 표트르 대제는 러시아를 강국으로 만들고, 러시아의 서구화를 위해 네바 강 하구에 새로운 도시 페테르스부르크(후에 레닌그라드)를 건설하고 수도를 모스코바에서 그곳으로 옮겼다.

그가 개혁의 일환으로 궁전 귀족들의 수염을 자르게 한 것도 재미있는 일화다. 그러나 그 당시 일본과 동맹을 맺고 있던 영국이 수에즈 운하의 지배권을 가지고 있었다. 그리고 발트함대의 수에즈 운하 통행을 막음으로 아프리카 남단 희망봉을 돌아 7개월 이상 걸려 겨우 대마도와 부산 앞바다를 통과할 수가 있었다. 그러나 이미 군사들은 장기 항해로 질병에 시달리며 지칠 대로 지쳐 있었고, 군량과 연료도 부족하여 전투 능력은 거의 소진된 상태였다.

이때 진해만에 숨어 길목을 지키고 있던 도고 헤이하지로(東鄕平八郞)가 이끄는 일본연합함대의 공격을 받아 블라디보스토크 군항에는 가 보지도 못하고 전멸 당했다. 이 해전에서 일본의 승리를 가져다 준 주인공은 도고 장군의 참모 아키야마 사내유키(秋山眞之) 소령이었다.

한편 그의 형 아기야마 요시후루(秋山好古) 대장도 세계에서 가장 약체인 일본 기병대를 이끌고 세계 최강의 기병대라 일컬어졌던 전설적인 러시아의 무적 코사크 기병대를 무찔러 형제가 함께 러일전쟁을 승리로 이끄는 데 큰 견인차 역할을 했다(司馬遼太朗의 「坂の上の雲」).

1905년 9월 5일에 미국 T, 루스벨트(Theodore Roosevelt, 1858~1919) 대통령의 중제로 포츠머스 강화조약을 체결함으로써 일본은 조선의 지배권을 인정받았으며, 남사할린섬과 중국의 라오뚱 반도를 차지하게 되어 대륙 침략의 발판을 다졌다. 조선과 만주의 분할을 둘러싸고 벌인 전쟁이지만, 그 뒤에는 영일동맹(英日同盟)과 러시아·프랑스 동맹이 있었고, 이것은 제1차 세계대전의 전초전이었다.

전쟁에 패배한 러시아는 국내적으로 '피의 일요일'로 비롯된 군대 반란과 농민폭동이 일어나 혁명 진압에 전전긍긍하였다. 뿐만 아니라 전쟁 패배의 여파로 1917년에 레닌이 주도한 볼셰비키(Bolsheviki)의 11월 혁명이 완성됨으로 니콜라이 2세가 몰락하여 제정 러시아의 로마노프 왕조는 막을 내렸으며, 최종적으로 소비에트 사회주의 공화국(The Union of Soviet Socialist Republics : USSR)이 들어서게 되었다.

• 조선 왕조의 패망

지혜로운 우리 조상들은 옛날에 지진대(地震帶)를 벗어나 지질학적(地質學的)으로 안전한 한반도에 터를 잡았다. 그러나 19세기와 20세기에 들어서면서 지질학적 지진은 피할 수 있어도 지정학적(地政學的) 쓰나미(Tsunami)는 피할 수가 없었다. 이때 우물 밖에서는 태풍이 몰려오고 뇌성벽력(雷聲霹靂)이 번쩍이고 있는데 우물 안 개구리들은 한가로이 목숨을 재촉하는 놀음에만 몰두하고 있다.

사색당파 싸움과 세도정치, 대원군의 쇄국주의, 현실(sein)을 무시한 채 당위(sollen)성에 치우치는 성리학의 공리공론, 그리고 반상제도(班常制度)로 사회적 부조리와 부패가 극에 달해 국운은 이미 한계로 치닫고 있었다. 임오군란(1882년), 갑신정변(1884년), 동학농민운동(1894년), 갑오개혁(甲午更張, 고종 31년, 1894) 그리고 궁궐을 짓밟고 왕비를 살해한 을미사변(乙未事變, 1895년) 등 각종 사건이 끊이지 않고 일어났지만, 조정은 이미 왕권을 상실하여 이에 대처할 능력도 의지도 없는 식물인간과 같은 상태가 되어버린 것이다.

드디어 아시아에서 패권을 장악한 일본은 1905년(光武 9年) 11월 16일 을사보호조약(乙巳保護條約)을 체결함으로서 외교권을 포함해 실질적인 국권은 모조리 빼앗았고, 1910년 8월 22일(純宗 4年) 매국노 대한제국의 총리대신 이완용(李完用)과 일본의 한국통감(統監) 데라우치(寺內正毅)가 한일합병(韓日合併)조약을 체결하고 1주일 후인 29일에 대한제국 황제 순종이 양국(讓國)의 조칙을 내림으로 우리나라는 주권을 완전히 잃고 일본 제국주의의 속국이 되어버리고 말았다.

그 후 일본은 우리를 어떻게 탄압했던가. 재산 강취는 물론 독립만세를 불렀다고 7,500명을 죽이고, 강제 징병과 징용으로 수없이 목숨을 빼앗고 우리의 꽃다운 여성들을 위안부로 끌어다가 인간 이하로 학대했다. 뿐만 아니라 우리의 말도 못쓰게 하고, 성과 이름까지 강제로 바꿔 우리의 전통, 문화와 민족의 뿌리마저 말살시키려 했다. 물론 오늘의 시대는 민족도 종교도 문화도 취향도 다른 나라들이 특히 과거의 적들과도 동지가 되어 공생하며 살아가는 시대다. 하지만 과거의 쓰라린 역사를 다 내 탓으로만 돌리고 넘어가야 하겠는가. 우리는 분명한 반성도 그들의 잘못을 사과 한 마디 없이 툭하면 독도가 자기 땅이라고 억지를 부리는 일본에 대하여 정확하고 올바른 역사적 인식을 해놓고 언제나 대비해야 한다.

③ 세계대전

• 제1차 세계대전(1914~1918)

1870년경부터 자본주의가 고도로 발달하여 열강들은 제국주의(Imperialism) 정책으로 후진국과 미개지인 아프리카, 아시아 및 태평양 지역에 대한 식민지화와 시장 획득에 앞 다투어 나섰다.

대전의 직접적인 도화선은 1914년 6월 28일 보스니아의 수도 사라예보(Sarajevo)에서 오스트리아 황태자 페르디난트(Francis Ferdinand) 부처가 암살된 사라예보 사건이었으나 근본적인 원인은 제국주의 열강들이 시장과 식민지를 쟁탈하는 과정에서 영국의 3C 정책(Cairo, Cape Town, Calcutta)과 독일의 3B정책(Berlin, byzantium, Bagdad)이 충돌하여 일어난 전쟁이다. 전쟁은 동맹국(독일, 터키, 오스트리아, 불가리아 등 4개국)과 연합국(미국, 영국, 프랑스, 러시아, 중국, 벨기에, 그리스, 루마니아, 포르투갈, 이탈리아, 세르비아, 몬테니그로, 기타 라틴아메리카 각국 등 30여 개국)으로 나뉘어 1914년부터 시작하여 참혹하게 지속되어 오다가 동맹국들이 거의 항복을 하고, 최후로 독일 내에서 베를린 및 키일(Kiel) 군항에서 해군 폭동이 일어나는 등 반전(反戰) 기세가 확산되어 가자 빌헬름 2세는 폴란드로 망명을 하고, 사회민주당의 에베르트(Ebert, 1871~1925)가 신정부를 수립하여 휴전조약을 맺음으로써 4년여에 걸친 대전은 1918년 11월 11일에 종결되었다.

제1차 세계대전이 인류에게 입힌 피해는 이루 형용할 수 없었다. 사망자만 약 1,000만 명, 부상자 약 2,000만 명이 발생했다. 전비는 직접적인 것이 약 1,805억 달러, 간접적인 것이 1,516억 달러에 달했다. 그 외 문화 및 산업시설 등 재산상의 피해는 상상조차 할 수 없었다. 이에 전승국들은 국제연맹(League of Nations)을 결성하여 국제 분쟁을 해결하고, 전쟁을 미연에 방지하여 인류의 염원인 평화를 추구하려 했다. 그러나 1929년부터 미국에서 시작된 세계 경제공항은 평화의 기운을 위축시켰고, 급기야는 공항에서 벗어나려는 선진 국가들에 의한 블록 경제(Bloc Economy)의 형성과 전체주의 나치즘, 파시즘 및 일본의 군국주의가 대립되어 또 다시 제2차 대전이라는 처참한 비극이 싹트기 시작하였다.

• 제2차 세계대전(1939~1945)과 우리나라 독립(1945)

<전쟁의 발발>

1933년 히틀러(Hitler, 1889~1945)는 수상이 되어 정권을 장악하고 일당 독제를 확립한 다음 대통령과 수상을 겸하는 총통(總統)이 되었다.

한편 1937년에는 독일·이탈리아·일본 간의 소위 3국 반공협정(三國反共協定)이 체결됨으로서 파시즘인 주축 국가 대 영국·미국·프랑스의 대결 양상으로 치달았다.

1939년 8월 독일은 폴란드의 단치히(Danzig) 시 및 회랑(廻廊)의 반환을 요구하였으나 거절당하자 1939년 9월 1일 독일의 장갑사단, 기계화 부대, 공격용 전차를 앞세운 53개 사단과 고성능 폭격기를 동원하여 폴란드를 침공하였다. 이에 영국과 프랑스가 반발하여 대 독일 선전포고(對 獨逸 宣戰布告)를 하였다. 제1차 세계대전이 끝난 지 21년 만에 다시 전쟁이 일어난 것이다.

1940년 6월 4일에는 이탈리아가 영국과 프랑스에 선전포고를 하고 독일 측에 가담하는 한편 남부 프랑스를 침공했다. 한편 독일군은 폴란드에 이어 프랑스·벨기에·네덜란드를 순식간에 손아귀에 넣었다.

1941년 6월 22일에는 독일이 1939년 8월 23일에 소련과 체결한 상호불가침조약을 파기하고 소련을 침공하였다. 전쟁이 장기화됨을 대비하여 우크라이나 곡창지대와 코카서스의 유전이 필요했기 때문이다. 그러나 연합국의 반격으로 동부전선의 독일군은 1943년 1월 스탈린그라드에서 소련에게 참패했고, 아프리카 전선에서는 독(獨)·이(伊) 군이 1942년 영국의 몽고메리 장군에 의해 패퇴되었으며, 1944년 6월 연합군은 아이젠하워 장군 지휘 하에 프랑스의 노르망디 상륙작전을 성공시켜 파리가 수복되고 프랑스 전역이 탈환됨으로 전세는 완전히 역전되었다.

1943년 7월 연합군이 시칠리를 거쳐 이탈리아 본토에 상륙하자 이탈리아는 동요하여 무솔리니 정권은 무너지고 바돌리오 정권이 들어섰지만, 연합군이 1944년 6월 로마를 함락시키자 무조건 항복했고, 1945년 4월 말 무솔리니는 폭도들에 의해 피살되었다. 독일은 1945년 5월 2일 베를린이 함락됨으로 5월 7일에 무조건 항복을 하였으며, 히틀러는 그의 지하 벙커에서 자살했다.

< 태평양 전쟁과 진주만 공격>

군국주의 일본은 세계 공황의 타개책으로 중국 침략을 기도, 1931년 만주사변을 일으켜 그동안 꿈꿔온 대동아공영권(The Greater East Asia Co-Prosperity Sphere)이란 망상으로 1937년에는 중일전쟁을 일으켜 중국의 주요 도시를 거의 점령하였다. 미·소·영 등 연합제국은 이에 대항하여 항일전쟁을 하고 있는 장제스(莊介石)의 중국 정부를 지원함으로서 일본과 필연적으로 충돌하게 되었다.

일본은 1941년 12월 7일, 미국 태평양함대의 기지인 하와이 진주만(眞珠灣)을 기습 공격함으로서 미국은 전함 7척을 포함한 18척의 함선이 격침 또는 대파되었고 항공기는 폭파 188대, 파손 159대였으며 해군이 대부분인 인원 손실은 전사 2,403명을 포함해 3,581명에 이르렀다. 반면에 일본군은 불과 29대의 항공기와 5척의 소형 잠수함 및 1척의 대형잠수함을 잃었을 뿐이다. 이렇게 진주만이 쑥대밭이 됨으로 유럽 전쟁은 태평양으로 확대되어 전 인류를 제2차 세계대전의 참화 속으로 몰아넣었다.

일본은 초기에 주도권을 장악, 1942년 전반에는 자원이 풍부한 필리핀, 말레이시아, 버마, 네덜란드령 동인도, 남태평양제도를 점령하여 동남아시아 지역을 손에 넣었다. 그러나 1943년 6월 4일, 역사적인 미드웨이(Midway) 해전에서 미 해군이 일본에게 일격을 가함으로서 태평양의 세력 판도는 미국 측으로 유리하게 기울어져 차차 제해권과 제공권을 확보하기 시작했다.

< 우리나라 광복>

태평양에서 제해권과 제공권을 회복한 미군이 필리핀을 거쳐 1945년 2월 19일 이오

우 지마(硫黃島, Iwo Jima)를 점령하고, 1945년 3월 8일에는 유구열도 가운데 가장 큰 섬인 오키나와(沖繩, Okinawa)에 상륙하여 연일 본토에 무자비한 공습을 감행하는 한편 1945년 7월 26일 일본의 무조건 항복을 촉구하는 포츠담선언을 발표하였다. 이때 일본의 66개 주요 도시에 10만 톤 이상의 폭탄이 투하되어 민간인 26만 명이 사망하고, 41만 2천 명이 부상당했으며, 가옥 손실이 221만 동이나 되어 920만 명의 이재민을 냈다.

미국은 1945년 8월 6일에 히로시마(廣島)에, 9일에는 나가사키(長琦)에 원자폭탄을 투하함으로써 두 도시는 완전히 잿더미가 되고, 일본은 핵폭탄의 희생양이 된 연후에야 1945년 8월 15일 항복했다. 이렇게 6년간에 걸친 제2차 세계대전은 연합군의 승리로 끝났다. 그리고 우리나라는 1905년 을사보호조약 이후 40년 만에 광복을 맞이하게 되었다.

소련은 미국이 8월 6일 히로시마에 원자폭탄을 투하하여 전쟁이 다 끝난 상황에서 8월 8일에 대 일본전에 가세하여 피 한 방울 안 흘리고 전승국 대열에 가담하게 되었다. 본래 원자폭탄의 개발은 1942년 9월부터 맨해튼 프로젝트에 의해 시작되어 1945년 7월 16일 뉴멕시코 사막에서 핵 실험을 성공시킴으로 완성되었다.

제2차 대전의 피해는 사망자 약 2,700만 명, 부상자 약 3,340만 명에 이르며 1조 1천 억 달러의 전비(戰費)가 소모되었다.

전체주의 국가가 궤멸됨으로 세계는 민주화가 획기적으로 진전되었으며 열강의 식민지로 있던 아시아, 아프리카, 라틴아메리카에서 약 80여 개국이 제국주의 식민지배로부터 벗어나 해방이 되었다. 그러나 정치적으로는 해방이 되었지만 미국과 유럽이 독점하고 있는 자본과 기술의 도움 없이는 자립은커녕 제대로 국내 경제를 운용할 수가 없어 실질적으로는 여전히 예속 상태를 면치 못하였다.

전후 세계는 어제의 동맹국인 미국과 소련이 적대국이 되어 첨예한 대립으로 이른바 냉전시대를 맞았고, 세계는 미국을 중심으로 하는 자본주의권과 소련을 대표로 하는 사회주의권으로 양분되었다. 그리고 전쟁 중 많은 회담이 있었지만, 우리나라의 운명과 직결된 3개의 회담만은 반드시 기억해 두어야 한다.

<우리나라 독립을 약속한 카이로 회담>

1943년 11월 미국의 루주벨트 대통령, 영국의 처칠 수상, 중국의 장제스(蔣介石)가 카이로에서 한 회담으로 카이로 선언이라고도 한다. 이 회담의 중요 내용은 1914년 이후 일본이 획득한 모든 섬의 반환, 만주, 타이완, 펑후도의 중국 반환, 무력 점령한

지역으로부터 일본 축출, 적당한 시기에 한국 독립 부여, 일본의 무조건 항복 등이다.

< 한반도 분단의 씨앗 얄타회담(Yalta Conference)>

얄타회담의 세 주역

1945년 2월 4일부터 11일 사이 전쟁의 승리를 앞두고 흑해 연안의 휴양도시 얄타의 리바디아 궁전에서 미국의 프랭클린 루즈벨트(Flanklin Roosevelt), 영국의 윈스턴 처칠(Winston Churchill), 소련의 이오시프 스탈린(Iosif Stalin)이 모여 전후처리 문제를 다룬 비밀 회담이다. 리바디아 궁전은 러시아의 마지막 황제 니콜라이 2세가 지어놓고 별장으로 사용하던 궁전으로, 이곳에서 연 회담의 중요 의제는 전후 독일의 미·소·영 공동관리, 유럽전이 종결된 후 3개월 안으로 소련의 대일전(對日戰) 참전, 참전의 보상으로 소련에게 사할린과 쿠릴열도의 영유, 따렌의 국제항화, 뤼순의 조차 및 국제연합(UN) 창설 등이다. 특히 이 회담에서 한반도의 38˚선을 정해놓고 38˚선 이북은 소련군이, 이남은 미군이 진주하여 신탁통치를 하기로 합의함에 따라 우리나라는 광복을 맞아도 통한의 분단국이 되어버린 것이다.

루즈벨트는 1944년 1월 이후 건강이 악화되어 가고 있어 전쟁 종결을 너무 서둘러 소련에게 극동에서 일본과의 전쟁에 참여해 줄 것을 간곡히 요청했고, 그 결과 지나친 양보를 함으로써 소련은 극동지역에서 남하정책이 성공하게 되었으며 미소의 대립 원인이 되었다. 그는 얄타회담에서 돌아와 2달 후인 1945년 4월 12일 휴양 차 머물던 웜스프링스에서 뇌일혈로 사망하였다. 만약 루스벨트가 얄타회담에서 그토록 소련에게 대일본전의 참여를 요구하지 않았더라면 카이로 회담에서 결의한 대로 한국은 단독 독립국가가 되었을 것이다.

권력자의 건강이 역사에 영향을 끼친 사례는 무수히 많다. 그 불행한 사례가 또 다시 우리들에게 찾아온 것이다. 건강이 좋지 않은 루즈벨트는 회담을 서두르고 양보함으로 한민족이 분단되고 6·25라는 동족상잔의 비극까지 초래하게 되었다. 지도자의 건강한 모습만으로도 그 나라와 그 사회가 생기를 띠게 된다. 영국의 철학자 푸란시스 베이컨(1561~1626)은 "건강한 육체는 영혼의 거실이고 병든 육체는 영혼의 감옥이다"라고 했다. 루즈벨트는 영혼의 감옥 속에서 중요한 회담을 하며 대사를 그르친 것이다.

<우리나라 독립을 재확인한 포츠담 회담(Postam Conference)>

1945년 7월 투르만, 처칠, 스탈린이 독일 처리 방법으로 미·영·불·소 4개국이 분할 점령하고, 대일본의 무조건 항복, 무장 해제, 민주주의의 실현, 연합국에 의한 관리, 일본의 영토 규정 등이었으나 이 회담에서 한국의 독립을 재확인했다는데 우리에게 의미를 부여한다.

④ 6·25 한국전쟁

• 6·25전쟁의 요인이 된 애치슨(Dean Acheson)의 서태평양 '방위선(Perimeter of defence)

1950년 1월 12일 워싱턴 "National Press Club(전국언론협회)'의 오찬에서 딘 애치슨 미국 국무장관은 공산당 정권이 중국을 장악한 상황에서 미국이 아시아에서 펼칠 정책을 설명했다. 이 연설에서 그는 미국의 서태평양 방위선을 알류샨열도에서 일본과 류큐열도(琉球列島)를 거쳐 필리핀으로 이어지는 선이며, 타이완(臺灣)과 한국은 방위선 밖에 있다고 선언했다. 한반도가 역사적으로 동아시아의 지정학적으로 차지한 위치를 생각하면 이 발언은 놀랄만하다. 중국·일본·러시아와 같은 동아시아의 강대국들은 늘 한반도에 대한 영향력을 늘리려고 다투었고, 당시 미국과 러시아 사이의 냉전은 아주 위험한 수준에 이른 상태였다.

애치슨은 원래 유럽을 중시했고 아시아를 소홀히 했던 인물이다. 그런 태도는 애치슨과 국무부에 국한된 것이 아니라 당시 미국 정부와 군부에 널리 퍼져 있었다. 일찍이 1947년 9월 25일에 합동참모본부는 애치슨에게 한국에 관한 비망록(Memorandum)을 보냈는데, 그 문서는 "군사적 안보의 관점에서는 현재 한국에 주둔해 있는 병력과 기지들을 유지해서 미국이 얻을 전략적 이익이 거의 없다고 여긴다"고 기술했다. 애치슨은 이 문서를 트루먼 대통령에게 보였고, 트루먼은 그것에 동의했다.

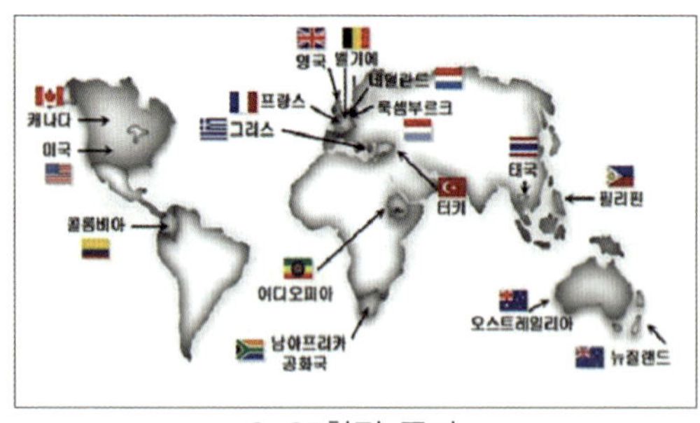

6·25참전 국가

합참을 이룬 윌리엄 레이히(William Leahy), 드와이트 아이젠하워(Dwight Eisenhower), 체스터 니미츠(Chester Nimitz), 칼 스파츠(Carl Spaatz)는 제2차 세계대전을 승리로 이끈 육해공군의 지휘관들이었고, 대통령이 그들의 견해를 받아들이는 것은 자연스러웠다. 이런 견해의 바탕을 두고 미국은 한국에 대한 정책을 세웠으며, 한국의 방위력을 채 갖추기도 전에 서둘러 군대를 철수했다.

이러한 상황에서 애치슨의 이 발언은 김일성에게 보낸 남한 침공의 초청장이 됐다. 한국에 대한 침입을 준비해 온 북한·중국·러시아를 크게 고무시켰을 뿐 아니라 그들은 북한이 한국을 공격해서 점령해도 미국이 개입하지 않으리라고 판단했다. 특히 김일성을 비롯한 북한 정부와 군부는 설령 미국이 군사적으로 개입하더라도 북한까지 공격하는 일은 없으리라고 판단했다. 이처럼 애치슨의 발언은 6·25 전쟁이 일어나는데 중요 요인이 되었다(복거일 지음, 「한반도의 드리운 중국의 그림자」).

그리고 우리 한국에 깊은 애정을 가지고 있었던 맥아더 장군도 그의 회고록에서 한국과 대만을 미국의 서태평양 방위선 밖에 둔 것은 트루먼 정권의 잘못된 정책이라고 생각되며, 미국 전체로부터 비난도 심했다고 한다.

맥아더 장군은 애치슨 장관이 극동 문제에 대하여 매우 잘못된 정보를 듣고 있다고 생각되어 그 판단을 바르게 바꿔보려고 애치슨을 빈객으로 도쿄를 방문하도록 초청을 하였다. 그때까지 한 번도 애치슨 장관을 만난 일이 없었고, 그 후에도 결국 만나지 못하였지만 애치슨은 정중한 말이기는 하였지만 바빠서 워싱턴을 떠날 수 없다고 거절하였다. 그런 그가 국무장관 재임 중에 유럽에는 11차례나 다녀갔다고 원망스럽게 회고하고 있다. (『맥아더 회고록』, 具範模 譯)

• 새벽에 걸려온 전화

1950년 6월 25일 일요일 새벽, 도쿄의 주일 미국대사관에 있던 맥아더 미극동군사령관의 침실 전화벨이 요란스럽게 울렸다. 어두운 방의 고요를 깨뜨리고 그 소리는 무언인가 심상치 않은 사태를 알리는 듯 다급하게 들려왔다.

전화로 사령부의 당직 장교가 다음과 같이 보고했다.

"각하, 방금 서울에서 들려온 지급전보에 의하면 북한 괴뢰군이 오늘 새벽 4시에 38선 전역에 걸쳐 공격을 개시하였답니다."

수만 명에 이르는 괴뢰군은 경계선을 넘어 대한민국 국방군의 전초 진지를 압도하고 남진을 계속 중이며, 그 속도와 세력은 모든 저항을 분쇄하고 있다는 것이었다.

"당시 장교의 전화는 나에게는 무서운 악몽과도 같이 들려왔다. 9년 전, 1941년 12월 7일. 일본이 진주만을 공격할 때 마닐라호텔 옥상의 숙사에서 자고 있던 나를 깨운 것도 역시 일요일 새벽의 같은 시간에 걸려온 다급한 전화였다. 지금 또 다시 나의 귀에 쟁쟁하게 울리는 소리는 그때에 들렸던 것과 똑같은 무서운 전쟁의 함성이었다. 놀란 나는 나 자신의 귀를 의심하고 있었다. 이번에는 훌륭한 참모장인 아몬드(Edward Armond) 장군이 또렷하고 침착한 목소리로 전화를 걸어왔다."

"각하, 무슨 명령이라도 없으십니까?"

'어쩌다 미국이 이와 같이 통탄할만한 사태가 벌어질 때까지 한국을 내버려두었단 말인가?'

나는 이렇게 나 자신에게 물어보았다(구범모 역, Douglas MacAathur Reminiscences). 이 글을 보면 6·25 한국전쟁이 일어났던 최초의 상황을 우리는 알 수 있다.

• 개전

6·25 한국전쟁은 김일성이 소련의 스탈린과 중국의 마오쩌뚱(毛澤東)과 긴밀한 사전 상의 끝에 소련과 중국의 승인 아래 남한의 적화를 위해 기습 남침한 전쟁이다. 이는 소련 붕괴 후 공개된 소련의 극비문서에서도 확인됐다.

1950년 6월 25일 새벽 4시경 인민군 7개 보병사단, 1개 기갑여단, 특수부대를 포함 총 10만 명의 병력을 동원하여 옹진·개성·동두천·춘천·강릉 등 10개 지역에서 38°선을 돌파 남침을 시작하였다. 6월 28일에는 서울이 함락하고 파죽지세로 남하를 계속하였다. 미국은 6월 26일 유엔안전보장이사회를 열어 북한군의 불법 남침의 중지와 38°선 이북으로 철수를 결의하여 북한군의 침략을 저지하는 한편 27일에는 트루먼 미 대통령은 미 해군과 공군으로 하여금 북한의 무력 침공을 격퇴할 것을 명령하였다.

28일에는 미국의 참전 결의와 36개국도 안전보장이사회에서 참전 결의를 지지하고 16개국은 파병을, 5개국은 의료지원을 결의하였다. 7월 7일에는 최초 유엔군을 결성하고 유엔군사령관으로 맥아더(Douglas MacArthur) 미국 극동군사령관이 임명되었다.

• 낙동강 전선으로 후퇴

국군과 유엔군은 낙동강을 최후의 교두보로 정하고 총반격을 한다는 작전 계획을 수립했다. 이때 미 8군사령관 워커(Walton H. Walker) 중장은 8월 1일 전군에 낙동강 방어선으로 철수를 명령하며 "더 이상 후퇴는 없고 물러설 땅도 없다"고 전의를 불태웠다.

여기서 나는 윌리엄 딘 소장의 이야기를 잠시 언급하고 싶다. 북한군의 파상적인 공격에 밀려 후퇴가 계속되고 있을 때 유엔안전보장이사회의 승인을 받은 미국이 1950년 6월 30일 딘 소장이 지휘하는 미 24사단의 대대급 미 지상군 스미스 선발부대를 파병하여 미군으로는 처음으로 부산 수영비행장에 도착했다. 스미스 부대는 부대장

찰스 스미스 중령의 이름을 딴 것이다. 후속 부대도 도착하여 전방으로 투입됐다. 윌리엄 딘(William Dean) 소장의 24사단은 금강방어선이 무너지자 대전으로 밀려 힘겹게 3일 동안 대전을 지켜냈다. 그러나 적은 너무나 많았다. 그는 대전 전투에서 밀려 금산으로 부관도 없이 혼자 가다가 길을 잃고 산 속에서 헤매었다. 금산의 어느 마을에서 주민의 신고로 북한군에 붙잡혔다. 딘 소장은 미군 장성으로서는 유일하게 6·25전쟁 중 북한군의 포로가 되어 압록강 근처 만포진 포로수용소에서 3년을 보내고 휴전 후 석방됐다. 그는 1953년 9월 4일 한국 정부로부터 무공훈장을 받았으며, 1981년 82세로서 파란 많은 세상을 떠날 때까지 한국을 무척 사랑했고, 미국에서 사는 동안 자주 김치를 담가 먹었다고 한다.

• 다부동 전투와 융단폭격

8월 5일부터 북한군은 낙동강 방위선을 돌파하기 위해 총공세를 취했으며, 국군과 유엔군은 왜관·다부동·창녕·영산·포항·안강 등에서 진지를 구축하고 반격을 시도했다. 특히 다부동은 유학산과 수암산의 긴 능선이 동서로 뻗어 있어 방어하기에 유리한 천연의 요새였다. 국군 1사단 백선엽 장군은 다부동에 진지를 구축하고 적과 처절한 전투를 벌였다. 그러나 16일 새벽까지 최후 저지선 중 아군의 손에 남은 곳은 수암산 일대와 다부동 정도였고, 나머지 전선에서는 붕괴 직전 상황에서 치열한 전투가 계속되고 있었다. 이때 '증원부대'와 '융단폭격' 있다는 소식에 장병들의 사기는 치솟아 16일 아침 역습이 감행됐다. 드디어 8월 16일 낮 11시 58분, 오키나와 가데나 공군기지에서 B-29편대 98대가 출격하여 왜관 서북쪽 낙동강 변의 북한군 진지 일대를 모두 3,234개, 총 960톤의 폭탄을 퍼 부었다. 폭격은 26분간 계속되었고, 낙동강 서쪽 약목(若木)과 구미(龜尾) 사이 가로 5.6km, 세로 1.2km의 직사각형 구역이 쑥대밭이 됐다. 이것이 6·25전쟁에서 전무후무한 대량의 '융단폭격(carpet bombing)'이다. 이 폭격은 2차 대전 때 노르망디상륙작전에서 연합군이 프랑스 생로(Saint Lo) 지역에 퍼부은 융단폭격과 함께 세계전사에 남은 기록이다.

낙동강 전선은 쌍방이 전력을 총 동원하여 일진일퇴의 치열한 공방전이 계속되었으며, 8월 21일에는 다부동 전투가 절정을 이루었다. 국군 1사단은 워커 장군이 지원해 준 미군 23연대와 27연대와 함께 '이에는 이', '눈에는 눈', '기습에는 기습', '돌격에는 돌격'으로 맞서 싸웠고, 고지와 능선에는 시체가 산더미처럼 쌓여 국군의 전사자만 3,400여 명이나 났다. 이튿날인 22일 아군 12연대가 8차례의 역습 끝에 유학산 정상에 있던 적군을 섬멸하고, 유학산을 점령함으로서 팽팽하던 균형이 깨지고 아군에게 유리하게 기울기 시작했다. 이것이 유명한 '다부동 전투'다.

다부동 전투를 다시 요약하면 국군 1사단이 미군 23연대와 27연대와 함께 1950년 8월 초부터 약 한 달 동안 대구 북방 약 20km의 경북 칠곡군 다부동에서 북한군 정예부대 3, 13, 15사단을 상대로 벌인 처절한 전투다. 다부동은 국군이 이곳을 지키지 못한다면 대구와 부산까지 내주어야 하는 전략적 요충지다. 아군이 이 전투에서 승리함으로 낙동강 전선의 최후 교두보를 지켰고 맥아더 장군의 인천상륙작전도 가능케 했다.

Marguerite Higgins

• 귀신 잡는 해병

전쟁 초부터 전선을 누비며 활약했던 《뉴욕 헤럴드 트리뷴》 지 종군여기자 마거릿 히긴스(Marguerite Higgins)를 알고 있을 것이다. 6·25전쟁이 터졌을 때 도쿄특파원이었던 그녀는 전쟁 발발 불과 이틀 후인 6월 27일 서울에 도착하여 한강 인도교가 폭파되자 피난민들 틈에 섞여 나룻배를 타고 구사일생으로 한강을 건넜다. 전쟁기간 중 수많은 기사와 특종을 썼으며, 인천상륙작전 때에는 미 해병대와 함께 상륙작전에 뛰어들어 생생한 전장 모습을 전달했다.

1950년 8월 23일 기사에서 경남 통영 상륙작전을 승리로 이끈 한국 해병대의 용기와 희생정신을 보도하며 "그들은 귀신을 잡을 수 있을 정도로 용감했다"고 썼다. 한국 해병을 표현하는 '귀신 잡는 해병'이란 말도 바로 여기에서 비롯됐다. 그녀는 1951년 『한국전쟁(War in Korea)』이란 저서를 집필하여 여성으로서 처음으로 퓰리처상을 수상하였고, 그 책은 베스트셀러가 되었다. 그녀는 "한국을 도와야 한다"고 미국 전역을 다니며 강연을 하였다. 그리고 6·25 전쟁에 이어 베트남전과 콩고내전 등을 취재하다가 열대 풍토병에 걸려 1966년 1월 23일 45세로 아깝게 생을 마감했지만 내게는 전설적인 여성으로 기억에 남아 있다.

• 1950년 9월 15일 인천상륙작전

맥아더 사령관은 북한군의 후방을 차단하고 전세를 역전시키기 위해 261척의 함선과 약 1천 대의 비행기 그리고 제10군단장 아몬드(Edward Armond) 장군 아래 미 해병 제1사단과 미 보병 제7사단, 한국군 해병연대와 제17연대 등 총 7만 5천 명의 병력을 동원하여 대대적으로 인천상륙작전을 감행했다.

6·25 전사에는 새벽 5시 45분에 인천 월미도의 폭격이 시작됐다고 기록되어 있지만,

이승만 대통령과 맥아더 장군

나는 그때가 몇 시인지는 잘 몰라도 초등학교 5학년의 어린 나이었으나 생생하게 그 장면만은 기억하고 있다. 김포 우리 집에서 인천까지는 남서쪽으로 약 30km 거리밖에 안 된다. 우리 집 사랑채 툇마루에서 남서쪽은 탁 트어 있어 인천의 밤하늘은 잘 보인다. 인천 하늘에는 수를 헤아릴 수 없이 많은 비행기들이 연속 하강하며 폭격을 가하여 마치 별똥들이 장대비가 되어 쏟아지고, 밑에서는 은하수의 별을 쏘아 올리듯 북한군의 대공포 반항이 계속 불을 품는다. 마치 인천의 밤하늘은 해가 막 지고 난 뒤 석양에 물 들은 하늘과 같이 벌겋다. 나는 이 어마어마한 장면을 어둠 속에서 사랑방 툇마루에 혼자 앉아 약 1시간 정도를 지켜보는데 난데없이 함포 한 발이 귀 창을 째는 듯이 소리를 내며 우리 집 지붕 위를 지나 뒷산에 떨어져 벼락을 치듯 폭발한다. 아버지는 나를 방으로 끌고 들어가 이불을 덮어주시며 꼼짝 말고 있으라고 야단을 치신다.

나는 이와 같이 무시무시한 장면들을 연상하며 인천상륙작전에서 아군의 피해가 17명의 부상자가 전부라는 글을 읽고 당시 맥아더 사령관의 작전 계획이 얼마나 치밀했는지 감탄할 따름이다. 이 작전이 성공함으로서 북한군은 완전히 붕괴되었고 전세는 반전되어 16일 낙동강전선에서도 반격이 시작되었다.

인천 상육작전의 비화도 우리들에게 흥미를 끈다.

1950년 8월 23일 일본 도쿄의 미 극동군사령부 회의실, 콜린스 미 육군참모총장, 셔먼 해군참모총장이 나서서 인천상륙작전을 극구 반대했다. 그러나 파이프 담배만 연상 피우던 맥아더 UN군총사령관은 침묵을 깨고 "인천상륙작전의 실패는 없다. 반드시 성공 한다"라는 서릿발 같은 한 마디에 누구도 다시 이의를 제기하지 못했다.

인천상륙작전의 성공에는 북한을 속이는 전략이 한몫했다. LST(상륙함)가 해안에 접근하려면 수심이 9미터가 넘는 만조 때야 가능한데 인천 앞바다의 만조는 9월 15일, 10월 11일, 11월 3일 뿐이었다. 미군은 9월 15일의 상륙 계획을 정해놓고 이를 감추기 위해 '10월에 유엔군 반격 준비 중'이라는 워싱턴 발 기사를 연이어 내보내면서 9월 5일부터 13일까지 군산항 인근을 폭격하는 한편 특수부대 500명을 군산 해변에 침투시켰다. 비행기로는 "곧 유엔군이 군산을 상륙하니 주민들은 대피하라"는 전단도 뿌리며 위장전술을 폈다. 인천상륙작전은 제2차 대전 때 아이젠하워 장군이 이끄는 연합군이 프랑스의 노르망디를 상륙하여 파리에 입성함으로서 전세를 역전시킨 것과 같다고 평가된다.

• 9·28 서울수복

인천에 상륙한 미 제10군단과 낙동강에서 반격하여 북진한 미 8군이 9월 28일에는 서울을 탈환하였으며, 9월 29일에는 서울 수복을 기념하는 환도식(還都式)을 중앙청에서 거행하였다.

당초 한국군은 서울 탈환 선발대에서 제외돼 있었다. 한국군의 참여는 인천상륙작전 때 한국 해병대의 활약상을 인상 깊게 지켜본 맥아더 사령관이 아몬드 미 10군단장에게 "서울 선두 입성은 한국 해병대에게 양보하는 것이 어떻겠소" 제안하고 아몬드가 이를 받아들여 이루어졌다(정일권 회고록).

27일 새벽 3시 한국 해병대 2대대 6중대 1소대장 박정모 소위는 두 명의 병사와 함께 포연이 자욱한 태평로를 거쳐 세종로를 뚫고 중앙청으로 향했다. 어렵사리 구한 태극기는 웬만한 책상보다 컸다. 세 사람의 혁대로 밧줄을 만들어 중앙청 중앙동에 올라가 돌기둥에 태극기를 게양한 것이 새벽 6시 10분, 때마침 추석날이어서 휘영청 밝은 달빛 속에 휘날리는 태극기는 시민들을 더욱더 감격케 했다(기선민 중앙일보 기자).

• 38°선 돌파와 평양 입성

국군과 유엔군은 9월 30일 38°선에 도달하여 북진 명령을 기다리고 있었다. 유엔군 사령부로부터 정식 명령이 하달되지 않은 상태에서 국군 제3사단 제23연대와 수도사단의 선두부대가 10월 1일 동부전선에서 38°선을 넘어 북진하고, 유엔군사령부의 북진 명령이 하달됨으로 10월 9일 38°선을 돌파 북진을 거듭하여 10월 19일에는 국군 제1사단이 평양에 입성하고 23일에는 청천강으로 진격하였다.

원래 1사단은 작전 계획상 공격로가 해주와 재령을 거쳐 진남포로 가는 것이었으나 백선엽 제1사단장의 간곡한 부탁에 그가 소속된 미 제1군단장 프랭크 밀번 소장이 그의 부탁을 들어주었다. 이승만 대통령도 평양 입성에 관한 의지가 대단하여 "평양 입성은 'My boy'들이 먼저 해야 한다"고 정일권 참모총장을 불러 몇 차례 독촉했다. 당시 이 대통령은 국군을 '내 아이' 즉 'My boy'로 애칭하면서 자랑스러워했다.

유엔군은 추수감사절까지는 전쟁을 종결한다는 목표로 10월 24일 중국 국경선을 향하여 진격하였다. 국군 제6사단 제7연대(연대장 임부택 대령)가 압록강변의 초산에 도착하여 수통에 압록강 물을 담은 것은 낙동강 전선에서 반격을 개시한 지 41일 만인 10월 26일의 일이다. 그러나 이들은 6사단 제2연대와 함께 중공군에 이미 포위되어 있었다. 이즈음 10월 30일에는 이승만 대통령이 C-47 미군 수송기 편으로 신성모 국방장관과 정일권 참모총장을 대동하고 평양을 방문하여 10만 군중 앞에서 감동적인 연설을 하였다.

• 1950년 10월 25일 중공군 참전

<운산과 장진호 참패—Gimme Tomorrow>

1950년 10월 25일 중국이 한국전에 참전함으로서 전쟁은 새로운 양상으로 바뀌었다.

중공군 총사령관 펑더화이(彭德懷)는 30만의 중공군을 이끌고 유엔군의 항공정찰을 피하여 얼어붙은 압록강을 건너와 야간행군으로 북한의 산악지대에 잠입하여 서부전선에서는 적유령산맥(狄踰嶺山脈) 곳곳에, 그리고 동부전선에서는 개마고원(蓋馬高原) 일대에 매복시켜 국군과 유엔군을 포위하여 퇴로를 막고 공격을 가함으로 서부전선에서는 운산(雲山)과 온정(溫井)을 거쳐 군우리(軍隅里), 동부전선에서는 장진호(長津湖)에서 아군은 완전히 궤멸(潰滅)되어 간신히 포위망을 뚫고 퇴각하게 되었다.

특히 동부전선에서의 미 제10군단 에드워드 아몬드 장군 휘하의 미 해병 제1사단(사단장 스미스 장군)과 미 육군 제7사단이 당한 장진호에서의 궤멸은 일본의 진주만 기습공격 이래로 미국이 당한 가장 큰 참패다. 그리고 영하 45°C의 혹한 속에서 중공군의 포위로 퇴로가 끊긴 이 전쟁은 1943년 1월 제2차 대전 당시 독일군이 스탈린그라드의 영하 50°C의 혹한 속에서 소련에게 참담하게 패했던 전투를 방불케 한다.

미 해병의 한 병사가 계속된 행군과 혹한 추위에 지쳐 길가에 주저앉아 얼어붙은 통조림을 포크로 파먹고 있었다. 여러 날 동안 깎지 못한 수염은 입김이 얼어 눈꽃처럼 뒤덮여 있다. 《라이프》 지 종군기자가 다가가 "내가 당신을 위해 무엇을 해줄 수 있겠느냐"고 묻자, 그는 지친 목소리로 짤막하게 "나에게 내일을 달라(Gimme Tomorrow)"고 한다. 한 치 앞이 보이지 않는 얼마나 처절한 상황이었던가!

• 흥남 철수

1950년 12월 13일에는 장진호에서 간신히 적의 포위망을 뚫고 나온 10만 5000명의 미군과 9만 1000명의 피란민으로 흥남부두는 인산인해를 이루었다. 피난민들도 배를 타기 위해 기다리고 있었다. 하지만 배가 와도 군 병력과 장비를 수송할 배였지 피난민을 태울 배는 애초에 없었다. 그러나 피난민들은 꼼짝 않고 부두를 떠나지도 않았다. 육로는 이미 막혔고 유일한 탈출구는 배를 타는 것뿐이었다. 배를 타야 내일도 있다. 하는 수 없이 미 제10군단장 아몬드 장군은 피난민들을 수송선에 태우기로 전격 결정했다. 그리고 최대한 많은 피난민을 태우기 위해 탱크, 야포 등 군 장비의 수송을 포기하고, 적의 수중에 들어가지 않게 모조리 폭파시켰다.

꽁꽁 얼은 땅 위에서 밤을 새운 군중들은 배가 부두에 와 닿는 것을 보자 이성을 잃은 것처럼 "와… "하고 소리를 지르며 곤두박질을 하듯 부두 위로 쏟아져 나갔다. 부두 위는 삽시간에 아수라장이 됐다. 공포탄이 발사되고 호각소리가 진동하고 동아줄이 쳐져서 일단 혼란은 멎었으나, 그와 동시 이번에는 또 그 속에서 아이를 잃어버린 어머니, 쌀자루를 떨어뜨린 남편, 옷 보따리를 잃은 딸아이들의 울음소리와 서로 부르고 찾는 소리로 부두가 떠내려가려는 듯했다. 김동리의 단편 「흥남철수」의 한 대목이다.

1950년 12월 15일 흥남부두를 떠난 수송선은 일주일 만에 거제도 장승포에 닿았다. 미국 화물선 메러디스 빅토리 호(7600톤)는 최대한 실어야 2000~3000명의 승선이 가능한데 23일 마지막으로 1만 4000명이나 되는 피난민을 싣고 2박 3일 만에 거제도 장승포까지 무사히 왔다. 항해하는 동안 사람들로 가득 찬 배 안에서도 삶과 죽음의 그림자가 교차하는 인간 생존의 처절한 막장 그 자체였다. 배 안에서 아이를 낳는 사람도 있었다. 기진맥진 지쳐 죽은 사람의 시체를 바다 위에 버리는 장면도 목격됐다. 이렇게 사람들은 생과 사의 기로를 넘나들었다. 1950년 12월 14일부터 24일 사이에 LST수송선 등 모두 200척이 열흘 동안 유엔군 10만 5000명, 피란민 9만 1000명을 탈출시키는 한국판 '출애굽' 또는 '오스카 쉰들러 탈출'의 대역사가 일어났다.

• 노블레스(Noblesse) 오블리즈(Oblige)

지성에서는 그리스 인보다 못하고, 체력에서는 켈트 인이나 게르만 인보다 못하며, 경제력에서는 카르타고 인에 뒤떨어졌던 로마 인이 오랫동안 거대한 제국(Pax Romana)을 유지할 수 있었던 원동력은 과연 무엇이었을까. 사회 지도층의 역할이었다고 작가 시오노 나나미(鹽野七生)는 『로마인 이야기』에서 말하고 있다.

특히 로마 제국 천년을 관통한 철학은 노블레스(귀족) 오블리즈(의무를 지우다)였다고 강조했다. 로마의 귀족은 사회적 책임이 강했으며, 전쟁이 터지면 귀족들은 솔선수범 해 최전방에 나가 싸웠고, 공공의 이익을 위해서는 금쪽같은 재산을 사회에 흔쾌히 내놓았다. 로마의 스키피오 장군이 포에니 전쟁에서 카르타고의 명장 한니발에게 연전연패를 하다가 BC 202년 최후로 자마전투에서 승리함으로써 카르타고를 영원히 멸망시켰던 것도 바로 지도층의 자발적인 역할에 의하여 로마 시민의 애국심이 결속되었기 때문이다.

이렇게 유엔군은 또다시 중공군에 의해 38°선까지 밀렸다. 1950년 12월 23일 미8군 사령관 월턴 워커 장군이 의정부 근처에서 국군 6사단 소속 병사가 몰고 가던 트럭과 충돌한 사고로 사망하고, 후임으로 매튜 리지웨이 장군이 임명되었다. 워커 장군은 용맹스러워 그의 애칭을 '불독'이라 불렀다. 우리는 워커 장군의 고귀한 한국전쟁에서의 희생을 보고 깊이 머리 숙여야 할 교훈이 있다. 6·25전쟁의 최고 위기였던 낙동강 교두보 방어전에서 적을 물리쳤던 미8군사령관과 그의 아들 셈 워커 대위는 모두 한국전에서 싸웠던 참전 미군이었다. 워커 장군이 교통사고로 사망하자 그의 아들 셈 워커 대위에게 미군은 특별 휴가를 주어 아버지의 유해를 모시고 미국으로 돌아가 장례식에 참석토록 했다. 그러나 셈 워커는 그것을 거부하고 전선에 남아 아버지의 뜻을 이어 계속 싸우겠다고 고집했다. 부하들이 목숨을 걸고 악전고투하고 있는 상황에서 중대장이 바뀌면 안 된다는 이유에서다. 그 소식이 도쿄의 맥아더 유엔군총사령관의 귀에 들어갔다. 맥아더 사령관은 다시 셈 워커 대위에게 전문을 보냈다. "반드시 부친의 장례식에 참석해야 한다. 이것은 명령이다"라는 내용이다.

리지웨이의 후임 미8군사령관 밴플리트 장군도 그의 아들을 잃었다. 그의 아들 짐 밴플리트는 미 공군 중위였다. 1952년 4월 4일 군산의 옥구비행기지에서 B-26 폭격기를 타고 이륙해 북한 지역으로 날아가 야간 폭격 임무를 수행했다. 그러나 돌아오지 않았다. 그러나 밴플리트 장군은 아들을 잃고도 군인의 참 모습을 잃지 않았다. 미 해병 항공사단장 해리스 장군도 해병 대대장으로 북진했던 아들을 장진호 전투에서 잃었다. 또한 클라크 유엔군 총사령관의 아들은 보병 중대장으로 전쟁 중 큰 중상을 입었다.

그 외에도 전쟁 후 미국 대통령이 된 아이젠하워 장군의 아들, 그리고 제2차 대전의 영웅 패튼 장군의 아들을 비롯해 장군의 아들만 142명이 참전해 32명이 전사하거나 중상을 입었다. 이들이 감수한 고귀한 희생은 오늘날 대한민국을 받혀준 토양이 되었다. 이것이 부강한 국가의 사회 저변에 깔려 있는 지도층에 요구되는 책임과 도덕의식, 즉 노블레스 오블리즈다. 여기에서 국가에 대한 애국심이 나오고 단합된 힘도 솟아오른다.

부끄러운 얘기지만 6·25 전쟁 때 과연 우리나라 고위층의 자제들이 몇 사람이나 피 흘려 조국에 목숨을 바쳤던가? 유감스럽게도 누구도 들어보지 못했을 것이다.

1350여 년 전에는 우리에게도 그러한 민족혼이 살아 있었다. 하지만 최근에 와서

실종된 것 같다. 660년 황산벌 싸움에서 신라의 김흠춘 장군의 아들 반굴과 품일 장군의 아들 관창이 단신으로 적진에 들어가 싸우다 장렬하게 전사하지 않았던가. 품일 장군은 포로가 된 아들 관창이 적진에서 석방되어 돌아오자 다시 적진으로 보내 나라를 위해 목숨을 바치게 했지 않았던가.

● 1·4 후퇴

매슈 리지웨이 장군도 중공군의 거센 공격에 밀려 남쪽 금강까지 후퇴할 계획을 세워 놓고 후퇴를 계속하던 중 1951년 1월 4일에는 서울을 다시 적의 손에 넘겨주는 소위 1·4 후퇴를 하게 되었다.

이때 나의 아내도 어린 발걸음으로 고향에서 부모님을 따라 피난을 나왔다. 거침없이 진격하던 중공군은 남으로 올수록 보급로가 길어져 유엔 공군의 공격을 받음으로 전력이 점점 약화되어 갔다. 아군은 37°선인 오산·장호원·제천·영월·삼척 등에서 다시 전력을 정비하여 1월 15일 반격을 펼쳐 3월 2일에는 한강을 넘어서 3월 15일에는 서울을 재탈환했다. 중공군은 초기와는 달리 추위와 배고픔에 지치고 장티푸스 등 각종 질병에 시달리고 있었다. 미 공군의 폭격으로 보급이 원활치 못해 "3일 싸우고 3일은 굶었다"고 포로로 잡힌 중공군들이 실토하기도 했다.

여기서 한국군과 미군에 지급되는 식품을 비교해 보자. 국군은 쌀과 보리, 된장·고추장은 정부가 보내줬지만 파·마늘 등 다른 부식들은 현지에서 때에 따라 구매하여 해결했다. '삼천만의 영양식'이라고 불리기도 했던 콩나물국이나 다른 채소국도 가끔 식단에 올랐을 뿐이다. 그러나 전쟁 중 끼니를 제대로 잇지 못하는 국민들을 생각하며 국군은 배고픔을 참고 싸웠다.

미군들은 달랐다. A·B·C 세 등급의 레이션을 먹었다. A레이션은 스테이크를 포함한 제대로 갖춰진 양식이었다. B레이션은 소시지 등 가열해 먹을 수 있는 재료로 채워져 있었고, 주로 A레이션과 함께 후방에서 이용했다. C레이션은 통조림류로 휴대용 야전식품(夜戰食品)이다. 미군에게 얻은 C레이션을 시중에 내다 팔면 1만 원을 받았다. 당시 국군 중령 월급이 3,000원 했으니 중령 월급 3개월분이다. 미군이 얼마나 잘 먹어가며 싸웠는지 알 수 있다.

6·25 전쟁 때 미군이 있는 곳이면 어디든 볼 수 있었던 게 C-Ration이다. 깡통 속에 절인 쇠고기와 비스킷, 초콜릿, 커피, 설탕 등 온갖 식품이 들어 있었다. C형 레이션은 미국이 개발한 전투식량이다. 야전에서 조리할 필요 없이 깡통만 따면 먹을 수 있는 것으로 1938년부터 미군에게 지급됐다. 중공군과 인민군은 국군보다 더 취약한 상태

였다. 중공군은 전투력도 전투력이지만 지급되는 군량부터 싸움이 안 된다.

• 맥아더 장군의 해임(1951년 4월 11일)

<(Old soldiers never die — They just fade away>

맥아더 장군은 "전쟁에서 최종의 목표는 승리다. 전쟁에서 승리를 대신할 것은 아무것도 없다"는 굳은 신념의 소유자다. 그리고 그는 군인이기에 앞서 자유와 민주주의에 대한 투철한 신봉자였다. 공산주의와의 대결 의식은 거기에서 비롯됐다. 이승만 대통령과의 합치된 사상이다. 중공군의 참전으로 전쟁이 확대됨에 따라 맥아더 장군은 중국 본토 폭격, 해안 봉쇄, 장제스 대만군의 본토 상륙 및 핵무기 사용 고려 등 승리를 위한 작전을 구상하고 있었다.

그러나 워싱턴 트루먼(Harry S. Truman) 정부는 이미 6·25 전쟁을 확전되지 않게 관리하려는 방침을 세웠다. 승리는 반드시 쟁취하여야 한다는 확고한 신념을 가진 맥아더 장군과의 불화는 여기에서 비롯됐다. 트루먼은 승리에는 올바른 승리와 그릇된 승리가 있다고 한다. 전쟁에는 옳은 일을 위한 전쟁과 그릇된 일을 위한 전쟁이 있기 때문('Memoirs by Harry S. Truman')이라는 이상한 논리를 펴고 있다.

그렇다면 공산 침략자와의 싸움이 그릇된 일을 위한 싸움이고, 침략자들과의 싸움에서의 승리가 그릇된 승리란 말인가. 트루먼 대통령은 자신의 명령에 철저히 복종하지 않은 맥아더 유엔군총사령관 및 극동군사령관을 1951년 4월 11일 해임하고, 미8군사령관인 매튜 리지웨이(Mattew B Ridgway) 장군을 그 후임에 임명하였다.

맥아더 장군이 구사하는 전략 전술이 대형 항공모함이라면 새로 유엔군사령관에 부임한 리지웨이 장군은 구축함 정도로 비교된다. 맥아더가 미 육군사관학교인 웨스트포인트 교장을 지낼 때 리지웨이는 대위로 체육 교관이었다. 맥아더가 장군이었을 때 리지웨이는 위관이었다. 군대 서열로 할아버지와 손자 격이다. 그가 월튼 워커(Wallton H. Walker) 미8군사령관의 후임으로 한국에 왔을 때 일성(一聲)은 "인분(人糞) 냄새가 진동하는 이런 나라에 내가 왜 왔는지 이해할 수가 없다"는 우리가 듣기 거북한 얘기였다. 걸핏하면 "세계 최고의 나라 최고의 국민"이라고 미국에 대한 무한정의 자부심으로 가득 차 있던 사람이었다.

리지웨이 장군 후임 미8군사령관에는 2군사령관이던 제임스 밴플리트(James A Van Fleet) 장군이 임명되었다. 밴플리트 장군은 항공모함보다는 작지만 구축함보다 작전 범위와 화력의 크기가 한 수 위인 순양함(巡洋艦) 급이다. 그는 부임한 지 얼마 안 된 1951년 4월 말경 철원과 문등리와 사태리, 속초에 주둔하고 있는 미 9군단, 미

10군단, 국군 1군단을 북상시켜 금강산 일대를 점령할 것을 명령하였으나 그것도 워싱턴의 눈치를 보며 정치적인 판단에 치중하고 있는 구축함급 리지웨이 장군의 반대로 무산되었다.

밴플리트 장군은 어느 누구보다 한국의 입장과 한국인의 마음을 이해하려고 애썼다. 그래서 이 대통령과도 언제나 친분을 유지했다. 이 점이 이 대통령에게 불만을 가지고 있는 리지웨이와 다르다. 이 대통령(1875년생)은 6·25전쟁을 맞을 때 만 75세로 맥아더 장군(1880년생)보다 5세 위이고, 밴플리트(1892년생) 장군보다는 17세나 연상이다. 리지웨이는 밴플리트 장군의 미 육군사관학교 후배다.

맥아더 장군은 해군력과 공군력을 가지지 못한 중국은 이미 모든 경제력과 군사력을 통틀어 한국전에 투입해 전쟁 능력이 한계에 도달한 상태이고, 소련 역시 시베리아의 길고 한정된 보급로를 그것도 철도에만 의존하게 돼 마음대로 공중에서 차단할 수 있어 참전이 불가능하다고 판단하고 있었다.

그러나 "트루먼 대통령은 미국 병사 15만 명과 한국군 그리고 수많은 유엔군이 희생된 6·25 전쟁을 전쟁이 아니라 '경찰 행동'으로 적당히 수습하려는 극히 소심하고 나약한 정책을 펴고 있었다. 대통령의 도덕적인 권위가 자유 세계에서 이처럼 무참하게 추락된 예는 역사상 드물 것이다"라는 평가가 적지 않았다. 맥아더 장군의 해임에 대하여는 더 이상 언급하고 싶지 않다. 다만 이승만 대통령이 장군에게 보낸 메시지로 내 심경을 대필한다.

친애하는 맥아더 원수

귀하가 해임되었다는 소식은 전혀 예측하지 못하였던 일로서 우리는 놀라고 있으며, 나의 심경을 알려드릴 말을 찾을 수 없습니다. 언젠가 귀하께서 한국이 공격을 당하는 경우에는 갤리포니아를 지키는 것과 똑같이 지키겠다고 말씀하신 것을 나는 잘 기억하고 있으며, 귀하는 그 말씀을 성실히 행동에 옮기셨습니다. 귀하께서 한국의 독립과 통일을 위하여 애쓰신 것과 변함없이 베푸신 우정을 영원히 잊지 못할 것입니다.

친애하는 원수! 한국 문제의 궁극적인 해결책은 귀하가 계획하신 것 이외에는 다른 대안이 없다는 것을 나는 확신하고 있습니다." … 이하생략…

1951년 4월 일 이승만

<휴전협정(1953. 7. 27)>

결국 38°선 부근에서 일진일퇴하던 아군은 반격에 나서 6월 중순까지 임진강, 연천,

철원, 김화, 화천, 간성을 확보하고 다시 중공군을 수세에 몰아넣었다. 그러나 리지웨이 장군이 유엔군총사령관에 임명됨으로 전쟁은 더 이상 확대되지 않으려는 정책이 추진되면서 38°선 이북으로 진격을 보류하고 휴전 문제를 거론하기 시작했다. 1951년 7월 10일 휴전회담이 이루어져 군사분계선 설정, 휴전체제와 포로 송환 및 휴전 후 평화회담 등이 논의 되었다.

<반공포로 전격 석방>

어떤 경우에도 다른 나라에 반공포로를 넘길 수 없다고 주장해 온 이승만 대통령은 1953년 6월 18일 거제와 논산 등 각 지역에 분산 수용하던 2만 5000명의 반공포로(POW, prisoner of war)를 전격 석방시켰다. 나머지 2000여 명도 2~3일 흐르는 동안에 수용소를 탈출하는데 성공하여 모두 합쳐 2만 7000명의 반공포로가 자유의 품안에 안겼다. 이 대통령의 단호한 조치는 전 세계를 깜작 놀라게 했다. 윈스턴 처칠은 아침에 면도를 하다 이 소식을 듣고 놀라 면도날에 얼굴을 베었다는 일화도 있다.

미국은 한미상호방위조약, 장기적인 경제 원조, 한국군 증강 등을 약속하는 대신 한국 측에 동의를 얻어 1953년 7월 27일 10시 판문점에서 열린 제159차 본회담에서 미국의 해리슨 소장과 북한의 김남일 중장이 휴전협정에 조인함으로 이날 밤 10시를 기해 전선의 포성이 멈춰 마침내 3년 1개월 2일 동안 계속된 6·25전쟁은 막을 내렸다.

⑤ 맺는 말

* 자유는 공짜가 아니다(Freedom is not free).

* 전쟁을 승리로 이끄는 데는 많은 비용이 든다. 그러나 패배할 때 치러야 할 대가에 비하면 이는 극히 저렴하다. (Marguerite Higgins의 『War in Korea』에서)

김일성이 일으킨 동족상잔(同族相殘)의 6·25전쟁으로 전 국토는 폐허가 되었고 막대한 인명 피해를 내었다.

- 국군의 인명 피해

  전사 58,809명, 부상 178,632명, 실종 및 포로 82,310명 계 319,750명

- 연합군의 인명 피해

  전사 36,991명, 부상 115,648명, 실종 및 포로 6,944명 계 159,583명

- 공산군의 인명 피해

  북한군 사망자 520,000명 중공군 사망자 900,000명

• 민간인 피해

사망 370,599명(학살당한 자 포함), 부상 229,625명, 납치 84,532명

행방불명 303,212명, 피난민 240만 명, 전쟁미망인 20만 명, 전쟁고아 10만 명, 이산가족 1천만 명.

• 기타

가옥, 공공건물, 산업시설, 도로, 철도, 교량, 항만 등의 파괴로 상상할 수 없는 재산상의 피해가 발생했다. 이와 같은 인적·물적·정신적인 피해를 누구에게 호소하며 누가 보상하고 누가 치유해 줄 것인가. 6·25 전쟁에서 미국의 잘못은 초기에 적군의 능력을 과소평가하고 우리의 능력을 과대평가했다는 점과 휴전협정이 시작될 무렵부터는 적군의 능력을 과대평가하고 우리의 능력을 과소평가함으로서 불필요한 사항까지 타협했다는 점이다. 그러나 6·25전쟁은 미국 국민들에게는 인기 없는 전쟁이었지만 경제적·군사적으로 어떠한 국제 분쟁도 미국의 관여 없이는 해결될 수 없다는 팍스 아메리카나(Pax Americana)를 탄생시킨 것도 사실이다.

6·25전쟁 때 만일 이승만 대통령이 진두지휘가 없었다면 만일 맥아더 장군의 이끄는 유엔군의 인천상륙이 없었다면, 만일 국군묘지의 잠들어 있는 수많은 용사와 어디에 묻혀 있는지 알 수도 없는 그 많은 무명용사들이 피를 흘리지 않았다면, 아직 살아계신 20만 노병이 그때 국가를 위해 헌신과 희생을 하지 않았다면 그리고 미국을 비롯한 우방국의 젊은이들의 희생이 없었다면 오늘의 번영된 대한민국이 존재할리 없고, 이 땅에 자유와 평화 그리고 인간의 보편적 가치가 존중되는 민주주의는 있을 리 없다. 민주주의와 자유는 절대 공짜로 얻어지지 않았다는 것을 알아야 한다.

<지금 북한의 상황은?>

김정일은 북한 주민은 기아에 허덕이는데 제일 급한 백성들의 기아문제는 뒤로 하고 정권 유지와 적화 야욕을 위해 국가 재정을 군비에만 쏟아 붇고 백성을 무시하는 3대 세습의 코미디 놀음을 하고 있다. 군비의 진정한 목적은 전쟁이 아니라 전쟁을 억제하는데 있다. 군비의 최종적인 목적은 평화다.

90년대 대기근을 당해 함흥·흥남·원산 등 주요 도시 거리에 굶어 죽은 시체가 널려 있음에도 최소 15억 달러 이상의 들어간 핵 개발을 멈추지 않았고, 2009년 5월의 2차 핵 실험과 6월의 중장거리 미사일 시험발사에 약 7억 달러를 쏟아 부었다. 주민들은 기아에 허덕이며 탈북 행렬이 줄을 잇고 물난리까지 겹쳐 표현 그대로 비참한 노예생활로 도탄(塗炭)에 빠져 허덕이고 있다.

<남북한 엥겔계수 비교>

2006년 북한의 엥겔계수는 70%인데 비해 같은 해 우리나라는 12.5%다(한국은행, 알기 쉬운 경제지표). 북한의 이 수치는 우리나라가 6·25전쟁이 끝난 후인 1955년의 수치인 70%와 같다. 당시 미국은 35%였다. 엥겔계수는 가계지출 중에 식료품비가 차지하는 비율을 가리킨다. 저소득 가구일수록 식료품 비율이 높고 부자일수록 이 비율이 줄어든다. 엥겔계수가 낮을수록 더 높은 문화생활을 영위할 수 있고 높을수록 문화생활의 영역은 줄어든다. 이 수치로 보아도 북한 동포들이 입에 풀칠하기가 얼마나 어려운가를 알 수 있다. 1943년 미국의 심리학자이며 사회학자였던 에이브러햄 매슬로(Abraham Masrow)는 욕구단계설(hierarchy of needs)을 내놨다.

생리적 욕구인 식욕·성욕과 같은 1차적 욕구가 충족된 다음에야 안전과 건강의 욕구와 같은 2차적 욕구가 생겨나고, 3차적으로 애정·존경·자아실현과 같은 상위의 욕구가 생긴다는 것이다. 당장 세 끼의 밥도 해결하지 못해 쩔쩔매는 북한 주민들에게 2차적, 3차적 욕구란 상상조차 할 수 없는 것이다. 만약 아내가 1·4 후퇴 때 나오지 못했다면 우리가 만나는 것은 차치하고라도 생지옥과 같은 북한에서 처참한 생활을 하지 않았겠는가. 생각만 해도 현기증이 난다.

윈스턴 처칠이 지적했듯이 "자본주의가 타고난 악(惡)은 축복을 불평등하게 분배하는 것이고, 사회주의가 타고난 선(善)은 빈곤을 평등하게 분배하는 것이다"라고 했다. 고르게 빈곤만을 감수해야하는 북한 주민들이 얼마나 불쌍한가. 우리는 어떠한 희생을 겪더라도 공산 독재를 배격하고 자유와 민주주의를 수호해야 한다.

이제 아래 두 편의 글로 6·25를 회상하며 국가에 대한 충성을 다짐한다.

국군은 죽어서 말한다

— 모윤숙

산 옆 외따른 골짜기에 혼자 누워 있는 국군을 본다.
아무 말, 아무 움직임 없이
하늘을 향해 눈을 감은 국군을 본다.

누른 유니폼 햇빛에 반짝이는 어깨의 표지
그대는 자랑스러운 대한민국의 소위였구나.
가슴에선 아직도 더운 피가 품어 나온다.

장미 냄새보다 더 짙은 피의 향기여!
엎드려 그 젊은 죽음을 통곡하며
듣노라 그대가 주고 간 마지막 말을

나는 죽었노라. 스물다섯 젊은 나이에
조국의 위험을 막기 위해 밤낮으로 진격! 진격!
원수를 밀어가며 싸웠노라
나는 더 가고 싶었노라 원수의 하늘까지.
… 이하 생략 …

이름 모를 비목

비목(碑木)
—한명희 작사, 장일남 작곡

초연(硝煙)이 쓸고 간 깊은 계곡
깊은 계곡 양지 녘에
비바람 긴 세월로 이름 모를
이름 모를 비목이여
먼 고향 초동친구 두고 하늘가
그리워 마디마디 이끼 되어 맺혔네.

궁노루 달빛타고
달빛타고 흐르는 밤
홀로 선 적막감에 울어 지친
울어 지친 비목이여
그 옛날 천진스런 추억을 애달파
서러움 알알이 돌이 되어 쌓였네.

조국의 산하를 지키다 이름 한 글자 남기지 못하고 목숨을 바쳐 조국에 영광을 안겨주고 비목 아래 누워있는 생령(生靈)들을 우리는 결코 잊어서는 안 된다.

영국과 프랑스 간에 벌인 100년 전쟁에서 조국 프랑스를 위해 목숨을 바쳐 프랑스 국민에게 사기와 용기를 불어넣어 전쟁을 승리로 이끈 17세의 어린 소녀 잔 다르크의 애국심만이 값진 것이 아니다. 잔 다르크와 같이 청사에 이름은 남기지 못했어도,

이 나라 이 땅에도 그에 못지않은 애국심으로 조국에 목숨을 바친 이름 모를 고귀한 영령(英靈)들이 얼마나 많은가.

<역사의 교훈>

인류의 역사에는 실패로 돌아간 계획과 실망으로 끝난 희망의 이야기로 가득 차 있다. 그 중에 하나가 미완성으로 끝난 6·25 전쟁일 것이다.

역사 속에는 크고 작은 전쟁이 수없이 되풀이 되고 있다. 역사책과 동화책은 다르다. 역사에서 전쟁사를 뺀다면 그것이야 말로 동화책이 될 것이다. 그래서 인류의 역사를 흔히 전쟁의 역사라고도 한다. 영국의 정치가 에드먼드 버그는 "국가가 있는 곳에는 전쟁이 끊이지 않는다"고 했다. 전쟁은 한 민족의 팽창과 번영을 위한 최초의 수단으로 또는 생존을 위한 최종의 수단으로 수행되어 왔다. "인류가 전쟁의 종지부를 찍지 않으면 전쟁이 인류에게 종지부를 찍을 것이다." 이는 미국 35대 대통령 J. F. Kennedy가 한 유명한 말이다. 전쟁을 어떻게 막을 수 있을까? 인류 역사를 통해 해결하지 못한 숙제이고, 앞으로도 미궁의 수수께끼로 영원히 남을 것이다. "평화를 위해서는 전쟁을 준비하라"는 로마의 격언이 있다. 또한 "전쟁을 막는 확실한 길은 전쟁을 두려워하지 않는 것"이란 말도 있다. 전쟁과 평화는 공존할 수 있다는 말인가. 모순 중에 모순이 전쟁과 평화의 공존일 것이다. 하지만 우리는 역사를 직시하여야 한다. 그리고 머리 숙여 겸허하게 역사의 교훈을 받아들이고 쓰라린 과오를 되풀이해서는 안 된다.

역사는 과거의 사건만이 아니다. 역사는 과거의 사건과 미래를 향한 우리들의 목적과의 대화다. 지난날의 역사 속에는 우리 선조들의 선택이 깃들어 있듯이 우리들의 미래는 우리가 선택해야 한다. 그런 의미에서 역사 속의 경험과 진실을 반추해가며 우리가 지향해야 할 목표를 확립해 놓고, 비록 우리 세대에서는 다 이루지 못할지라도 우리 후손들이 조국의 평화통일과 안녕과 번영을 위하여 해야 할 방향을 제시하고 기초를 다질 책무는 우리들에게 있다.

아무리 강대 세력들이 우리를 둘러싸고 있을지라도 능동적으로 힘만 키운다면, 그 가운데서 얼마든지 주변을 호령하는 주역으로 등장할 수 있다. 일찍이 한반도와 조건이 같은 이탈리아 반도에서도 그리스 문명이 꽃을 피었고 로마제국이 일어났다. 우리 몸에는 엄연히 광개토대왕의 호연지기의 피가 흐르고, 장보고의 해상제패의 무한한 비전이 숨 쉬고 있다. 이제는 결코 남에게 짓밟히는 수난과 좌절의 역사를 되풀이 할 수는 없다. 오히려 과거의 지정학적 질곡(桎梏)을 미래의 축복의 기회로 삼아야 한다.

2. 필레몬과 바우키스

그리스 신화에 착하고 금실 좋은 노부부(老夫婦) 필레몬과 바우키스를 보고 감복한 제우스가 소원이 무엇이냐고 물었다. 필레몬이 "저희는 오랜 세월을 화목하게 살았으니 이제 저의들의 목숨을 거두어 가소서. 저는 아내의 무덤을 보고 싶지 않고, 아내 역시 저를 묻고 싶어 하지 않습니다." 그리고는 아내와 한날한시에 죽게 해달라는 그의 소원을 말한다. 이 부부는 소원대로 함께 세상을 떠나면서도 서로 어루만지며 "여보 잘 있어요"라고 작별 인사를 한다. 제우스는 그들을 참나무와 보리수로 만들어 서로 마주보게 했다.

3. 추사 김정희 선생(秋史 金正喜 先生)

• 아내의 소장품 추사 작품 어촌도(漁村圖)

추사 김정희 선생은 조선 후기 1786년 정조(正祖) 10년 6월 충청도(忠淸道) 예산(禮山)에서 순조(純祖) 때 이조판서(吏曹判書)를 지낸 김노경(金魯敬)의 아들로 출생하여 1856년 철종(哲宗) 7년 10월에 향년(享年) 71세로 별세하였다.

그는 근세 조선조가 낳은 서성(書聖)이라 할 만큼 우리 고유의 서체를 완성해 놓은 대표적인 서예가인 동시에 금석학자이자 고증학자로서 도서, 시문과 묵화에도 큰 업적을 남겼다. 하지만 무엇보다도 그가 남긴 더 큰 업적이 있다. 1816년까지만 해도 '무학대사의 비' 또는 '고려 태조의 비'라고 알려졌던 북한산비가 신라의 '진흥왕순수비(眞興王巡狩碑)'라는 것을 밝혀낸 것이다.

그러나 그도 성격상의 결점을 가지고 있었던 것 같다. 그는 좀처럼 남을 인정하는 법이 없었다. 남이 한 것은 헐하고 제 것만 최고로 쳤다. 아집과 독선에 찬 언행으로 남에게 많은 상처를 입혔다. 이와 같이 그의 대쪽 같은 성품은 당시 세력을 잡고 있던 안동김씨의 표적이 되어 귀양을 가고 풀려나기를 반복하여 일생동안 13년 동안이나 귀양살이를 했다.

그가 단골로 꺼내든 카드는 "내가 중국에 갔을 때 실물을 봤는데"였다. 가보지 못한 사람들은 그 한 마디에 꼬리를 내렸다. 조선에서는 감히 그의 경지를 넘볼 사람이 없었다. 중국학자들도 그를 호들갑스레 추켜세웠다. 재료도 중국제의 최고급만 골라 썼다. 그런 그가 만년에 제주와 함경도의 북청 유배를 다녀온 뒤 성격이 많이 누그러졌다.

북청 유배에서 풀려 돌아오다 강원도 지역을 지날 때였다. 길가 옥수수 밭에 둘러싸인 초가집 한 채가 있었다. 흘깃 보니 늙은 내외가 마루에 앉아 웃으며 이야기꽃이 한창이었다. 길손인 추사는 물 한 잔을 얻어 마신 뒤 마루에 걸터앉아 "여보 노인?

올해 나이가 몇이우?", "일흔입지요", "서울은 가 보았소?", "웬걸 입쇼. 관청도 못 들어가 보았습니다.", "그래 이 산골에서 무얼 자시고 사우?", "옥수수를 먹고 삽니다."

순간 추사는 마음의 큰 충격을 받았다.

삶의 진지한 기쁨과 행복은 어데서 오는가? 한 세상을 발아래 둔 득의의 나날도 있었다. 세상이 다 알아주는 내로라하는 이들도 반눈에도 차지 않았다. 하지만 세상의 온갖 쓰린 고생을 다 겪고, 제주도 유배에서 아내마저 떠나보낸 뒤 다시 북청까지 쫓겨 갔다. 이제 늙고 병들어 가을바람에 지친 발걸음을 재촉한다. 타관의 꿈자리는 늘 뒤숭숭하다.

서울 구경 한 번 못하고 관청 문 앞에도 못 가봤지만 옥수수 세 끼니로도 그들의 얼굴엔 시름의 그늘이 없었다. 아주 행복해 보였다. 노인을 보고, 노인의 말을 듣고 나서 그는 삶의 참뜻과 진정한 행복을 늦게나마 깨달은 것이다. 그 때 그가 쓴 「시골집 벽에(題村舍壁)」란 시의 한 구절이다.

禿柳一株屋數椽(독류일주옥수연)　翁婆白髮兩蕭然(옹파백발양소연)
未過三尺溪邊路(미과삼척계변로)　玉蜀西風七十年(옥촉서풍칠십년)
잎 진 버드나무 두어 칸 오두막집에
노부부의 흰 머리카락 쓸쓸도 하여라.
석 자 폭도 안 되는 시냇가 길에
옥수수 가을바람 칠십 년 세월이여.

4. 역사상 폭군으로 알려진 진시황제(秦始皇帝)의 사망 이유

춘추전국시대(春秋戰國時代) 중국 대륙에는 70여 개 넘는 나라가 있었지만, 그 중에 국가의 형태를 제대로 갖춘 나라는 진(秦)·초(楚)·연(燕)·제(齊)·한(韓)·위(魏)·조(趙)의 일곱 나라뿐이었다. 그래서 세상 사람들을 이를 전국칠웅(戰國七雄)이라고 불러왔다.

그 중 세력이 가장 막강했던 진나라는 소양대왕(昭襄大王) 때부터 천하를 통일하려는 야심을 품고 있었으나 뜻을 이루지 못하고 소양대왕이 70세에 죽으면서 여섯 살짜리 증손자 정(政, 후일 秦始皇帝가 됨)에게 유언으로 통일의 대업을 넘겨주었다.

정은 13세에 왕위에 오른 날로부터 천하통일만을 지상 사명으로 여겨 20여 년간을 북정남벌(北征南伐)에 심혈을 기울여 진왕 26년 BC 221년 제(齊)나라를 마지막으로 정복하고 천하통일의 위업을 달성했다.

그는 통일 후 국기(國基)를 튼튼히 다져놓고 나자 아방궁이라는 거대한 궁궐을 짓고 각 지방에서 미녀 삼천 여 명을 대궐로 모아 놓고 낮에는 사냥을 즐기고 밤이면 미녀들과 주연으로 밤을 새워가며 타락의 길로 떨어지기 시작했다. 뿐만 아니라 동해(東海)의 조선 땅에 있는 삼신산(三神山)에는 영생불로초(永生不老草)가 있다는 말에 현혹하여 동남동녀(童男童女) 각각 5백 명과 금은보화를 큰 배 10척에 나누어 가득 실어 방사(方士: 神仙의 術法을 닦는 사람) 서시(徐市)라는 자에게 주며 영생불로초를 구해오라고 엄명을 내렸다. 그러나 서시는 떠난 후 감감소식 돌아오지를 않았다. 불로초를 구해오기를 애타게 기다리던 시황은 방사 노생(盧生)에게 서시를 찾아오라고 시켰다. 노생도 황제의 명령에 의하여 찾아 나서기는 했으나 바다 건너 어느 곳에 그가 있는지를 알 길이 없었다. 그 역시 돌아가지 않고 태악(太岳)이라는 깊은 산속에 숨어 살기로 하였다.

어느 날 노생이 산속을 배회하다가 동굴 어귀에서 낮잠을 자고 있는 80세가 넘어 보이는 호호백발의 신선을 만났다. 이 노인은 낮잠을 한나절이나 늘어지게 자고 일어나 노생을 보며 물었다.

"아니 이 깊은 산중에 웬 사람이오?"

노생은 정중하게 인사를 하고 나서,

"시황의 명령에 의하여 장생불로초를 찾아다니는 중입니다."

노인은 그 소리를 듣더니 하늘을 우러러 가가대소(呵呵大笑)를 하며 희롱하듯 말한다.

"도대체 장생 불로초라는 것이 이 세상 하늘 아래 어디에 있다고 합디까. 시황제라는 자가 무력으로 천하를 통일하고 나더니 이제 정신이 돌아버린 모양이구려."

그리고 동굴 속에 들어가 책 한 권을 들고 나오더니 노생에게 던져주며,

"이 책에는 생사존망의 천수가 자세히 기록되어 있으니 진왕더러 이 책이나 자세히 읽고 나서 장생불로초를 구하라고 하시오."

한 마디를 남기고 인사도 없이 홀연히 숲속으로 사라지는 것이 아닌가.

이 책 겉장에는 '천록비결(天籙秘訣)'이라는 글자가 쓰여 있었다. 노생은 이 책을 가지고 함양으로 돌아와 진왕에게 바치며 그간의 사정을 자세히 말해주었다.

이 책은 수많은 은어로 구성되어 있어 그 내용을 쉽사리 알 길이 없었다. 하지만 시간이 걸려 연구를 거듭한 결과 '망진자호야(亡秦者胡也)'라는 다섯 글자로 요약되어 있음을 알게 되었다.

진시황은 진나라를 망하게 하는 자는 호(胡)라 쓰여 있는 것을 그 호(胡)는 북쪽

변방에 막강한 세력을 가지고 있는 동호(東胡)와 흉노족(凶奴族)으로 믿고 있었다. 그래서 북방 국경선에 높은 성벽을 쌓도록 지시했다. 이것이 소위 산동성(山東省)의 산해관(山海關)에서 감숙성(甘肅省)의 가욕관(嘉峪關)에 이르는 만리장성의 축조 공사인 것이다. 그러나 호(胡)란 오랑캐가 아니라 시황의 둘째 아들 호해(胡亥)를 일컫는 말이었는데, 이를 알 사람은 아무도 없었다.

만리장성은 노역부 동원으로부터 축조공사에 이르기까지 얼마나 가혹했던지 노역부로 끌려 나간 사람들은 열에 일곱은 죽고 돌아오지 못했다. 그래서 전국적으로 마을마다 청상과부가 속출하는 사태가 벌어지고 있었다.

또한 시황은 지방순찰을 할 때 거처할 전국 각지의 경치 좋은 곳에 열여섯 개나 되는 별궁까지 지어 놓고, 각 지방마다 18세 미만의 처녀들을 소집하여 그 중에서 미녀들을 천 명씩 선발하여 별궁시녀로 배치해 놓았다. 시녀로 뽑혀가는 처녀를 가진 집에서는 가족들이 서로 부둥켜안고 울음바다를 이루었다.

그런 중에서도 옛날 제나라 영토였던 평원진 별궁(平原津 別宮)에 시녀가 되기를 자청해 온 처녀가 하나 있었으니, 그 처녀는 제나라 태생인 상아(嫦娥)라는 열일곱 살의 소녀로서 명의 화룡(名醫 華龍) 노인의 외동딸이었다.

상아는 나을(羅乙)이라는 청년과 서로 사랑을 하여 약혼까지 해놓았다. 상아의 아버지는 짝을 지어주기 위해 서둘러 혼례를 올리려 하는데 관원들이 들이닥쳐 나을을 평원진 별궁 공사장의 노역부로 끌고 갔다. 그 후 나을은 작업을 하다가 아깝게도 공사장 돌 더미에 깔려 죽고 말았다.

상아는 하루도 눈물이 마를 날이 없었고, 상아의 아버지 화룡 노인도 슬픔이 병이 되어 마침내 병석에 눕게 되었다. 상아는 약혼자의 죽음에 대한 복수심과 자기와 같은 청상과부들의 원한을 풀어주기 위해 또한 죄 없이 공사장에 끌려가 죽어가는 젊은 노역부들을 위해 시황을 자기 손으로 살해하기로 결심을 했다. 그리고 명의인 아버지를 설득하여 먹으면 서서히 피가 말라 죽고 마는 비방사약(秘方死藥) 세 봉지를 지어 받아 가슴 깊이 품고 별궁시녀를 자원하여 궁녀로 선발되었다.

아버지 화룡 노인은 상아가 떠난 후 아무리 그 목적은 옳다 해도 사람을 죽이는데 사용되는 약을 지어준 것은 의사로서 도리가 아니라는 자책감으로 고민을 하다가 자결을 하고 말았다.

상아가 평원진 별궁에 들어온 지도 어느덧 이태가 넘었건만 황제를 언제 만날 수 있을지는 아무도 모를 일이다. 목적을 달성하려면 우선 황제를 만나야 하는데 그 기회가 쉽지 오지 않았다. 그런데 별궁이 완성된 지 3년이 지난 어느 날 별궁에 황제가 암행(暗行)하기로 되어 있다는 전갈이 왔다. 천 명이 넘는 궁녀 중에 발탁이 되어 황제의 총애를 얻는다는 것은 쉬운 일이 아니니다. 시황제가 도착할 날이 임박해지자 궁녀들은 서로 경쟁을 하며 화장을 하고 야비하게 서로 투기를 하는 것이 아닌가.

상아는 이들 궁녀들에게 환멸을 느끼고 또 투기의 대상이 되고 싶지도 않아 동료들 앞에서 황제가 오더라도 현신(現身)을 안 하겠다고 선포하였다. 궁녀들은 이 말을 듣고 가장 강력한 경쟁자가 없어지게 된 것에 환호했다. 그로부터 이틀 후 마침내 황제가 평원진 별궁에 도착했다.

그날 천 명의 별궁들은 황제를 영접하기 위해 아침부터 내정에 좌우로 도열해 있었다. 궁녀들은 조금이라도 더 아름답게 보이려고 황제를 기다리는 동안에도 연지를 찍고 분칠을 하기에 여념이 없었다. 그러나 상아만은 이미 약속한 대로 그 자리에 참석하지 않았다.

드디어 시황제는 좌우의 부액을 받으며 정문 안으로 들어선다. 그리고 수많은 궁녀들이 엎드려 있음을 보고 흡족하여 빙그레 미소를 지었다. 그리고 "얼굴이 보고 싶으니 모두들 일어나 얼굴을 들어라"라고 분부한다. 얼굴을 하나하나 점검하던 황제의 얼굴에 미소가 사라졌다. 소주 지방의 미녀들을 수없이 보아 온 그의 눈에는 평원진 궁녀들은 시골뜨기 여자로밖에 보이지 않았던 것이다. 황제는 궁녀들의 생기가 없음에 불평을 털어 놓았다. 그리고 "저 애들은 꼴도 보기 싫다. 모두들 물러가게 하여라." 그 한 마디로 천 명의 궁녀들은 어전에서 자취도 없이 사라져버린다.

다음날 황제는 별궁도감을 불러 "그래, 이 궁중에는 볼만한 아이가 그렇게 없느냐?" 고 묻는다. 이 질문을 받는 순간 별궁도감은 상아의 얼굴이 눈앞에 떠올랐다. 그리고 황제에게 아뢴다. "소주 미녀들과 견주어도 손색이 없는 상아라는 궁녀가 있습니다" 라고 상아를 소개했다.

시황의 분부에 의해 상아를 대령하였다. 상아를 보는 순간 황제의 용안에는 경악과 환희의 빛이 넘쳐 오른다. 화장도 안한 청순한 아름다움이기에 생동감이 더욱 넘쳐 보였던 것이다.

"네 이름이 상아라고 했겠다. 상아는 월중선녀(月中仙女)라는 뜻이 아니냐. 네 이름과 같이 너는 정녕 월중선녀임이 분명하구나."

시황제는 상아에게 첫눈에 반하여 사족을 못 쓰고 그날부터 상아에게 푹 빠졌다. 상아는 아버지에게서 받은 비방사약 세 봉지를 자유롭게 시황이 매일 아침 먹는 보약에 섞어 먹였다. 그리고 시황은 사약 세 봉지를 먹고 난 닷새 후부터 이상한 현상이 일어나며 얼굴에 노란 꽃이 피고, 상아가 옆에 있어도 건드릴 기력이 없었다. 그리고 서둘러 함양으로 환궁 길에 올랐다. 가여운 상아는 시황의 죽음도 보지 못하고 시황을 잘못 모신 죄로 환관인 간신 조고의 손에 죽음을 당했다.

함양으로 환궁하는 길은 넓은 사막지대를 통과해야만 한다. 불을 뿜는 듯이 뜨거운 여름날의 사막 길을 강행군했으나 사흘 만에 수도 함양에서 2천 리나 떨어진 사구(砂丘) 평대(平臺)라는 곳에 도달한 황제는 기력이 쇠진하여 더 이상 견디지 못하고 숨을 거두고 말았다.

때는 시황 37년(BC 210년) 7월 丙寅日…. 천하를 통일하고 억조창생(億兆蒼生) 위에 군림하며 인생의 최고의 영화를 누리던 시황제는 광대무변한 사막 위에서 50세를 일기로 어이없게 객사를 했으니, 죽음에 있어서만은 만고의 제왕도 필부야로(匹夫野老)들과 추호도 다를 바가 없었던 것이다. 이렇게 위세를 떨쳤던 진제국의 제1대 황제 시황제는 역사의 무대에서 영원히 사라지게 된 것이다.

* 진시황은 BC 259년 진나라 소왕 48년 정월 조나라의 수도 한단에서 인질로 갔던 진나라 왕손인 자초(子楚, 후일 孝文王을 이어 秦莊襄王이 됨)와 거상(巨商)인 여불위(呂不韋)의 애첩이었던 주희(朱姬) 사이에서 출생하여 진시황 37년 BC 210년 제5차 전국 순행도중 사구(沙丘) 평대(平臺)에서 50세를 일기로 사망했다. 『사기』 진시황 본기에는 상아에 의하여 죽었다는 말은 없고, 5차 순행 때 낭야로부터 서쪽으로 수행하여 평원진에 이르렀을 때 병이 들어 환궁하던 중 BC 210년 사구에서 숨을 거두었다고만 적고 있다.

5. 여사랑(呂四娘)과 옹정제(擁正帝)의 죽음

1616년 추장 누르하치(淸太祖)가 여진족을 통일하고 심양(瀋陽)에다 도읍을 정한 후 세운 나라가 후금(後金)이다. 제 2대 태종(太宗)은 국호를 청(淸)이라 고쳤고, 이어 제 3대의 세조(世祖), 순치제(順治帝)는 명나라를 멸망시킨 후 황제가 되어 도읍을 베이징(北京)에 옮겼다. 제4대 강희제(康熙帝)는 국내외적으로 커다란 치적을 쌓아 안정을 기하고 나라의 기틀을 확립한 청조의 제1의 황제다. 강희제에게는 35명의 아들이 있었는데, 그 중 하나가 제 5대의 옹정제(擁正帝)다. 옹정제도 많은 제도를 정비하여 강희제로부터 옹정제와 건륭제(乾隆帝)에 이르는 3대에 걸쳐 청조는 전성기를 이루었다. 강희제는 국궁진력(鞠躬盡力), 즉 공경하는 마음으로 자기를 낮춰서 정성을 다한다는 통치철학을 가졌으나 옹정제는 선제와는 달리 독재와 공포정치를 베풀었다. (역사

소설「강희대제」二 月河 지음)

이 이야기는 청나라 5대 옹정제(擁正帝) 때의 이야기다. 옹정제는 영문도 모르게 급서했다. 실록에는 병으로 이틀 동안 앓다가 죽은 것으로 돼 있지만 실은 맹독(猛毒)에 의한 타살(他殺)이다.

북송(北宋) 경덕황제(景德皇帝) 연간에, 황제의 어용도자기를 만드는 도요지를 두고 지명을 경덕진(景德鎭)이라 했다. 경덕진에서는 역대 왕조의 그릇을 굽는 어기창을 대신해 왔으므로, 최고급 최정예의 도자기의 대명사가 돼 중국뿐만 아니라 세계 도자기산업의 첨단기지로 명성을 유지하며 내려오고 있다.

경덕진에는 도자기에다 그림을 그리는 화장(畵匠), 여사랑(呂四娘)이라는 아가씨가 있었다. 그의 할아버지는 주자학자 여유랑(呂留良)으로 그가 쓴 책에 옹정제의 비위를 건드리는 대목이 있다 하여 여유랑의 무덤을 파 목을 자르고 그녀의 아버지 여의중(呂毅中)을 비롯해 자제들까지 참형에 처했으며, 손자들은 뿔뿔이 유형(流刑)으로 일가가 멸족을 당했다. 여사랑은 유형 생활 중에서 원한을 품고 자란 여유랑의 손녀딸이었다.

그녀는 복수의 일념으로 와신상담(臥薪嘗膽) 끝에 경덕진에서 황제가 입에 대는 그릇에 그림을 그리는 화장으로 일하는데 성공한다. 그리고 어용 찻잔 가장자리에 그림을 그리면서 열이 여러 번 닿으면 녹아 흐르게끔 맹독을 비장 시키는데 성공했다. 그래서 폭군 옹정제는 여사랑에 의해 살해됐다.

❑ 참고 문헌

• 철학

<동양철학>

『노자와 장자에게 직접 배운다』, 콴지엔임 지음, 노승현 옮김

『老子의 道德經』, 老子 지음, 최태용 옮김

『論語 大學 中庸』, 申澈元 編譯

『논어 일일일화 365일』, 홍석연 엮음

『道德經(老子)』, 盧台俊 譯解

『동양 철학사 산책』, 강성률 지음

『명심보감』, 노원호 엮음

『周易』, 梁鶴馨, 李俊寧 解譯

『한 권으로 읽는 중국의 사상』, 박성숙 편역

<서양철학>

『고전 형이상학 전개』, 조광희 외 지음

『니코마코스 윤리학』, 아리스토텔레스 지음, 조대웅 옮김

『서양 철학사 산책』, 강성률 지음

『세계 철학사 100장면』, 김형석 지음

『키케로의 최고 선악론』, 키케로 지음, 김창성 옮김

『플라톤 국가론』, 플라톤 지음, 이황 옮김

『철학』, 남경태 지음

『哲學概論』, 教養教材編纂委會 哲學分科委員會 編

『철학 이야기』, 권순우 편역

『향연(Symposion)』, 플라톤 지음, 강철웅 옮김

• 종교

<기독교>

『기쁨으로 산다』, 생명의 삶 편집, 도서출판 두란노

『꿈꾸는 자가 오도다』, 강준민 지음

『내려놓음』, 이용규 지음

『묵상하는 그리스도인』, 오대원(David E Ross) 지음, 양혜정 옮김
『부흥 로마서』, 전병욱 지음
『성 어거스틴의 고백록』, 어거스틴 지음, 신한용 옮김
『시간과 영원』, 선한용 지음
『안식』, 아브라함 허셸 지음, 김순현 옮김
『어? 성경이 읽어지네!』, 이애실 지음
『영성신학』, 곽선희 지음, 김창준 엮음
『일곱 교회에 보내는 편지』, 김서택 지음
『참된 영성이란 무엇인가?』, 김상복 지음
『하나님이 찾으시는 사람』, 홍성건 지음
『향기 있는 사람들』, 생명의 삶 편집, 도서출판 두란노
<불교>
『그물에 걸리지 않는 바람처럼』, 법정 지음
『무소유』, 법정 지음
『般若心經講義』, 高神覺昇 著, 前田龍·田大錫 共譯
『불교학 개론』, 교양교재편찬위원회편 지음, 동국대학 출판부
『아름다운 마무리』, 법정 지음
『화엄경』, 법정 역

• 역사/문화
<한국사와 문화>
『고쳐 쓴 한국근대사』, 강만길 지음
『고쳐 쓴 한국현대사』, 강만길 지음
『다산 정약용』, 금강태 지음
『망국의 역사 조선을 읽다』, 김기협 지음
『목민심서』, 정약용 지음, 남만성 옮김
『삼국왕조실록』, 임병주 지음
『列强의 侵略(韓國現代史)』, 執筆者 朴九秉 外, 新丘文化社
『이야기 한국사』, 김도훈 엮음
『정약용과 그의 형제들』, 이덕일 지음
『조선왕조실록』, 박영규 지음
『한국 현대사의 재조명』, 한국정치외교사학회 편

• 세계사와 문화

『16일간의 세계사 여행』, 알렉산더 데만트 지음, 전은경 옮김
『갈리아 전기』, 카이사르 지음, 박광순 옮김
『그리스 로마신화』, Thomas Bulfinch 지음, 崔赫洵 옮김
『동양 고사성어』, 김진태 편역
『러시아 역사』, 문명식 지음
『로마인 이야기(15권)』, 시오노나나미(鹽野七見) 지음, 김석희 옮김
『르네상스의 못 말리는 여자들』, 비키 레온 지음, 손명희 옮김
『서양 고사성어』, 성찬휴 편역
『세계사 100장면』, 박은봉 지음
『세계사의 기초 지식』, 김태승 편역
『세계 전쟁사』, 육군사관하교 전사학과 정하명 외 10인 엮음
『新しい 歷史教科書(これが話題の 教科書だ!)』, 扶桑社
『신화의 역사』, 카렌 암스트롱 지음, 이다희 옮김, 이윤기 감수
『여인들의 중국사』, 왕번강(王本剛) 지음, 구서인 옮김
『이야기 동양 신화』, 정재서 지음
『이야기 세계사』, 이보영 엮음
『이야기 세계사』, 김성광 편저
『이야기 중국사』, 이형기 엮어 옮김
『이윤기의 그리스 로마 신화』, 이윤기 지음
『일본 역사』, 연민수 편 지음
『트로이 전쟁』, 페드라익 콜롬 글, 정용목 옮김

• 인문

『나의 친구 마키아벨리』, 鹽野七見 著, 오정환 옮김, P 389-430.
『內訓』, 昭惠王后 韓氏, 陸完貞 譯註
『大河小說 德川家康(大望)』, 山岡莊八 지음, 朴在姬 역
『불씨(1, 2권)』 도몬후유지(童門冬二) 지음, 김철수 옮김
『삼국지』, 이문열 평역
『설원(說苑)』, 劉向 찬집, 임동석 옮김
『수호지』, 시내암 지음, 이문열 옮김
『列國志』, 金丘庸 譯

『영국 BBC 다큐멘터리 행복』, 리드 호기드 지음, 이경아 옮김
『龍馬が ゆく』, 司馬遼太郎 지음
『智典』(1권 춘추전국시대, 2권 전한·후한, 3권 수·당·송·원 편), 렁천진 편저, 장연 역
『지혜』, 홍혁기 지음
『초한지』, 정비석
『坂の上の雲』, 司馬遼太郎 지음
『坂本龍馬』, 本上元三 外 5人 지음
『項羽と劉邦(上中下巻)』, 司馬遼太郎 지음

• 자기 계발
『경청』, 조신영·박현찬 지음
『고통에는 뜻이 있다』, 옥한흠 글
『긍정의 힘』, 조엘 오스틴 지음, 두란노
『다시 시작하는 이야기(화성에서 온 남자 금성에서 온 여자)』, 존 그래이 지음 김경숙 옮김
『목적이 이끄는 삶(The Purpose Driven Life)』, 릭 워렌(Rick Warren) 지음, 고성삼 역
『바보 Zone』, 차동엽 지음
『배려』, 한상복 지음
『빌게이츠 @ 생각의 속도』, 빌게이츠 지음, 안진환 역
『사랑에 대해 알아야 할 모든 것 Love』, A. M 파이스 지음, 윤영삼 옮김
『선물』, 스펜서 존슨 지음, 형선호 옮김
『선택』, 스펜서 존슨 지음, 형선호 옮김
『슈바이처가 존경받는 이유』, 김형석 지음
『아부의 기술』, 리처드 스텐걸 지음, 임정근 옮김
『유머, 세상을 내편으로 만드는 힘』, 송길원 지음
『칭찬은 고래도 춤추게 한다』, 켄 부렌차드 외 지음, 조천재 옮김
『하나님의 대사』, 김하중 지음

• 가정과 생활/건강과 과학
『腦内革命』, 春山茂雄 지음
『물은 사랑을 원한다』, 에모토 마사루(江本勝) 지음, 김현희 옮김
『물의 신화』, 나다니엘 엘트먼(Nathanijel Altman) 지음, 황수연 옮김

『빛 이야기(The Story of Light)』, 벤 보버 지음, 이한음 옮김
『음식궁합』, 유태종 著

• 문학
<소설>
『걸리버 여행기』, 조나단 스위프트 지음, 신현철 옮김
『고요한 돈 강』, 미하일 숄로호프 지음, 맹은빈 옮김
『기탄잘리』, R. 타고르 지음, 김광자 옮김
『노인과 바다』, 어니스트 헤밍웨이 지음, 황정호 옮김
『달은 무자비한 밤의 여왕』, 로버트 A. 하인라인 지음, 임창성 옮김
『대위의 딸』, 알랙산드로 세르게예비치 푸시킨 지음, 최선 옮김
『대지』, 펄벅 지음, 장영희·장왕록 옮김
『데카메론』, 지오바니 보카치오 지음, 서해문 옮김
『돈키호테』, 세르반테스 지음, 박철 옮김
『동의보감』, 이은성 지음
『레미제라블』, 빅토르 위고 지음, 송면 옮김
『로빈슨 크루소』, 다니엘 디포, 김병익 옮김
『목로주점』, 에밀 졸라 지음, 임해진 옮김
『무기여 잘 있거라』, 어니스트 헤밍웨이 지음, 김종건 옮김
『바람과 함께 사라지다』, 마거릿 미첼 지음, 이경혜 옮김
『변신』, 프란츠 카프카 지음, 채운정 옮김
『부활』, 레프 톨스토이 지음, 박형규 옮김
『분노의 포도』, 존 스타인벡 지음, 전형기 옮김
『빙점』, 미우라 아야코(三浦綾子) 지음, 이명성 옮김
『선과 악』, 안내마리 피퍼(Annemarie Pieper) 지음, 이재황 옮김
『성자가 된 청소부(산다는 것과 죽는다는 것)』, 바바하리다스 지음, 류시화 옮김
『셰익스피어 전집』, 셰익스피어 지음, 신정옥 옮김
『雪國』, 가와바타 야스나리(川端康成) 지음, 장경룡 옮김
『실낙원』, 존 밀턴 지음, 조신현 옮김
『아이보다 더 아픈 엄마들』, 신의진 지음
『안내의 일기』, Anne Frank 지음, 홍경호 옮김
『어머니는 죽지 않는다』, 최인호 지음

『어린왕자』, 생텍쥐페리 지음, 박성창 옮김
『여자의 일생』, 기드 모파상 지음, 신인영 옮김
『운명』, 임레 케르테스(Kertesz Imre) 지음, 박종대 옮김, 다른우리
『의사 지바고』, 파스테르나크 지음, 오재국 옮김
『이방인』, 알베르토 카뮈 지음, 김화영 옮김
『이솝 우화』, 깨비키즈 이솝 지음, 김정우 엮음
『인형의 집』, 헨리코 입센, 양정화 옮김
『적과 흑』, 스탕달 지음, 손현숙 옮김
『전쟁과 평화』, 레프 톨스토이 지음, 박형규 옮김
『젊은 베르테르의 슬픔』, 괴테 지음, 박찬기 옮김
『제인 에어』, 샬럿 브론테 지음, 유정호 옮김
『죄와 벌』, 도스토예프스키 지음, 소남무 옮김
『주홍 글씨』, 나다니엘 호손 지음, 한은선 엮음
『천국에서 만난 다섯 사람』, 미치 앨봄 지음, 공경희 옮김
『카라마조프의 형제』, 도스토예프스키 지음, 김학수 옮김
『쿠오바디스』, 헨릭 생키에비치 지음, 심형민 옮김
『파우스트』, 괴테 지음, 정경석 옮김
『파라다이스』, Bernard Werber 지음, 임희근 옮김
『페스트』, 알베르 카뮈 지음, 유해경 옮김
『폭풍의 언덕』, 에밀리 브론테 지음, 김종길 옮김
『플루타르크의 영웅전』, 이원수 외 3인 공역
『천로역정』, 존 버니언 지음, 여성삼 옮김
<시/에세이>
『군과 나』, 백선엽 지음
『꽃의 素描』, 김춘수 지음
『나에게는 꿈이 있습니다』, 마틴 루터 킹 자서전, 클레이본 카슨 엮음, 이순희 옮김
『내가 사랑하는 사람』, 정호승 지음
『도산 안창호』, 흥사단출판부
『랄프 왈도 에머슨의 자신감』, Ralph Waldo Emerson 지음, 이창기 역
『백범일지』, 도진순 주해
『불패의 리더 이순신』, 윤영수 지음
『사람답게 사는 길』, 안병욱 지음

『산다는 것의 의미』, 김형석 지음
『삶의 길목에서』, 안병욱 지음
『삶의 완성을 향하여』, 안병욱 지음
『생일』, 장영희 지음
『세계의 명시』, 김미라 편저
『세상의 중심에 너 홀로 서라』, Ralph Waldo Emerson 지음, 김형심 옮김
『스무 살에 만나는 탈무드』, 마빈 토케이어 지음, 손영실 엮음
『문학의 숲을 거닐다』, 장영희 지음
『맥아더 회고록』, 具範模 譯
『分斷詩選集』, 文炳蘭·宋秀權 編
『엄마 정말 미안해』, 김현태 지음
『영혼을 위한 닭고기의 수프』, 잭 캔필드 지음, 류시화 옮김
『오늘 그대에게 하고픈 말(용해원 시집)』, 용해원 지음
『우리에게 가장 소중한 것은』, 김홍식 지음
『월든(Walden)』, 소로(Henry David Thoreau) 지음, 권혁 옮김
『인생이란 무엇인가』, 레프 톨스토이 지음, 채수동·고산 옮김
『작은 위로』, 이해인 지음
『젊은이들을 위한 명상 에세이』(몽테뉴·베이컨·톨스토이·니체·러셀·헤세 外), 趙亮濟 外 옮김
『정일권 회고록』, 정일권 지음
『朝鮮戰爭(1, 2, 3권)』, こじま のぼる(兒島 襄) 지음, 文藝春秋
『처칠 회고록』, 鄭明鎭 譯
『축복』, 장영희 지음
『칭기스칸, 최고의 벤처』, 남기풍 지음
『케네디 회고록』, 金鐵容 譯
『트루먼 회고록』, 朴觀淑 譯
『프리드먼 우화』, 에드위 H. 프리드먼 지음, 김현정 옮김
『하늘과 바람과 별과 시』, 윤동주 지음
『한국의 명시』, 오현경 편저
『한반도에 드리운 중국의 그림자』, 복거일 지음
『한시 이야기』, 정민 지음